행복의 비밀

_____년 ____월 ____일 _____귀하께

이 책을 드립니다.

命理로 풀다

행복의 비밀

초판 1쇄 인쇄일   2017년 2월 15일
초판 1쇄 발행일   2017년 2월 21일

지은이   우호성
펴낸이   하태복

펴낸곳   이가서
주 소   경기도 고양시 일산서구 주엽동 81, 뉴서울프라자 2층 40호
전 화   031-905-3593
팩 스   031-905-3009
이메일   leegaseo1@naver.com
등 록   제10-2539호

ISBN 978-89-5864-323-4 03900

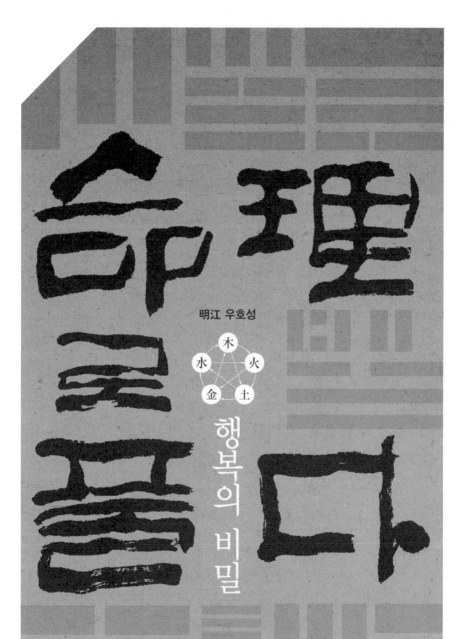

命理다

明江 우호성

행복의 비밀

이가서
Leegaseo publishing

명리로 못 풀 인생이 없구나

충격 2013년 11월 지인이 아들의 궁합을 보러 왔다. 상대 여자를 보니 남자를 잡아먹는 팔자였다. "이 여자하고 결혼하면 아들이 죽어요. 결혼시키면 절대 안 됩니다." 목소리를 높여서 말리고 또 말리고, 당부하고 또 당부했다. 그러나 2014년 그 아들은 그 여자와 결혼했다. 그런데 2015년 11월 그 아들이 죽었다는 소식이 들려왔다. 충격, 비통…. 숨이 컥컥 막히고 가슴이 먹먹하여 혼절할 뻔하였다. 내 판단이 맞지 않길 바랐는데, 명리학의 논리가 틀리길 바랐는데….

공망 박근혜 대통령은 왜 결혼을 하지 않았을까? 아니 못 했을까? 본래 타고난 남자복이 나쁜 데다 41세까지 남자운이 나쁘게 온 때문이다. 왜 그는 1975년에 나쁜 남자를 만났고 그 남자한테 영혼과 육체를 통제 당했을까? 그 해는 남자운이 최고로 나쁜 때였으니 최고로 나쁜 남자를 만날 수밖에 없었던 거다. 왜 그는 병신년에 탄핵을 당했나? 관운에 해일이 닥치고 '우주의 기운'이 도와주지 않은 때문이다. 전문용어로 말하면 일지 편관이 대운과 세운에서 충을 받고, 병신년 인성운이 공망^{空亡} 상태로 변한 때문이다. 깨끗하다던 그가 왜 뇌물죄에 걸렸나? 그는 하얀 장갑 속에 검은 손을 감추고 있는 사람이다. 그 검은 손을 보노라면 "내가 이러려고 대통령이 되었다. 왜?"라고 말하는 것 같다. 이상은 그가 신묘년 신축월 무인일 계축시생이라는 전제로 본 풀이다. 그로 인하여 대한민국은 바야흐로 공망 상태다.

지족 비록 이루진 못했지만 대학 진학 때 나는 왜 사회학과로 또 법학과로 가고자 했을까? 그러다 무역과를 나온 놈이 왜 신문기자의 길을 갔을까? 왜 언론노조 활동에 앞장서다 쫓겨났을까? 정의를 추구하고 의협심을 발휘하는 칠살편관격七殺偏官格 사주로 태어난 때문이다. 진작 명리학을 알았다면 더 지혜롭게 처세하지 않았을까? 자문하는 물음이기도 한데, 답은 "물론. 그렇다."이다. 한편 사람들은 나에게 가끔 묻는다. "당신은 21세 때 문단에 등단해놓곤 왜 글을 열심히 쓰지 않느냐?" 그땐 표현 욕구와 능력이 샘솟는 시기였으나 28세 이후론 그런 때가 오지 않았다. 하늘의 명命은 받았으나 운運을 만나지 못한 거다. 인간만사에는 다 때가 있지 않던가. "1998년에 언론계를 떠난 후론 어떻게 지냈소?" 칠살七殺의 시간, 내우외환의 세월이었다. 그래도 버텨온 건 명리학 덕택이다. 나를 알고, 내 분수를 알고, 나의 때를 알고 안분지족하니 칠살을 이겨낼 수 있었다. 자작 아호 明江. 해가 뜨고 달이 뜨는 강. 강처럼 살고자 함이다.

인간학 신문기자 명함을 버린 내가, 어느 날 난데없이 '아이러브 사주'란 명함을 내밀었을 때, 지인들의 반응은 두 가지였다. "어이구. 언제 그 어려운 공부를 했지?"라는 공감 반응과 "이런 미신 행위를 하다니 타락했구나." 속으로 낄낄낄 웃는 조롱 반응이었다. 하지만 나는 그 어떤 반응에도 흔들리지 않았다. 지천명의 나이도 나이려니와 그 나이에 명리학의 존재가치를 수용하고, 명리학 공부를 하고 또 하고, 실제 이런 인생 저런 운명의 비밀을 명리로 풀어본 바 그 논리성과 보편타당성과 필요성과 효용성이 높음을 이미 깨달았고, 실제 이런 일 저런 일의 앞날을 명리로 내다 본 바 과학에 기초한 일기예보와 어깨를 겨루는 미래예보로서 그 적확도가 높음을 확인하기도 했지만, 명리학은 나를 알고 너를 알고 사람을 아는 처세학이자 인간학이자 인문학이라고 확신을 했던 터라, 나는 요동하지 않았다. 예나 지금이나 나는, 연월일시 여덟 자의 출생코드로 사람을 읽고 운명을 읽는 논리 곧 명리를 만들어낸 선현들에게 공손히 인사를 드린다. 그리고 읊조린다. 〈함성에 놀라지 않는 사자처럼/그물에 걸리지 않는 바람처럼/흙탕에 물들지 않는 연꽃처럼/광야를 가는 무소의 외뿔처럼/너는 너의 길을 가라〉

운명 이야기

나는 10년 넘는 세월 동안 명리학을 공부하면서 깨달은 명리학의 가치를, 그리고 희로애락 하는 사람들의 과거와 현재와 미래를 명리로 풀어낸 이야기를, 그 절절하고 생생한 운명 이야기를 여러 신문에 '사주칼럼'으로 써 왔다. 그걸 모으니 4권 분량이 되는지라 각 권을 『命理로 풀다─운명의 비밀』『命理로 풀다─궁합의 비밀』『命理로 풀다─출산택일의 비밀』『命理로 풀다─행복의 비밀』이란 이름으로 출판하되, 이번에 『命理로 풀다─행복의 비밀』을 맨 먼저 내기로 하였다.

이들 책은 딱딱한 명리학 이론서나 명리학 학습서가 아니다. 쉽고 재미있게 말랑말랑 맛있게 쓴 '인생상담록' 혹은 '운명 상담록' 혹은 '운명감정록' 혹은 '사주칼럼집' 혹은 '사주이야기집' 혹은 '운명이야기집'이다. 아무 쪽이나 열어 한 편 두 편 읽다보면 눈에 쏙쏙 머리에 번쩍 가슴에 슬슬 들어오는 이야기책이다. 누구나 이렇게 읽다보면 사주팔자가 이런 거구나, 명리가 이런 거구나, 명리로 못 풀 인생이 없구나, 명리로 못 밝힐 운명이 없구나, 운명을 풀어내는 도구가 명리학이구나 하는 느낌을 받을 것이다. 아니 믿음을 얻을 것이다. 그러다 명리학을 좀 이해하게 될 것이다.

맨 먼저 내는 『命理로 풀다─행복의 비밀』은 우리가 흔히 보고 듣는 우리 이웃들의 인생 이야기를 담은 책이다. 갑돌이와 갑순이의 사랑과 이별 이야기, 너와 나의 건강과 세상 돌아가는 이야기, 과욕과 과분으로 재앙을 부르는 돈 이야기, 유명인사와 재벌의 근심과 한숨 이야기, 그리고 명리로 풀어본 박근혜 대통령 이야기 등등. 무엇보다 이 책에는 결혼 이야기가 가장 많다. 장가를 가고 싶어도 백설공주는커녕 하녀도 나타나지 않아 홀로 늙어가는 노총각 이야기, 시집을 가고 싶어도 백마 탄 왕자가 나타나지 않아 무작정 기다리기만 하는 노처녀 이야기, 행복한 결혼을 꿈꿨으나 남편과 지지고 볶다 돌아선 여인의 이야기, 끊임없는 바람으로 가정의 평화를 깨는 남자의 이야기, 남편 혹은 아내를 잘못 만나 질곡의 세월을 보내는 이야기 등등. 그 불운과 불행의 근원은 어디에 있는가. 한 남자의 행복, 한 여자의 행복, 한 가정의 행복은 무엇인가. 이런 물음을 청춘 남녀와 이혼 남녀 그리고 그 부모에게 던지고 그 답을 명리로 찾아본 글들이 이 책의 중심에 있다.

학습자료

한편 이들 책은 일반 독자와 함께 전문 독자도 명리학 참고서로 읽어보길 바라는 마음에서 냈다. 그래서 나와 같은 명리학 학인들이 참고할(만한) 사례와 자료를 이들 책 속에 넉넉하게 넣었다. 10년 넘게 사주칼럼을 써오면서 나는, 싱싱하게 살아 있는 이야기 곧 실제 상담사례를 그 글 속에 담고자 노력했고, 각각의 행복과 불행과 행운과 다행과 우여곡절과 파란만장을 명리로 풀어서 설명하려 애를 썼다. 더러는 숲을 보는 관점에서 거시적으로 본 운명이야기를 쓰기도 했고, 더러는 나무를 보는 관점에서 미시적으로 본 운명이야기를 쓰기도 하였다. 명리학이 때를 아는 학문이라는 차원에서도 그렇지만, 어떤 사안이 일어난 때를 글에서 굳이 밝힌 것은 학인들을 위함이었다. 특히나 학인들을 위하여 칼럼에 등장하는 인물들의 사주를 일일이 밝혀서 책 맨 뒤에 부록으로 붙여 놓았다. 그리고 칼럼에 나오는 명운은 통변성으로 해설한(신살은 거의 배제한) 내용이며, 자시는 조자시와 야자시로 구분하고, 지지 장간은 초기·중기·정기로 구분해서 봤다는 점을 밝힌다. 학인마다 운명감정 방식이 다르겠으나, 이들 책 속의 감정사례와 자료가 명리의 길에 도움이 되길 바라며, 나는 아직 미몽에 있으므로 학인들의 질정을 바란다.

활용 나는 며느리 둘을 맞이했고 손자 넷을 얻었다. 두 며느리를 고를 적에 명리를 적극 활용했음은 물론, 불가피하게 개복분만으로 출세해야만 했던 첫째 손자와 둘째 손자의 출생 시기를 정하는 일에도 명리를 백분 활용하였다. 당면한 지상 과제는 과년한 막내딸과 음양오행이 조화를 이루는 사위를 명리로 찾아내는 일이다. 넷째 손자 信佑가 편관격으로 태어나 넷 중 가장 나를 닮았다. 곧 첫돌을 맞는 신우에게 이 책을 선물한다.

2017년 1월 17일
明江 우호성

제3장 | 행복하려면 결혼하라

제4장 | 명리로 본 박근혜

제1장

돈으로 행복을 사랴?

우리 인간이 우주 자연의 질서를 완전히 바꿀 수는 없다. 그러나 끈질긴 노력으로 한겨울에도 수박을 재배하고 한여름에도 얼음을 만들어낸다. 한 개인도 타고난 운명을 완전히 바꿀 수는 없다. 그러나 부단히 노력하면 리어카를 끌고 살 운명을 타고났어도 고급 승용차를 굴리며 살아갈 수 있다.

팔자는 고칠 수 있다

필자는 최근 사무실을 이전하면서 상호는 작게 표기하고 '팔자는 고칠 수 있다'는 문구를 아주 크게 쓴 간판을 달았다.

왜냐면 첫째, 많은 사람에게 희망과 용기와 자신감을 심어주기 위해서다. 팔자타령을 하며 절망에 허덕이는 사람이 '팔자는 고칠 수 있다'는 문구를 보면 한 가닥 희망을 품을 것이요, 팔자를 탓하며 좌절에 빠진 사람이 '팔자는 고칠 수 있다'는 구호를 보면 다시 일어서려는 용기를 품을 것이요, 팔자를 원망하며 의욕을 잃어버린 사람이 '팔자는 고칠 수 있다'는 간판을 보면 '나도 할 수 있다'는 자신감을 가질 것이라고 믿기 때문이다. 이런 사람들이 실제로 방문한다면 언제 운이 좋아지는지 희망을 찾아 용기와 자신감을 불어넣어 줄 참이다. 만약 이런 사람들의 앞날에 희망의 빛이 보이지 않는다면 악운에 대처할 방도를 제시해 줄 요량이다.

'팔자는 고칠 수 있다'는 구호를 간판에 쓴 두 번째 이유는 많은 사람에게 긍정의 힘을 심어주기 위해서다. '할 수 없다', ' 안 된다', '못 한다' 등의 부정적인 말은 인생을 좀먹지만, '할 수 있다', '된다', '잘 한다'는 긍정적인 말은 인생을 춤추게 한다. 타고난 팔자는 바꿀 수 없다거나 고칠 수 없다고 믿는 사람의 인생은 뒤틀리고 꼬이기 마련이지만, 팔자는 바꿀 수 있다거나 고칠 수 있다고 믿는 사람의 인생은 엉키지 않고 풀리기 마련이다. 팔자를 고치는 방법은 무엇인가?

그 방법은 택일출산·궁합·직업선택·자기변화·피흉추길 등 다섯 가지이다. 택일출산은 임신부나 태아의 건강상 불가피하게 개복분만을 해야 할 경우에만 한하는데, 수술 가능한 기간 중에서 가장 좋은 때를 잡아 출산하면 좋은 운명을 지닌 아기를 얻을 수 있으며 최소한 나쁜 운명으로 태어나는 것을 방지할 수 있으니 '선천적으로 팔자를 고치는 방법'이다. 궁합은 서로의 사주를 봐서 음양오행이 조화를 이루는 반쪽을 만나 결혼함으로써 이미 타고난 팔자를 고치는 것이니 '후천적으로 팔자를 고치는 방법'이다. 이 선천적 방법과 후천적 방법을 병용하면 팔자는 확실히 고칠 수 있다.

그러면 이미 결혼한 사람은 어떻게 팔자를 고칠 수 있는가. 자기변화와 피흉추길이다. 자기 변화란 나를 바꾸는 일이다. 사주를 보면 타고난 장점과 단점, 특장점과 문제점을 알 수 있는 바 특장점은 살리되 단점과 문제점은 고치는 일이다. 가령 직설을 날려 남에게 상처를 줄 성격이라면 그 성질이 나타나지 않도록 수신하고, 폭력성을 타고난 성격이라면 그 기질이 드러나지 않도록 수양하는 일이다. 자기변화는 매우 중요하면서도 어려운 일이다.

그리고 피흉추길은 흉은 피하고 길은 택하는 것이니 연년세세마다 운세를 봐서 나아갈 때, 물러날 때, 기다릴 때를 알고 대처한다면 타고난 팔자를 고칠 수 있다. 그리고 결혼 전이든 후이든 팔자를 고치는 방법은 직업선택이다. 사람은 누구나 가장 좋아하고 잘 할 수 있는 분야의 길로 나가면(그 분야의 일을 하면) 행복하고 성공할 수 있다. 그 길이 천부적성의 길이며, 그 천부적성의 비밀은 사주 속에 있다.

그런데 팔자를 고치는 방법에 이름은 왜 없는가? 흔히들 좋은 이름은 운명을 좋게 하고 나쁜 이름은 운명을 나쁘게 한다면서 작명을 팔자 바꾸기의 수단으로 주장하는 곳(철학관·작명소)이 많고 또 그렇게 믿는 사람들도 많다. 하지만 필자는 '이름으로 운명을 논하는 것은 맞지 않다'고 주장하는 사람이므로 팔자 바꾸는 방법에 작명을 넣지 않았다. 그렇지만 대부분의 사람들이 이름이 운명과 관계가 있다고 믿는 현실을 감안하면, 작명은 '자기변화'에 포함하는 것이 타당하겠다. 단언하면 이름은 운명을 좌우하지 않는다. 〈2012.3〉

때를 알면 성공한다

운명運命이란 무엇인가. 명命은 태어날 때 타고난 운명 곧 선천운이고, 운運은 살아가면서 변화하는 운명, 곧 후천운이다. 명이 정적이라면 운은 동적이다. 선천운과 후천운이 모두 좋은 사람이 있는가 하면 모두 나쁜 사람이 있고, 선천운은 좋으나 후천운이 나쁜 사람이 있는가 하면 선천운은 나쁘나 후천운이 좋은 사람도 있다. 여기서 주목해야 할 요소는 운이다. 운은 변화 가능한 요소이므로 자기의 노력 여하에 따라 선천운을 더욱 좋게 할 수도 있고, 더욱 나빠지게 할 수도 있다.

우리 인간이 우주 자연의 질서를 완전히 바꿀 수는 없다. 그러나 끈질긴 노력으로 한겨울에도 수박을 재배하고 한여름에도 얼음을 만들어낸다. 한 개인도 타고난 운명을 완전히 바꿀 수는 없다. 그러나 부단히 노력하면 리어카를 끌고 살 운명을 타고났어도 고급 승용차를 굴리며 살아갈 수 있다.

그러면 덮어놓고 노력만 하면 다 되느냐? 그렇지 않다. 때가 있다. 때에도 '해야 할 때'가 있고 '하지 말아야 할 때'가 있다. '해야 할 때'에는 적극적으로 능동적으로 행동해야 하고, '하지 말아야 할 때'에는 조심에 조심을 더하며 수신제가해야 한다.

사람이 때를 알고 행동하면 성공할 수 있지만, 때를 모르고 덤벙대다 간 실패하기 십상이다. 때를 알고 처신하면 죽을 목숨이라도 살 수 있지만 때를 모르고 천방지축으로 날뛰다가는 생목숨을 잃기도 한다. 우리가 평소 구설에 시달리고 망신을 당하는 작은 일에서부터 사기·부도·폐업·파산을 겪는 등 큰일에 이르기까지의 흉사는 대개 '하지 말아야 할 때'에 지나치게 행동한 결과로 일어난다. 이 때를 아는 학문이 명리학이다.

명리학이 가장 잘 들어맞는 사람들은 정치인·연예인·기업인 등이다. 운은 동적인 것인 바 이들은 항상 활발하게 움직이기 때문이다. 정부 고위 관리와 정치인들이 구설수나 파문에 휩싸이고 기업인들이 탈법을 하다 손가락질을 받고, 친일 발언·음주운전·도박 등의 문제로 브라운관을 떠나는 연예인들도 있다. 밤낮없이 활발히 움직여야만 존재하고, 그 일거수일투족이 중요한 결과를 낳는 이들은 누구보다도 때를 잘 알아야 한다.

운칠노삼 천칠인삼

며칠 전 카카오톡으로 '정녕 포기하고 싶을 때 기억해야 할 이름들'이
란 제목의 글을 받았다.

- 20년 동안 평론가들로부터 "너저분한 잡동사니만 쓴다."고 비판받았던
  작가의 이름은 도스토예프스키다.

- 영하 10도의 야외에서 알몸으로 "나는 할 수 있다!"고 울부짖던 당시 무
  명배우가 있었다. 그의 이름은 '허준'을 연기한 전광렬이다.

- 신용호는 99명의 멘토로부터 "당신이 하려는 사업은 무조건 실패한다."
  는 말을 들었다. 그들이 "절대로 안 된다."고 했던 사업은 교보생명이었
  다. 신용호는 교보그룹 창업자다.

- 하워드 슐츠는 217번째 투자자에 이르기까지 스타벅스 사업의 투자를
  거절당했다.

- 미국 프로농구 NBA에서 9천 번의 슛을 실패하고 3천 번의 경기를 패배
  한 선수의 이름은 마이클 조던이다.

- 남이 먹다 남긴 빵을 주워 먹던 한 거지 청년이 세계 최고의 놀이공원을
  설립한다. 그의 이름은 월트 디즈니다.

- 근무력증에 걸려 5년 동안 누워 지내던 박성수가 다시 일어나 세운 회사
  의 이름은 이랜드다.

- 끝이 보이지 않는 가난에 절망해 생을 포기하려 했던 남생해는 세계에서 가장 큰 중식당 하림각의 사장이 된다.

- 1백여 군데 의상실에서 "당신은 절대로 디자이너가 될 수 없다."는 소리를 듣던 청년의 이름은 크리스챤 디오르다.

- "이 정도 솜씨로는 작가가 될 수 없다."고 핀잔 받던 한 무명작가는 노벨문학상을 수상한다. 『노인과 바다』를 쓴 어니스트 헤밍웨이다.

이 글의 출처가 어딜까 궁금해서 인터넷을 뒤져보니 이지성 작가가 2007년 펴낸 책 『꿈꾸는 다락방』이라고 나왔다. 수많은 사람이 인터넷과 SNS를 통해 수없이 퍼 나르고 있는 걸 보니 큰 인기를 끄는 글인 것은 분명하다. 이 글을 보고 필자가 떠올린 단어는 운과 노력이다.

운이란 때요 기회이다. 좋은 운, 좋은 때, 좋은 기회가 오지 않으면 아무리 노력해도 크게 성공할 수 없다. 돛단배를 타고 바다를 항해하는 사람이 있다고 치자. 순풍이 불어오면 좋은 운을 만난 것이니 순항하여 항해에 성공한다. 그런데 역풍이 몰아치면 나쁜 운을 만난 것이니 배가 뒤집혀 바다에 빠지고 항해는 실패한다. 순풍이든 역풍이든 바람은 사람의 힘으로 만들어낼 수 없다. 곧 운이란 사람의 힘으로 만들어낼 수 없는 불가항력이다. 운은 타고나는 것이다. 좋은 운이 오면 10의 노력으로 100을 얻을 수 있지만 나쁜 운이 오면 100의 노력을 해도 10밖에 얻지 못한다. 위에 언급된 사람들이 어렵고 힘든 시절을 보냈던 시기에는 역풍이 불었을 것이고, 성공을 거둔 시기에는 순풍이 불었을 것이다. 이들의 성공에는 분명히 좋은 운이 작용했다고 짐작한다. 이들의 출생코드를 안다면 확실히 알 수 있지만.

그러나 운이 인생의 성패를 좌우하지는 않는다. 노력도 인생 성패에 큰 작용을 한다. 거세게 불어닥치는 역풍을 만나서 항해에 실패했더라도 결코 좌절하지 않고 다시 바다에 도전하는 노력, 항해 중 태풍을 만나 배가 부서져서 육지로 되돌아왔더라도 절대 포기하지 않고 다시 새로운 배를 만들어 항해에 나서는 끈질긴 노력, 그리고 순풍이 불어올 때라도 안일과 게으름에 빠지지 않고 더욱 열정을 다해 계속 항해하는 노력이 성공을 견인한다. 하늘이 내린 '천운'과 사람이 만들어내는 힘, 곧 '노력' 내지 '인력'이 함께할 때 인생은 성공한다.

　흔히들 운이 7할이고 기술(재주·노력)이 3할이라고 해서 운칠기삼運七技三이란 말을 쓴다. 명리가로서 이 말에 동조한다. 좀 달리 표현한다면 천운이 7할이고 인력(노력)이 3할이니 운칠노삼運七勞三 혹은 천칠인삼天七人三이란 말을 쓰고 싶다. 어떻든 중요한 건 이 7대 3의 법칙에 대한 인식이다. 운이 절대적 영향력을 행사하므로 아무리 노력해도 성공하기 어렵다는 부정적, 절망적, 체념적 인식을 가지면 정말로 성공하기 어렵다. 3의 노력을 하면 10을 다 얻을 수 있다는 긍정적인 생각을 갖고 분발할 때, 3의 노력조차 하지 않으면 7마저도 가질 수 없다는 경계심을 갖고 분투할 때, 진실로 성공을 거둔다.

얼굴 성형과 팔자 성형

지난 2011년 치러진 서울시장 선거에 출마한 나경원 후보가 연회비 1억 원짜리 피부클리닉에 다녔다 하여 구설에 오른 적이 있었다. 연예인들은 물론 일반인들도 너나없이 성형하는 마당에 정치인도 참가했으니 바야흐로 성형 천국시대이다. 여기서 사주와 미모와의 관계를 생각해보자. 똑같은 사주를 타고난 사람이 있을 때, 얼굴 잘난 사람과 못난 사람 중 누구의 팔자가 더 좋을까?

'같은 값이면 다홍치마'라거나 '보기 좋은 떡이 먹기도 좋다'는 우리의 말은 물론 루키즘lookism이란 영어에서도 그 해답을 찾을 수 있다. 루키즘은 외모지상주의 혹은 외모차별주의를 뜻하며 외모가 개인 간의 우열뿐 아니라 인생의 성패까지 좌우한다고 믿어 외모에 지나치게 집착하는 사회 풍조를 말한다. 곧 외모가 연애·결혼 등과 같은 사생활뿐만 아니라 취업·승진 등 사회생활 전반까지 좌우하기 때문에 외모를 가꾸는 데 많은 시간과 노력을 기울이게 된다는 것이다.

실제로 외모가 성공에 영향을 미친다는 연구 결과가 속속 나오고 있다. 최근 미국 텍사스대학 대니얼 해머메시 교수가 펴낸 『아름다움은 값을 한다—매력적인 사람이 더 성공하는 이유』란 책에 따르면 교육 수준·나이·인종·결혼 여부 등 12개 다른 요인이 같다고 할 때 얼굴이 평균보다 못생긴 남자는 평균 이상으로 잘 생긴 남자에 비해 급여가

17% 더 적었다. 미모가 떨어지는 여자는 평균 이상 예쁜 여자보다 급여가 12% 더 낮았다.

또한 2005년 미국 세인트루이스 연방준비은행 연구팀의 보고서에 따르면 외모가 떨어지는 직장인은 평범한 외모의 직장인보다 임금이 9% 적었고, 외모가 출중하면 평범한 사람보다 5%를 더 받았다. 이런 결과에 대해 보고서는 외모와 자신감의 상관관계가 높기 때문이라고 해석하고, 해머메시 교수는 그 상관관계는 미미하다고 해석해 다소 엇갈린다.

성형 대국 우리나라에선 어떤가. 똑같은 죄를 지어도 외모가 뛰어나면 죄인 취급을 받지 않는다. 1987년 북한 공작원 김현희가 천인공노할 KAL기 폭파사건을 저질렀지만, 당시 TV를 통해 그의 모습을 지켜본 사람들은 너무나 빼어난 외모에 혹한 나머지 그가 115명의 목숨을 앗아간 범인이라고 믿지 않으려 하였다. 이런 세상이니 너도나도 루키즘에 빠지는 것을 탓할 일만은 아니다.

그래서 어른들은 얼굴 성형도 좋지만 지성을 쌓고 교양을 갖추고 인격을 닦는 것, 이른바 마음 성형도 중요하다고 한발 물러선다. 하지만 필자는 얼굴 성형과 마음 성형보다 더 근본적인 팔자 성형을 하라고 권유한다. 팔자 성형이란 팔자 고치기이며, 팔자 고치기란 궁합법을 통해 나의 반쪽을 만나는 일이다.

내가 과부팔자, 홀아비팔자, 거지팔자, 무자식팔자인 줄은 모르고 아무리 얼굴을 뜯어고쳐 본들 나의 반쪽을 만나지 못하면 팔자 도망은 하지 못한다. 〈2011.11〉

사람마다 맞는 색깔이 있다

일본산전의 나가모리 시게노부 사장에 관한 신문기사를 읽었다. 140여 개의 계열사에 연간 매출 8조 원의 그룹을 이끄는 신화적 존재로 우뚝 선 그의 경영철학을 상세히 소개한 그 기사에서 정작 필자가 관심을 가진 부분은 그의 오행관五行觀이었다. 즉 그가 좋아하는 색깔은 녹색, 좋아하는 방향은 동쪽 혹은 남쪽으로 고정돼 있다는 점이다. 그는 늘 녹색 넥타이에 녹색 행커치프 차림이며, 양복 주머니에 넣고 다니는 지갑도 녹색이고 드레스 셔츠의 커프스 버튼도 녹색이다. 녹색 넥타이는 무려 1천 개 이상 갖고 있단다.

또한 그는 언제나 책상은 남향 혹은 동향으로 배치하고, 회사의 수많은 사옥과 공장은 반드시 동향 혹은 남향으로 짓는다고 한다. 왜일까? 구성술에 따르면 그는 흙土의 성질을 가지고 있는데, 흙은 식물(녹색)이 없으면 썩어버리므로 녹색을 좋아하고, 식물을 건강하게 키우기 위해서는 태양이 필요하니 좌향을 동쪽 혹은 남쪽을 택한다고 한다.

나가모리 사장의 이 같은 행위가 그의 성공에 얼마나 영향을 미쳤는지는 모르겠으나, 사람마다 자기에게 맞는 색깔과 방위 등이 있어서 자기에게 맞는 색깔과 방향을 선택해서 생활하면 운이 좋아진다는 것이 명리학의 한 이론이다.

그래서 필자는 명리학으로 적성검사, 상담, 작명 등을 할 때 의뢰인에

게 좋은 색깔·방위·물건·음식·숫자가 무엇인지를 알려 준다. 가령 土
가 많아서 문제가 많은 사주의 주인공이 있다면 상극 원리에 따라 木으
로 土 기운을 제압하든가 설기 원리에 따라 金으로 土 기운을 빼내야 한
다. 이때 木으로 다스려야 한다면 당신에게 맞는 색깔은 녹색(파랑), 방
향은 동쪽, 숫자는 1과 2라고 말해 주고, 金으로 다스려야 한다면 당신
에게 좋은 색깔은 하양, 방향은 서쪽, 숫자는 7과 8이라고 일러준다.

　명리학은 이 세상의 모든 색깔·방향·물건·음식·숫자 등을 다섯 가
지의 종류 곧 오행(木·火·土·金·水)으로 분류하여 활용한다. 이를 잘
활용하면 나에게 부족한 기운은 보충하고, 넘치는 기운은 덜어내므로
운의 흐름을 좋게 할 수 있다. 명리학자인 필자는 사주를 분석해서 찾
아내지만 때론 당사자들이 동물적 감각으로 스스로 찾아내기도 한다.
가령 필자가 "당신에게 맞는 색깔은 빨간색입니다."라고 하면 "난 본래
빨간색을 좋아해요."라는 대답을 들을 때가 많다. 자기에게 火의 기운
이 필요하다는 것을 본능적으로 느껴서 빨간색의 옷을 입고 빨간 빛깔
의 음식을 먹는 것이다.

　이런 본능을 사주로 찾아내니 명리학은 실로 오묘하지 않은가.

자연재해와 개인재해

일찍이 우리는 자연현상을 보고 비가 올 것이란 예측을 했다. 가령 잠자리가 낮게 날거나, 청개구리가 요란스레 울거나, 햇무리가 나타나거나, 종소리가 가까이 똑똑히 들리면 비가 올 징후라는 것을 안다. 그래서 바깥으로 나갈 때 우비를 챙긴 사람은 비를 맞지 않지만 비 올 징후를 모른 채 혹은 무시한 채 바깥나들이를 간 사람은 비를 흠뻑 맞는 낭패를 당한다.

요즘은 국가기관인 기상청이 이런 일을 맡아서 해준다. 오늘과 내일의 날씨를 알려줄 뿐만 아니라 주간별·월별 날씨를 알려 주고, 태풍·황사·지진·해일에 대한 예보도 한다. 또 바다 날씨, 산악 날씨, 공항 날씨로 세분하여 예보하는 것은 물론 세계의 날씨까지 통보해준다. 그러므로 기상청의 기후예보에 귀를 잘 기울이면 자연재해를 미리 예방하거나 피할 수 있다.

사주를 보는 일은 기상을 관측하는 일과 같다. 기상 관측이란 어느 날의 기후, 어느 기간의 기후, 어느 곳의 기후가 어떤 상태에 있으며 어떤 변화를 일으킬 것인가를 예측하는 일이다. 한편 나에게 올해 어떤 일이 일어나고, 내년에는 무슨 일이 생기며, 돈은 언제 들어와 부자가 되며, 인연은 언제 찾아와 결혼하게 되며, 언제 질병을 앓아 고생할지, 지금 배우자와는 해로할지 갈라서는 일이 일어날지 등을 관측하는 일은 사주보기이다. 사주보는 일과 기상 관측하는 일이 같은 것은, 이 세상천지 자연 만물이 음양오행으로 이뤄져 있고 인간도 음양오행으로 이뤄져 있기 때문이다. 자연은 대우주이고 인간은 소우주일 뿐이다.

맨 앞에서 보았듯이 자연계에서는 어떤 일이 일어나기 전에 대개 어떤 징조를 보인다. 이와 마찬가지로 사람에게도 어떤 일이 터지기 전에 어떤 징후를 보인다. 자연계에서 비가 오기 전에 햇무리가 지듯이, 사람에게서는 나쁜 일이 일어나기 전에 악몽을 꾼다든가 뭔가 꺼림칙한 느낌이 든다. 비가 올 것 같아서 신문 방송이나 인터넷을 통해 오늘의 날씨를 살펴보고 확인하는 일은 자연의 재해에 대비하는 일이다. 한편 왠지 올해는 사업에 투자하면 손해를 볼 것 같아서 사주를 보고 확인하는 일은 개인의 재해에 대비하는 일이다.

2년 전, 한복집을 운영하는 50대 후반의 여성[1]이 뭔가 찜찜하다며 찾아왔다. 평소 약간 아는 사이인 아무개가 어떤 행사를 벌이면서 나중에 손님을 많이 소개해 줄 테니 광고를 해달라는 요청을 해왔는데 어쩌면 좋으냐고 물었다. 그의 명조를 살펴본즉 그는 51~60세 사이엔 사기를 당할 환경에 처한 데다 광고해달라는 2010년과 그해 4~5월의 운세 또한 사기당할 운이었다. 대운·연운·월운이 모두 사기 당할 때라고 판단한 건 계약 코드인 인성이 나쁜 작용을 하고 있기 때문이다. 그래서 광고계약을 절대 하지 말라고 조언했더니 그는 가래로 막을 일을 손으로 막았다며 휴, 안도의 숨을 쉬었다.

예감 혹은 육감을 따라 내 운세를 보고 덕을 본 일례다. 〈2012.10〉

로또 맞는 비결

8년 전 필자는 친구[2]가 로또 복권 3등 당첨의 기회를 잡도록 도와준 적이 있다. 그 해 친구의 운을 보니 편재운이 양호하게 오고 있었다. 복권에 당첨될 확률이 매우 높은 운이었다. 그래서 그해 중에서 편재운이 오는 달, 편재운이 오는 날, 편재운이 오는 시간을 잡아주고 복권을 사라고 권했다. 그의 행운에 편승하고자 필자는 그에게 1만 원을 주고 복권을 사달라고 부탁했다.

편재란 재물에 해당하는 코드인 재성의 하나이다. 재성은 편재와 정재를 합한 말이다. 정재는 땀을 흘려 열심히 일한 대가로 얻는 정직한 재물이고, 편재는 자신이 별로 노력하지 않았는데도 뜻밖에 얻어지는 재물이다. 회사가 수익을 많이 내어 정해진 보너스 외의 보너스를 주면 편재이다. 다 사니까 그냥 우리사주를 샀는데 나중에 대박이 나면 편재이다. 우연히 어느 땅을 샀는데 그 땅이 개발지구에 포함돼 몇 십 배의 보상금을 받았다면 편재이다. 5천 원을 주고 산 로또 복권이 3등 이상에 당첨되면 편재이다. 이같이 편재는 횡재요 일확천금이다. 편재운이 양호하게 오는 사람이 기회를 잘 잡아서 복권을 사면 횡재할 가능성이 높다.

그 친구는 필자가 일러준 월, 일, 시에 복권을 네 장 사서 필자에게 가져와 먼저 고르라고 했다. 필자가 두 장을 먼저 선택했고 나머지 두 장은 친구가 가져갔다. 드디어 복권 추첨 날, 필자의 복권은 두 장 중

한 장이 4등에 당첨되었다. 필자는 평소 복권을 거의 사지 않는 편이며 구입한 복권이 어쩌다 5등에 당첨된 적은 있어도 4등 당첨은 평생 처음이었다. 반면 그 친구는 두 장 중 한 장이 3등에 당첨되는 행운(幸運)을 안았다. 그에게 편재운이 양호하게 왔음이 증명되었다. 그가 산 복권 네 장 중 두 장을 필자가 먼저 자의로 골랐지만 4등 당첨에 그친 것은 필자에게 편재복이 없기 때문이고, 그는 자의와는 관계없이 남은 복권 두 장을 취했을 뿐인데도 3등 당첨의 기쁨을 누린 것은 편재복을 맞이했기 때문이다.

나중에 그가 고맙다며 당첨금 중 50만 원을 필자에게 건넸다. 필자에겐 뜻밖의 돈이니 편재요 횡재다. 그런데 그 무렵 필자는 자동차 사고를 당하였는데, 가해자가 종적을 감추는 바람에 치료비와 자동차 수리비 50만 원가량을 내 돈으로 고스란히 부담해야 했다. 결국 필자에겐 편재복이 오지 않았고 횡재운은 오지 않은 바, 그해 필자의 운은 횡재할 운이 아니었으니 당연한 결과이다.

사람은 저마다 타고난 복분이 있고 10년마다, 1년마다, 1개월마다, 하루마다 맞이하는 행운(行運)이 있다. 자기의 복분을 잘 알고 자기에게 오는 행운을 잘 파악해서 대처하면 행운을 잡을 수 있다. 필자는 편재복을 넉넉하게 타고나지 않은 데다 편재운을 맞이하지 못했으므로 그해 본전에 그쳤고 필자의 친구는 편재복을 좋게 타고난 데다 편재운을 맞이했으므로 로또 3등 당첨이란 행운을 잡은 것이다. 그리고 이 친구는 10년 전에 사서 처박아 두었던 주식을 그 해 우연히 꺼내 보니 엄청나게 올라 수천만 원을 벌어들이는 행운도 얻었다. 10년 전 그의 운이 편재운이었다. 〈2014.11〉

횡재하면 베풀어라

이번에는 242억 로또 당첨자가 몰락한 사연을 보자. 지난 10월 어느 신문에 난 얘기다.

소액 주식투자에 매달리며 살아가던 김 모 씨(52)는 2003년 로또 1등 당첨이라는 '돈벼락'을 맞았다. 당시 1등 당첨자 2명에게 배당된 당첨금은 약 242억 원으로 김 씨는 세금을 제외한 189억 원을 수령했다. 로또복권 사상 역대 두 번째로 많은 1등 당첨금이었다. 갑작스럽게 부를 거머쥔 김 씨는 돈을 어떻게 관리해야 할지 몰랐다. 주위에 복권 당첨 사실을 숨기려다 보니 자산관리에 대한 조언을 구할 수도 없었다. 결국 그는 무계획적으로 주식투자에 거금을 쏟아붓기 시작했다. 일부 재산은 부동산 구입과 병원 설립 투자금 등으로 사용했다. 그러나 서류상 문제로 병원 설립에 투자한 35억 원을 회수하지 못한 데다 주식투자 실패까지 겹치면서 2008년 말 당첨금을 모두 탕진하고 말았다.

김 씨는 빈털터리가 된 상황에서도 착실하게 돈을 벌 궁리를 하기보다는 요행을 바랐다. 그는 복권 당첨금으로 구입해뒀던 아파트를 담보로 사채를 빌려 또다시 주식에 투자했다. 하지만 하늘은 그에게 두 번의 행운을 허락하지 않았다. 주식은 좀처럼 수익이 나지 않았고 빚이 1억 3천만 원까지 늘었다. '일확천금의 행운아'가 불과 5년 만에 채무에 허덕이는 '빚쟁이'가 된 것이다.

이후 재기를 노리던 김 씨는 2010년 주식 전문가로 위장해 A 씨에게 접근, "나에게 돈을 맡기면 선물옵션에 투자해 수익을 내주겠다."고 유혹했다. 그가 로또 당첨금 원천징수영수증을 보여주자 A 씨는 선뜻 1억 2,200만 원을 그에게 건넸다. 그는 그 돈을 주식에 투자했으나 전문지식이 없는 터라 전혀 수익을 내지 못했다. A 씨가 원금 반환을 독촉하자 김 씨는 소송 서류 뭉치를 보여주며 "소송 중인 재판에서 이겨 15억 원을 받아올 테니 소송비를 빌려 달라."고 했다. A 씨는 또다시 김 씨에게 2,600만 원을 건넸다. 그러나 김 씨의 소송 서류는 효력이 없는 문서였다. 두 번이나 김 씨에게 속고 나서야 정신을 차린 A 씨는 2011년 김 씨를 경찰에 고소했다. 이에 곧바로 잠적한 김 씨는 부동산중개업소 아르바이트를 하며 번 돈으로 찜질방을 전전하며 도피생활을 하다 2014년 10월 체포됐다.

김 씨는 어떤 운명의 소유자일까? 비록 로또를 맞았지만 결국은 빈털터리 됐으니 그는 재물복이 없는 팔자의 주인공이다. 아마도 재다신약(財多身弱−재물에 해당하는 재성은 많으나 자신은 쇠약함) 사주의 임자 같다. 나는 약한데 재물은 많으니 재물을 내 손에 잡지 못하고 재물의 노예가 된다. 재성이 많은 사람은 돈에 대한 집착과 탐욕이 많아서 일확천금을 노리는 주식투자나 투기에 빠지기 쉽다. 그리고 거짓말을 곧 잘하며 돈을 벌기 위해 수단과 방법을 가리지 않는다. 재다신약 주인공은 재물을 잘 운영하지 못한다. 그런즉 김 씨는 자산관리를 대신해주는 전문가를 찾아갔어야 했다. 아니면, 재다신약 주인공에게 가장 필요한 존재는 형제와 친구(비겁)이니 횡재한 돈을 이들에게 나눠주거나 맡겼어야 했다. 그러면 내가 곤궁에 빠질 때 이들이 도와주기 때문이다. 〈2014.12〉

재앙을 부르는 재물

오늘도 많은 사람이 일확천금의 꿈을 꾸고 복권을 산다. 1등에 당첨되면 그야말로 팔자를 고친다. 천금이 들어와 팔자가 바뀐다고 해서 다 행복한 삶을 살 수 있을까? 최근 영국의 한 언론 매체는 거액의 복권에 당첨돼 일약 거부가 됐지만, 심한 낭비벽으로 불과 몇 년 만에 인생을 망친 마이클 캐럴(30)의 사연을 보도했다. 다음은 이 소식을 전한 어느 신문의 기사를 요약한 내용이다.

지난 2002년 캐럴은 970만 파운드(165억 원)에 달하는 복권에 당첨돼 많은 이들의 부러움을 샀다. 거액을 손에 쥔 그는 화려한 인생을 꿈꾸며 하루하루 기분에 취해 펑펑 돈을 써댔다. 당첨금 중 400만 파운드(68억 원)는 친구와 가족에게 나눠 주고, 고급 맨션들과 여러 대의 레이싱 카를 사는 데 남은 돈을 썼다. 그는 이에 그치지 않고 타락의 길로 질주했다. 코카인·음주·도박·매춘 등으로 인생을 허비했다. 결국 그는 마약 등의 혐의로 2004년과 2006년 징역형을 선고받고 감옥을 들락거렸다. 마침내 2010년 2월 그는 파산을 선언하고 실업수당을 받는 처지로 전락했다.

현재 그는 10세 딸과 함께 스코틀랜드 북부로 이사와 한 비스킷 공장에서 주당 204파운드(약 35만원)를 받으며 새 삶을 살고 있다. 술도 끊고 담배도 끊었다. 그는 "복권에 당첨됐을 때보다 지금이 더 행복하다.”며 “만약 다시 복권에 당첨된다면 이번에는 마약에 중독된 아이들을 돕는 데 돈을 쓰고 싶다.”고 말했다.

여기서 그의 사주를 생각해본다. 아마도 그의 사주는 재물에 해당하는 코드인 재성이 나쁜 작용을 하는 모양새를 하고 있었을 것이다. 재성이 사주에 있거나 운에서 오면 돈은 들어온다. 하지만 재성이 나 자신을 제어하는 코드인 관성을 도와 관성이 세력이 강력해지면 나는 나 자신을 통제하지 못하므로 음주·도박·섹스 등 나쁜 일에 빠진 채 헤어나지 못해 타락하고 마는 것이다. 이런 모양새의 사주를 가진 사람은 돈이 들어올 때 조심하고 현명한 판단을 내려야 한다. 조심할 일은 음주·도박·섹스 등 나쁜 버릇에 빠지지 않아야 하고, 현명한 판단을 내려야 할 일이란 들어온 돈은 남을 위해 쓰는 일 곧 내 분수에 넘는 돈은 지니지 않아야 한다는 것이다.

최근 방문한 40대 여성3이 이런 구조의 사주를 갖고 있었다. 그래서 “재물에 대한 탐욕을 버려야 한다. 돈이 들어오면 재앙이 생긴다.”고 했더니 그는 “이미 잘 알고 있다. 2~3년 전 돈이 들어올 때 몸이 아파 고생했다.”며 “그 이후 돈에 대한 집착은 버리고 산다.”고 했다. 이 분은 현명하다. 재물이 나에게 어떤 악영향을 미치는지 경험을 통해 알고는 처신을 올바로 하고 있으니 얼마나 현명한가. 사주를 통해 미리 알았더라면 더 좋았을 것이지만, 경험을 통해 지혜를 얻고 늦게나마 사주를 통해 운명을 확인했으니 다행도 여간 큰 다행이 아니다. 〈2013.7〉

돈 들어올 때 조심하라

로또 당첨자가 슬픈 말로를 맞았다는 소식이 또다시 들린다.

데이비드 리 에드워즈란 미국 남성이 복권 당첨으로 286억 원을 얻었지만 12년 후 동전 한 푼 없이 초라하게 죽고 말았다고 한다. 에드워즈가 지난달 말 미국 켄터키의 어느 호스피스 시설에서 향년 58세로 비참한 최후를 맞이한 원인은 무엇일까. 돈을 물 쓰듯 펑펑 쓴 때문이라고 한다.

그는 2001년 대박로또로 불리는 파워볼 복권에 당첨됐다. 상금은 무려 2,700만 달러(약 286억 원)였다. 당시 46세였던 그는 '신의 선물'이라고 불리는 당첨금을 마구 써댔다. 강도질로 교도소를 들락거리던 그가 복권 당첨으로 팔자를 고친 뒤 가장 먼저 한 일은 고급 승용차인 벤틀리를 구입한 일이었다. 이어 160만 달러짜리 집을 사고 190만 달러짜리 자가용 제트기도 구매했다. 이외에 다른 명차도 분별없이 사들였다.

그는 복권에 당첨된 해에만 상금의 절반 가까운 1,200만 달러를 탕진했다. 마약에도 손을 댔다. 친구들을 불러 모아 마약과 함께 파티를 즐겼다. 미래에 대한 아무런 대책도 없이 돈 쓰는 재미에만 빠져 살던 그는 결국 5년 뒤 상금 대부분을 써버렸다. 2006년 주택이 압류될 정도로 빈털터리가 되자 아내도 그를 떠났다. 그는 유일한 혈육인 딸에게도 한 푼의 유산도 남기지 않고 가버렸다. 그 딸은 어느 공원의 직원으로 일하고 있다.

그는 벼락 맞을 확률보다 더 낮은 대박 로또에 당첨되는 행운을 얻었지만 그 행운을 향유할 수 있는 팔자는 아닌 모양이다. 추측컨대 그는 관官이 태과한 상태여서 재財가 들어오면 재앙을 부르는 사주의 주인공일 것 같다. 관은 나 자신을 통제하고 제어하는 코드이다. 이것이 적절하면 예의와 도덕심을 갖추고 법과 질서를 준수하며 정도를 걷는 사람이 된다. 하지만 이것이 태과하면 스스로 절제하지 못한 나머지 고삐 풀린 송아지처럼 망동하는 사람이 된다. 나쁜 버릇(음주·과소비·도박·마약·이성문제 등)에 빠지거나 건강이 나빠져 일신을 망치고 만다. 재는 재물에 해당하며 관을 돕는 일을 하는데, 관이 태과한 상태에서 재가 들어와 도와주면 관은 더욱 태과하여 자기 통제력과 분별심을 잃으므로 나쁜 버릇에 함몰돼 헤어나지 못하고 마는 것이다.

평소 나쁜 버릇에 빠져 있는 사람은 혹시 나는 관이 태과한 사주의 주인공이 아닌지 돌아봐야 한다. 이런 사람은 재물이 들어오면 건강을 해치게 되거나 나쁜 버릇에 더욱 빠져 패가망신할 우려가 높다.

50대 주부4의 예를 보자. 그는 남편의 수입이 넉넉한데도 아이들이 웬만큼 자라자 40대 초에 자기 사업에 뛰어들었다. 소위 말하는 물장사다. 사업은 성공해 많은 돈을 벌었다. 그런데 이 기간에 단골손님을 애인으로 삼아 남편 몰래 만나며 즐긴다. 왜 그런가. 그에게는 관이 무려 4개나 있으니 태과하고 본인 코드는 2개로서 나약하니 나쁜 버릇에 빠져 사고를 칠 요인을 안고 있다. 이런 상황에서 37세부터 20년 동안 재가 들어와 관을 생조하니 관과 관련한 문제 곧 남자문제를 낳은 것이다. 여자의 경우 관은 남자(남편)에 해당하는 코드이기도 하다.

그는 본디 본남편(정관)과 애인(편관칠살)이 혼재하는 관살혼잡의 사주를 타고난 데다 미모도 출중하니 남자관계가 복잡할 수밖에 없는 운명의 소유자이다. 이런 상황에서 재물에 욕심을 내 재물을 얻긴 했지만 재물에 눈 먼 나머지 정절을 지키지 못한 채 불륜을 저질렀다. 〈2016.1〉

지독히 짠 사나이

사주를 보면 그 사람의 성격을 알 수 있다. 사주로 성격을 보는 방법 중의 하나로 일간에 의한 성격 판단법이 있다. 일간은 생일의 천간을 말하며 사주의 핵이 된다. 가령 갑자일에 태어났으면 木일생이므로 어질고﹝, 병술일에 태어났으면 火일생이므로 예의가 바르고(禮), 무인일에 태어났으면 土일생이므로 신의가 있고(信), 경진일에 태어났으면 金일생이므로 의롭고(義), 임오일에 태어났으면 水일생이므로 지혜롭다(智)고 판단한다.

명리학은 각 오행마다 고유의 성정을 지니고 있다고 보는 바 木은 인﹝, 火는 예禮, 土는 신信, 金은 의義, 水는 지智에 해당한다고 보므로 일간에 나타난 오행으로 성격을 판단하는 것이다. 그러나 木일생이라고 무조건 어질고, 火일생이라고 무조건 예의 바르다고 판단해서는 안 된다. 일간의 강약에 따라 그 성정은 달리 나타나기 때문이다. 예컨대 土일생의 경우 土의 세력이 미약하면, 곧 일간의 세력이 미약하면 신의가 있기보다는 아주 인색한 사람이 된다. 그 실례를 보자.

필자가 너무나 잘 아는 한 선배5는 부동산이 많은 부자인데도 지갑을 열지 않아 일찌감치 짠돌이로 소문이 난 분이다. 선후배가 만나 술을 마시면 대개 선배가 돈을 내는 것이 통상관례이건만 이 분은 선배이면서도 절대 그렇지 않다. 후배에게 늘 얻어 마신다. 모임에서 분담금을 낼 때도 어떻게 해서라도 덜 낸다. 친구나 동료는 물론 선배와 함께 택시를 타도 자기는 절대로 택시비를 내지 않는다. 자기 집으로 손님을 초대해 음식과 술을 대접하는 집들이를 하면 찾아온 손님에게 넉넉히 대접하는 게 우리의 풍습이건만 그는 목만 축일 정도의 술만 내놓는다. 손님들이 맥주가 모자란다고 하면 마지못해 맥주를 더 사오건만 손님은 열 명인데도 불구하고 고작 세 병을 사온다. 감질나게 하고 짜증나게 한다.

일일이 적시하기 어려울 정도로 인색한 행보를 해온 이 선배의 사주가 궁금하던 차에 올 1월에 기회가 왔다. 그의 사주를 보는 순간 "그럼. 그렇지!" 하고 무릎을 쳤다. 土일생으로서 일간이 매우 쇠약하였다. "아. 인색한 성품을 천성적으로 타고났구나." 하는 결론에 도달하자 그 동안 이 분의 짠돌이 형태를 다소나마 이해할 수 있었다. 다른 분들은 이 선배가 지독히 짠 것은 성장환경 때문일 것이라고 추측했으나 그게 아니었다. 타고난 천성을 바꾸지 못해 눈치를 받으면서도 남한테 빌붙고, 짜다는 핀잔과 놀림이 쏟아져도 욕이 배를 따고 들어오느냐며 구두쇠로 일관해 오고 있었다.

土일생으로서 일간이 약하면 인색한 한편으로 재물에 대한 집착이 매우 강하다. 짠돌이 선배와 같은 土일생으로서 일간이 쇠약한 50대의 남자6는 재물에 관한 집착심이 무서울 정도로 엄청나다. 그는 자기가 바람을 피워놓고도 부인에게 덮어씌워서 이혼소송을 제기했다. 이혼하면 부인 명의로 해둔 아파트를 잃을 것이 뻔하자 온갖 교묘한 방법을 동원하고 거짓말을 하고 자식들에게 욕이 될 증거까지 조작하여 소송 자료로 내는 등 아파트를 자기 소유로 하기 위한 악행을 거듭하였다.

인색하고 재물에 대한 집착이 강한 土일생은 의리·명예 등은 안중에도 없음을 이 남자가 여실히 보여 주었다.

　명리학은 이렇게 출생코드로 그 사람의 성격을 읽어낸다. 그러므로 명리학은 심리학이다. 〈2006.1〉

돈밖에 모르는 가장

40대 주부7가 남편과의 이혼을 고민 중이라며 상담을 의뢰하였다. 그녀가 이혼을 작정한 까닭은 흔히 거론되는 성격 차이나 남편의 외도가 아니라 남편의 수전노 근성이었다. 이들 부부는 장애아(주의력 결핍 과잉행동 장애·ADHD)를 두고 있다. 장애아이니만큼 남다른 사랑과 관심으로 키워야 하고, 특수교육을 통해 가르쳐야 하고, 특별한 치료법으로 질환을 고쳐나가야 한다. 이러려면 그 비용이 엄청나게 들어가기 마련이니 금전 지출을 아끼지 않고, 장애를 앓는 아이에게 한량없는 사랑과 관심을 쏟아붓는 게 부모의 도리이다.

그런데 남편8은 그러지를 않는다. 장애 아이에게 남다른 사랑과 관심을 기울이기는커녕 오히려 화를 내거나 짜증을 내고, 장애 아이의 교육과 치료를 위한 금전 지출을 일체 않는다. 이뿐이 아니다. 남편은 아내에게 생활비조차 제대로 주지를 않는다. 아내에게 "네가 벌어서 생활하고 아이들 키우라."고 주장한다. 회사원인 남편은 월급을 받아 자기 통장에 알뜰히 넣는다. 그러곤 자기를 위해서만 돈을 쓴다. 아내·자식·부모·형제에게 돈 쓰는 법이 없다. 어쩌다 쓴다한들 극히 미미하다. 지독한 짠돌이요 돈밖에 모르는 수전노이다.

남편이 이러하니 그 아내는 살아가는 게 너무 힘들다. 장애아를 둔 처지라 직장에 나갈 수 없고, 나가면 돈을 주고 아이를 맡겨야 한다. 돈

벌이는 시원치 않는데, 아이 밑에 들어가는 돈은 많고 아이를 보살펴야 할 사항은 한둘이 아니니 물심양면으로 겪는 고생이 이만저만이 아니다. 그래도 버텨온 것은 친정과 자매들의 도움 덕분이다. 그런데 2014년부터 남편은 수전노 행위를 더욱 극심하게 할 뿐만 아니라 장애 아이에게 마구 화를 내고 욕을 하고 폭언을 일삼는다. ADHD 아이는 어린 시절에 치료를 잘해야 하는데, 이러다간 아이를 영원히 망칠 것 같아서 그녀는 아이와 아버지를 격리할 방법을 찾다가 이혼을 결심하기에 이른다.

도대체 이 남편은 왜 이렇게 돈밖에 모른 걸까? 남자 사주에서든 여자 사주에서든 재물에 해당하는 코드는 재성이다. 이 재성의 세력과 동향으로 돈복의 길흉을 알고 재물에 대한 태도를 알 수 있다. 남편의 사주를 구성하는 8자 중 재성은 5 정도의 세력으로서 매우 강하다. 재성의 세력이 강하니 돈에 대한 집착이 강할 수밖에 없다. 오직 돈만 추구하고 돈이 최고의 선이다.

그리고 재성은 관성(남자 사주에서 자식에 해당하는 코드)을 돕는데, 도와주는 재성인 木의 세력은 5이고 도움을 받는 관성인 火의 세력은 1로서 목다화멸(木多火滅 ; 나무가 너무 많으면 불이 꺼진다) 현상이니 자식을 힘들게 하는 사주다. 더욱이 2012년부터 10년 동안은 火의 세력이 당을 이루어(火국) 목다화멸 상황이 극심하게 와 자식을 매우 힘들게 할 조짐이다.

그래서 필자는 "2021년까지라도 남편과 헤어져 사는 게(아이와 아버지를 격리하는 게) 장애 아이의 치료를 위한 현명한 방법입니다."라며 기한부 이혼 혹은 별거를 권유하였다. 한편 그녀에게는 향후 자립적으로 살아갈 수 있는 기회(운)가 찬란하게 오고 있으니 남편 부재로 인한 어려움은 전혀 없었다.

아버지의 돈이 아들 치료비로 쓰이질 않고 부부불화와 가정의 파탄을 부른다면 그 돈은 행복을 파괴하고 불행을 낳는 재물災物이다.

〈2014.1〉

13

재財가 재災를 낳는다

7년 전 삼성 이건희 회장의 막내딸이 젊은 나이에 세상을 떠났을 때, 필자는 그녀의 사주에 관한 글을 쓴 적이 있다.

그녀의 사주는 정확히 모르지만 당시 인터넷에 올라온 생년월일 (1979. 04. 26)은 맞다고 보고 생시는 13가지 경우로 해서 13개의 사주를 뽑아 분석했다. 그녀가 일찍 세상을 하직한 이유 중 하나로 필자는 분에 맞지 않는 재물을 꼽았다. 그녀의 사주는 자신을 제압하는 관살官殺은 지나치게 많은 데다 자신은 매우 약해서 신약하니 신약살왕身弱殺旺 사주였다. 이런 판에 재성이 왕성해지는 운이 오면 관살이 더욱 강력해져서 나 자신을 억압하므로 죽음을 포함한 각종 재난이 일어난다. 재성은 재물에 해당하는 코드이므로 재성이 왕성해지는 운이 온다는 것은 나에게 재물이 많이 들어온다는 뜻이요, 재물이 많아지는 바람에 생명의 위험을 포함한 여러 가지 재앙이 닥친다는 의미이다.

그녀가 이승을 떠났을 때 알려진 그녀의 재산은 2천억 원이었는지라 필자는 '본인이 감당할 수 없는 어마어마한 재물이 그를 죽음의 길로 몰고 갔다'며 재물의 저주를 탓했던 것이다.

재물의 저주를 탓할 일이 또 생겼다. 광주에 사는 40대의 김 아무개는 7년 전 로또 1등(당첨금 23억 원)에 당첨돼 18억 원을 받았다. 그는 다니던 직장을 그만두고 당첨금 일부를 떼 내 주점을 열었으나 장사가 안

돼 접고, 다시 다른 사업에 손댔으나 또 털어먹고, 나중엔 주식에도 투자했으나 역시 실패했다. 이 과정에서 지인에게 사기도 당해 결국 2년 만에 빈털터리가 됐다. 이후 부모 친척에게 수천만 원을 빌려 생활했으나 살림은 쪼그라들고 빚만 늘어나자 부인과 이혼했다. 이런 아픔을 겪다 자녀 2명을 남겨 둔 채 최근 목을 매 자살했다는 이야기다.

이 이야기에 접하자마자 필자는 이 남자는 분명히 재물복이 약할 것이라고 추단했다. 태어날 때 타고난 밥그릇이 종지 크기밖에 안 되는데 814만 명 분의 밥을 얻었으니(로또 1등 당첨 확률은 814만 분의 1) 어찌 그 밥을 내 종지에 담을 수 있겠는가. 혹이면 이건희 회장의 막내딸처럼 재물이 재앙을 부르는 팔자였는지도 모른다. 사람은 태어날 때 자기 분수에 맞는 크기의 밥그릇을 타고난다. 종지 크기의 밥그릇이면 그 정도의 돈만 벌어야 하고, 양푼이 크기의 밥그릇이면 그 용량에 맞는 돈만 모아야 한다. 자기 분수를 모른 채 재물을 좇다 보면 재물의 노예가 되기도 하고, 재물의 저주를 받아 처자식을 잃기고 하고, 재물에 짓눌려 재물을 다 잃고 목숨마저 잃기도 한다.

명리학 고전은 '돈이 적은 팔자로 태어난 사람이 돈이 많이 들어오면 일찍 죽는다'고 경고한다. 난데없이 돈이 셀 수 없을 정도로 들어오거나 뜻밖에 재물이 엄청나게 불어나면 과연 그 돈과 재물이 진정 나의 것인지, 내 밥그릇에 담을 수 있는 것인지를 살펴보라. 만약 내 밥그릇에 담고도 철철 넘치는 돈과 재물이라면, 재물이 재앙을 낳기 전에 이웃에 베푸는 지혜가 필요하다. 그러하지 않으면 내 밥그릇이 깨지고 내 생명마저 잃을 수 있다. 〈2012.8〉

14

애인과 검은 돈

미국의 중앙정보국^{CIA} 국장이 불륜 문제로 물러났고 우리나라의 고위 검사는 검은 돈을 받은 죄로 머잖아 감옥에 갈 모양이다. 이 두 사건을 보면서 공통점을 생각했다. 그것은 두 사람 사주에 다 같이 편재란 코드가 들어 있으며 이것이 나쁜 작용을 했을 것이란 점이다. 남자의 사주에서 배우자에 해당하는 코드는 정재이다. 그런데 이와 유사한 코드가 편재이다. 정재는 본부인이고 편재는 애인, 애첩, 숨겨 놓은 여자이다. 그래서 편재를 바람의 신이라고 하며, 남자의 사주에 편재가 어떤 모습으로 있으며 어떻게 작용하는가를 살펴서 바람의 유무와 바람의 정도를 파악한다.

남자의 사주에 편재가 많거나 편재로 격을 이루면 바람을 피울 가능성이 높다. 또한 정재와 편재가 섞여 혼잡한 상태로 있으면 아내 외의 여자에게 외정을 줄 확률이 매우 높다. 그러나 정재와 편재가 섞여 있어도 정재의 세력이 편재의 세력보다 더 강하면 아예 바람을 피우지 않거나 바람을 피우더라도 애첩보다는 본부인을 더 사랑하므로 가정을 버리지는 않는다. 반면 편재의 힘이 정재의 힘보다 더 세면 본부인보다는 애인을 더 사랑하므로 가정을 버리고 딴살림을 살기 쉽다.

편재가 많거나 편재격을 이룬 남자는 성격이 시원시원하고 화통하다. 꽃과 술과 방랑을 좋아하고 풍류를 즐길 줄 안다. 그러니 자연히 여자에게 인기가 높다. 스스로 바람기를 발산하기도 하지만 굳이 바람기를 풍기며 설치지 않아도 저절로 여자가 붙는다.

이번에 물러난 CIA 전 국장이 이런 기질을 가졌을 것이다. 그러니 육군 중령 출신에 하버드대 박사이며 20세 아래인 40세 유부녀를 유혹하는 기술을 발휘했거나 혹은 그 여인이 그의 유혹을 유도했을 것이다. 그런데 이 편재가 나쁜 작용을 하면 관재구설을 입는다. 이라크 주둔 미군 사령관과 아프간 주둔 미군 사령관을 지낸 4성 장군으로서 전쟁 영웅이란 칭호를 받고 차기 대권 주자로도 부상되던 인물이 하루아침에 권력과 명예를 잃었다. 숨겨 둔 여자, 편재 때문에 나락으로 추락한 것이다.

한편 정재와 편재는 남자 사주에서든 여자 사주에서든 돈에 해당하는 코드이다. 정재는 열심히 땀 흘려 일하고 번 돈으로서 '깨끗한 돈'淨財이라면 편재는 땀 흘리지 않고 번 돈, 나쁜 수단과 방법으로 번 돈, 눈이 먼 돈, 어두운 돈 등으로서 '검은 돈'暗財이다. 편재가 많거나 편재격을 이룬 사람은 정직하게 성실 근면하게 일해서 돈을 벌기보다는 일확천금을 노리는 투자 혹은 투기를 하거나 정당하지 못한 방법으로 돈을 얻고자 한다.

서울고검의 모 검사는 온갖 추악한 방법으로 수억 원의 뇌물을 받아 챙겨오다 목하 특임검사의 조사를 받고 있다. 뇌물은 편재이다. 검은 돈이다. 편재가 나쁜 작용을 하면 관재구설을 입는다. 편재에 눈이 먼 그 검사는 곧 명예·직장·권력을 모두 잃고 영어의 몸이 될 것이다. 4성 장군과 고위 검사는 바람의 끝은 어디이며 검은 돈의 종착역은 어디인지 모른 채 편재에 탐닉하였다. 권력과 명예를 지켜야 할 자리에 있는 자들은 내 사주 속의 편재의 동향을 살필 일이다. 〈2012.11〉

15

해결사 검사

근래 신문과 방송에는 '해결사 검사' 이야기가 심심찮게 등장했다. '해결사 검사'란 수면마취제로 불리는 프로포폴을 투약한 혐의로 자신이 구속기소했던 연예인 A를 위해 성형외과 원장에게 압력을 넣어 사건을 해결해준 춘천의 B 검사를 지칭한다. B검사는 A씨가 "성형수술 부작용이 심해서 보상을 요구했더니 모른 척한다."는 말을 듣고 A씨에게 성형수술을 해준 성형외과 원장을 만나 무료로 재수술을 해주고 전번의 치료비를 환불하도록 협박 강요한 혐의로 구속되었다. A씨와 B검사는 연인 사이라고 한다.

그런데 여기서 의심나는 대목이 있다. A씨는 자기를 구속해 감방에 처넣은 B검사와 어떻게 가까워졌는가 하는 점이다. A씨는 감방에 있을 때 B 검사에게 먼저 편지를 썼고 B검사도 답장을 하는 등으로 편지를 주고받은 사이가 되었고, 이후 연인 관계로 발전했다고 한다. 이런 관계를 두고 스톡홀름 신드롬이라고도 한다.

스톡홀름 신드롬이란 인질극 때 인질들이 그들을 풀어주려는 군이나 경찰보다 인질범에게 동조하는 심리 상태를 설명하는 용어이다. 이 말은 1973년 스웨덴 스톡홀름에서 발생한 은행 인질강도 사건에서 유래됐다. 은행 강도들이 인질 4명을 잡고 경찰과 대치한 이 사건은 6일 동안 계속됐다. 사건 발생 초기에는 인질들은 강도들을 무서워했다. 하지만 시간이 흘러가고 강도극이 진행될수록 인질들은 강도들에게 호감을 갖게 되었고, 점차 경찰보다는 은행 강도들에게 충성하게 되었다. 이런 상태에서 인질극은 끝났다. 인질들은 경찰이 인질범들에 대한 증언을 요구했을 때 인질범들에게 불리한 증언을 전혀 하지 않았다. 심지어 한 여자 인질은 강도 한 명에게 애정을 느껴 그 사건 이후 기존 약혼자와 파혼까지하였다. 이때부터 인질이 인질범들의 편을 드는 현상을 스톡홀름 증후군이라고 부른다.

위의 A씨와 B검사가 어떻게 연인 관계로 발전했든 간에 요는 B검사는 지독히도 운이 나쁜 처지에 처했다는 점이다. 어려운 사법고시에 합격해 정의의 칼을 휘두르는 검사가 되었건만 그 사건으로 검사 옷을 벗고 변호사 개업도 못하는 신세로 전락했으니 땅을 치고 한탄할 일이 아닌가? 운이 어떻게 흘러서 이럴까? 아마도 재성이 나쁜 작용을 하는 운을 맞은 것 같다. 남자에게 재성은 여자이고 돈이다. 이 재성이 흉작용을 하면, 다시 말해 내 여자(연인, 배우자)가 설치든가 자기가 여자를 너무 위하거나 여자의 말을 믿든가 혹은 돈을 너무 밝히든가 돈 문제에 관여하면 반드시 나의 관운이 나빠진다. 곧 명예 실추, 직위 박탈, 좌천, 직장 상실 등의 악운이 발생한다.

B검사는 여자 문제와 돈 문제에 얽힌 나머지 공든 탑이 무너지는 아픔과 너무나 많은 것을 잃는 통탄의 괴로움을 겪고 있고 '해결사 검사'라는 악명을 얻게 되었다. '해결사 검사'의 사주가 궁금하다. 〈2014.1〉

16

벤츠 여검사와 로비 변호사

'벤츠 여검사 사건'이 나라를 발칵 뒤집어놓았다. 이 사건은 50의 나이를 코앞에 둔 부장 판사 출신의 최 모 변호사와 30대 후반의 이 모 여검사와의 내연 관계 및 사건 관계에 얽힌 사건이다. 최 변호사가 이 검사에게 독일 최고급 승용차 벤츠, 5백만 원대의 명품인 샤넬 핸드백, 그리고 법인카드를 주었다 하여 사건 이름이 '벤츠 여검사 사건'이다.

최 변호사는 이 검사 외에도 어느 대학의 여자 강사와도 내연의 관계를 맺어왔고, 고교 동창 부인과도 부적절한 관계를 맺어왔다고 한다. 이런 성 스캔들뿐만 아니라 이 여성들과 관련되어 빌린 돈을 갚지 않았다느니, 주었던 벤츠를 돌려달라고 내용증명을 보냈다느니, 판사와 검사들에게 로비했다느니 하는 구설에도 시달렸다. 한편 여검사는 최 변호사를 만날 때면 그의 카드와 지갑을 빼앗아 돈을 빼가는 등 씀씀이가 헤펐다고 한다.

여기서 필자는 최 변호사와 이 검사의 사주가 궁금하다. 최 변호사의 바람기로 보면 그는 '정편재 혼잡' 사주의 주인공인 듯하다. 정편재란 정재(본처에 해당하는 코드)와 편재(본처 외의 여인, 애인)의 합성어이며, 정편재 혼잡이란 정처와 애인이 섞여 있다는 뜻이다. 이런 사주의 남자는 거의 백 프로 바람을 피우며 여자관계가 복잡하다. 그가 돈을 벌기 위해, 사건 로비를 위해 온갖 수단을 다 쓴 것으로 봐도 정편재 혼잡한 사주의 주인공인 듯하다. 정재와 편재는 재물에 해당하는 코드이기도 한데, 정재가 성실히 노력하여 버는 맑은 돈이고, 편재는 수단방법을 가리지 않고 버는 어두운 돈이거늘 이것이 뒤섞여 있으니 어찌 맑은 돈과 어두운 돈을 가렸을까 싶다.

그리고 여자를 잘 꾀고, 판사와 검사들에게 로비를 잘하는 것으로 보면 그는 합이 많은 사주의 임자인 듯하다. 합이 많은 사람은 사교성과 친화력이 뛰어나고 끼가 있으므로 누구에게나 호감을 주고 누구하고도 잘 사귀며 이성 관계에서는 성을 밝힌다.

한편 여 검사는 허영심이 많고 사치와 과소비에 빠진 것으로 보면 식신과 상관이 많은 사주의 주인 같다. 애욕을 즐긴 것으로 보면 역시 식신과 상관이 많고 물도 많은 사주로 태어난 것 같다. 식신과 상관이란 코드는 표현 욕구인데 이것이 강하면 남녀 공히 멋내기를 좋아하고 색정을 밝힌다. 사주에 물이 많으면 대개 욕정이 강하다. 그리고 여 검사가 외도를 한 측면으로 보면 관살혼잡 사주의 인물로 보인다. 관살이란 정관(본남편)과 편관(편관은 나를 죽이는 흉한 코드라 하여 살이라고도 한다. 본남편 외의 남자, 애인)의 합성어이며, 관살혼잡이란 본남편과 정부가 섞여 있는 형국이니 본부 외의 남자에게 정을 주기 십상이다.

혼인 시장에서 판검사는 1순위 아니 0순위의 배우잣감이다. 만약 이들이 각기 결혼 전에 혼담이 오간 상대의 부모가 이들의 사주를 들고 필자에게 왔다면 앞에서 살펴본 바와 같이 이야기해 주었을 것이다. 이때 의뢰자는 필자의 말을 믿을까 믿지 않을까? 독자 여러분이라면 필자의 말을 믿을까 믿지 않을까? 〈2011.12〉

17

은인과 원수 사이

사람은 누구나 남과의 관계 속에서 살아간다. 종속 관계인 부모와 자식을 제외하고 수평적으로 가장 가까운 관계는 형제와 친구이다. 이 형제와 친구는 통상 은인이 되지만 때로는 원수와 같은 존재가 될 때도 있다.

사례 1. 부산에 사는 20대 후반의 남성 갑이 로또 정보 제공업체로부터 받은 번호를 친구 2명에게 나눠 줘 3명이 함께 1등에 당첨되는 영화 같은 일이 벌어졌다. 파견 근로자로 일하며 홀어머니를 모시고 사는 갑은 넉넉지 않은 형편에 취미 삼아 로또 복권을 사는 것이 삶의 낙이었다. 최근 갑은 흰 머리카락이 듬성듬성 자라나는 꿈을 꾼 뒤 길몽이라 생각하고 로또를 구입했다. 그는 장난삼아 같은 번호를 친구 2명에게 알려줬고, 친구들도 로또를 구입했다. 같은 번호로 로또를 산 이들 3명은 모두 1등에 당첨돼 각 10억 4천만 원을 받았다. 그런데 갑에게는 결혼을 앞둔 친구도 있었는데, 막상 행운을 안고 보니 이 친구에게 번호를 알려 주지 못한 것이 안타까웠다. 그래서 횡재를 한 3명은 각 1천만 원씩을 갹출하여 결혼을 앞둔 친구의 결혼자금에 보태주기로 했다.

사례 2. 트로트의 여왕 장윤정은 국민의 사랑을 온몸으로 받고 있는 인기 가수다. 아무개 아나운서와 결혼을 해 한 남자의 아내가 되었지만, 그는 늘 신붓감 1위에 올랐다. 대중스타로서 경제력을 갖춘 데다 상큼 발랄한 외모에 성격이 시원시원 솔직하고 애교 섞인 목소리까지 갖춰 뭇 남자들의 가슴을 설레게 했다. 여기에 더하여 아버지의 부채를 갚아주고 부모에게 집과 차를 사 드린 효녀로 알려져 1등 며느릿감으로 손꼽히기도 했다.

그런데 근래 그를 둘러싼 안타까운 소식이 들렸다. 그가 10년 동안 번 돈을 어머니에게 맡겼는데, 최근 은행에 확인해보니 그 돈은 이미 없고 오히려 수억대의 빚만 남아 있더라는 이야기다. 그가 번 돈이 없어진 것은 어머니가 동생의 사업자금으로 쓴 때문이며 오히려 빚이 있는 것은 그의 이름으로 마이너스 대출이 된 때문이란다. 이런 일로 아버지는 쓰러지기도 했으며 어머니와 이혼소송을 밟았다.

위의 첫 사례에 나오는 갑의 친구 3명은 친구 덕으로 팔자를 고친 경우이고, 둘째 사례에 나오는 장윤정은 형제 때문에 큰 재산을 잃은 경우이다. 어떤 운이 오면 대박이 터져 횡재를 만날 수 있고, 어떤 운이 오면 쪽박을 차게 될까. 명리학에서 형제·친구·직장동료 등 지인에 해당하는 코드는 비견과 겁재이며 이를 통틀어 비겁이라고 부른다. 이 비겁이 길작용을 하면 지인의 도움으로 성공 발달하고 재물을 얻는다. 반면 비견이 흉작용을 하면 지인과 재물과 관련한 다툼을 벌이거나 손재를 당한다. 때론 아버지에게 나쁜 일이 생긴다.

우리가 살다보면 형제나 친구들로부터 도와달라는 부탁을 받을 때가 있다. 이때 과연 돈을 투자해도 좋은지 빌려줘도 좋은지 애매하면 내 사주를 보고 비견의 동향을 살펴서 대처하라. 그러면 돈 잃고 형제 혹은 친구마저 잃는 일은 없을 것이다. 더하여 그 형제나 친구의 사주를 보고 대처한다면 100% 보장보험에 든 것과 같으리라. 〈2013.5〉

18

주어라 그러면 받으리라

불교 신자인 61세의 여인9은 가난하고 불우한 가정에서 태어났다. 그 죄로 초등학교도 제대로 마치지 못한 채 인생의 밑바닥을 전전했다. 껌팔이·구두닦이·각설이패 등 궂은일을 10대 때 다 경험했다. 이 무렵 한 남자와 살며 아이도 얻었으나 남자는 잡놈에 지나지 않아 아이를 두고 집을 나왔다. 20대부터는 화류계 생활을 했다. 그러던 중 30대에 모진 병에 걸렸으나 치료할 돈이 없어 사경을 헤매고 있었다. 그 때, 그녀가 화류계 생활을 하면서도 고아원 아이들에게 남몰래 봉사한 일이 알려지면서 주위의 도움으로 수술을 받고 살아났다. 당시 의사는 5년 이상 생존하기 어렵다고 했지만 그녀는 그 5년을 네 번 넘는 20년 이상 건강히 살고 있다.

그녀는 왕년에 뜨개질한 털옷을 고아들에게 나눠 주었듯이 수술 후에도 외롭고 힘든 나날을 보내는 노인들에게 반찬을 해드리는 일에 전심전력하고 있다. 그녀는 절에도 열심히 다니고, 절을 통해서도 어려운 사람들을 돕는 일에 몸과 마음을 아끼지 않는다. 이런 봉사생활이 그녀의 생명을 연장시켜 주었다고 주위 사람들은 말한다.

그녀는 평소 "내가 남을 도우면 남이 나를 돕는다."는 믿음을 갖고 살아왔다. 실제로 그녀가 남을 돕는 데 드는 자금은 자기가 일해서 번 돈이 아니라 그녀의 봉사활동을 지원하는 사람들이 모아주는 돈이다.

가톨릭 신자인 59세의 여인[10]은 한 시절 큰 주점을 운영했다. 가난한 집안의 장녀로서 본인은 많이 배우지도 못했지만 동생들 공부시키고 집안 살림을 꾸려나가기 위해 처녀 적부터 술장사에 나섰던 것이다. 장사는 웬만큼 되어서 동생들과 집안 살림은 건사할 수 있었고 어느 정도 돈도 모았다.

남자들 속에 사는 삶이지만 짝을 만나지 못해 제때 결혼을 하지 못했다. 그러다 40대에 한 남자를 만났으나 그는 마음과 몸과 돈을 뺏고 가버렸다. 그리고 50대에 연하의 남자를 만났으나 그는 병약하고 무능했다. 그를 돕는 일에 혼신의 노력을 하느라 곳간은 텅 비었고, 그는 세상을 뜨고 말았고, 본인은 심신이 쇠약해졌다.

그러나 그녀는 50대 후반에 들어 성당을 다니며 봉사하면서 마음의 평정을 얻었다. 자신도 고된 삶 속에서 상처를 받았고 의지할 남편은 물론 자식 하나 없는 처지이지만, 마음과 몸이 아픈 사람들이나 외롭고 쓸쓸한 노인들이나 한 끼 식사조차 하기 어려운 사람들을 위해 봉사할 때, 마음이 평온해지고 가슴 밑바닥에서 기쁨의 덩어리가 뜨겁게 솟아올라 행복을 느낀다고 했다.

위 두 여인의 공통점은 첫째 부모덕이 없었다는 점, 둘째 화류계 생활을 했다는 점, 셋째 남자복이 나쁘다는 점, 넷째 종교생활을 한다는 점, 다섯째 남을 위해 봉사하며 그래서 행복하다는 점이다. 왜 그럴까. 사주에 그 답이 있다. 남자복이 나쁜 사유는 각기 다르지만(불교 신자는 식상태과, 가톨릭 신자는 관살혼잡) 나머지 요인은 둘 다 똑같이 갖고 있다.

그건 인성印星의 부재다. 인성은 학문·종교·베풂·자애·봉사·사랑·부모·귀인·인복·인덕·천복·천우신조 등을 나타내는 코드이다. 두 여인에게 이 인성이 없다. 부모덕이 없으니 제대로 배우거나 보살핌을 받거나 사랑을 받지 못했고, 그래서 화류계 생활을 해야 했다. 이런 부정적인 일은 인성 부재 탓이다.

그런데 그 화류계의 질곡과 남자의 늪에서 벗어나면서 종교에 의지했고, 스스로 남을 도왔고, 남을 도우니 행복했다. 이런 긍정적인 일은 스스로 만들어낸 인성 덕분이다.

두 여인은 '내가 먼저 남에게 베풀면 남이 다시 나에게 베풀어 준다'는 이치를 삶을 통해 실천했다. 인성이 없어서 남한테 받기 어려운 팔자는 무작정 기다려봤자 남이 도와주지 않는다. 스스로 먼저 나서서 남에게 베풀어야 한다. 두 여인은 애덤 그랜트의 『기브 앤 테이크』를 읽지 않고도 인간관계의 철학을, 삶의 지혜를 몸소 터득하여 실천했다.

온정이 필요한 연말이다. 그대가 인성이 없는 자라면 먼저 베풀어라. 그러면 복을 받으리라. 〈2013.12〉

19

관재구설 1

한 개인에게 어떤 재앙이 닥칠 때 우리는 흔히 관재구설이란 말을 쓴다. 관재구설은 관재와 구설을 아우르는 말이다. 관재는 관청으로부터 받는 재앙을 뜻한다. 옛날 같으면 관아로부터 억압을 받거나 착취를 당하는 재앙이 관재요, 요즘 같으면 잘못을 저질러 경찰 혹은 검찰에 불려가 벌을 받게 되거나 구청 혹은 시청의 제재를 받는 처벌이 관재다. 금연 구역에서 담배를 피우다 관청에 걸려서 벌금을 무는 일을 당해도 관재이고, 큰 죄를 저질러 감옥소에 가도 관재이다. 관재를 관재수라고도 한다.

그리고 구설은 시비하거나 헐뜯는 말을 뜻한다. 구설을 구설수라고도 한다. 구설을 당하는 것을 '구설을 듣는다', '구설을 산다', '구설수에 오른다'고 한다. 구설은 필설 곧 붓과 혀로 인하여 발생하는 경우도 있고, 사소하고 미미한 행동이 화근이 돼 남의 입방아(언론, 여론, 소문)에 올라 발생하기도 하고, 자신은 선의로 한 일인데도 잘못 전달되어 인구에 회자(언론, 여론, 소문)되어 발생하기도 한다. 혀 혹은 입을 잘못 놀려 시비에 휘말리거나 비난을 사는 일, 펜대를 잘못 놀려 글을 쓰는 바람에 논쟁에 휘말리거나 욕을 먹게 되는 일, 요즘 같은 인터넷 혹은 SNS 시대에는 손가락을 잘못 놀려 인터넷이나 페이스북에 글을 올리는 바람에 화를 입는 일이 구설이다.

세월호 침몰사고 뉴스를 보면서 관재구설을 생각했었다. 사고 현장에 간 총리는 군수실 간이침대에서 자기도 했지만 휴양지 한옥체험관에서 하루 잤다가 입방아에 올랐고, 교육부 장관은 희생자 가족들이 머무는 체육관에서 라면을 잘못 먹는 바람에 '황제라면' 장관이란 비난을 샀다. 또한 해경의 한 간부는 "승객 80명 구했으면 대단한 것 아니냐."는 발언으로 논란을 일으켰다. 그리고 새누리당 권 아무개 여성 국회의원은 '세월호 침몰사고 실종자 가족 행세를 하는 선동꾼이 있다'는 내용의 글을 자신의 페이스북에 올려 논란을 일으켰고, 민간 잠수부를 사칭한 홍 아무개 아가씨는 종합편성채널 뉴스에 출연해 "정부 관계자가 잠수하지 못하게 막는다는 이야기를 들었다."는 허위 내용을 인터뷰해 세상을 떠들썩하게 만들었다. 이런 것들이 모두 구설이다.

이 구설로 인하여 교육부 장관은 사과를 했지만 장관직에서 물러날 위기에 처했고, 해경 간부는 직위해제 됐으며, 홍 아무개 아가씨는 구속되었다. 그리고 총리는 숙소 관련 구설이 직접적인 이유는 아니지만 세월호 사고와 관련한 총체적 책임을 지고 사퇴한다고 밝혔다. 이것이 모두 관재이다. 여성 국회의원은 지위에는 변함이 없지만 명예에 손상을 입었으니 역시 관재를 입었다.

관재구설은 어떤 때에 발생하는가? 관성이나 식신 및 상관이 흉작용을 하는 운이 올 때이다. 이런 운이 올 때는 조그마한 실수가 큰 화를 부르므로 언행을 지극히 조심해야 한다. 입과 손을 함부로 놀리면 안 된다. 질서를 지키고 법을 준수해야 한다. 좌고우면하면서 처신해야 한다. 복지부동이 최선이다. 〈2014.5〉

20

관재구설 2

지난번 19대 총선을 통해 나쁜 의미에서 사람들의 입에 가장 많이 회자된 후보(당선자)는 김용민, 김형태, 문대성 씨일 것이다.

'나꼼수'의 김용민 씨는 왕년에 막말한 사실이 드러나 언론의 집중포화를 받고 후보 사퇴 압력도 받았다. 그래도 끝까지 버텼으나 결국은 낙선했다. 선거 후엔 야권에게 패배를 안겨 준 인물로 몰려 일부 언론에 오르더니 작금엔 그렇지 않다는 설로 일부 언론에 오르고 있다.

언론인 출신인 김형태 씨는 제수씨를 성추행하려 했다는 의혹에 휩싸여 곤욕을 치렀다. 선거 과정에서는 언론의 포화를 적게 받아서 그런지는 모르겠으나 당선은 되었는데, 막상 당선 후에 당 내부와 언론의 포격을 받아 결국 소속 당을 탈당했다. 이에 그치지 않고 성추행과 관련해서 경찰 조사도 받아야 했다.

올림픽 금메달리스트인 문대성 씨는 박사 학위 논문을 표절했다는 의혹에 걸렸으나 무난히 당선되었는데 역시 당 내부와 언론의 뭇매를 맞아 소속 당을 탈당했다. 게다가 문 씨는 대학교수직도 잃었고 IOC위원 자격도 조만간 박탈당할 위기에 처했다.

이 세 사람이 처한 상황을 한마디로 표현하면 관재구설이다. 관재구설은 관재와 구설을 아우르는 말이다. 관재는 관청으로부터 받는 재앙이니 법망에 걸려서 이런저런 험한 꼴을 보는 일이다. 길거리에 침을 뱉

다가 걸리는 경범죄에서부터 중벌에 처할 중범죄를 저지르는 일까지 법과 질서를 위반하다 걸리면 관재이다. 또한 타인에 의해 고소 고발을 당하여 법적 시비와 송사에 걸리는 일도 관재이다. 그리고 국가권력이 국민의 권리 위에 군림하던 시절이면, 국가기관으로부터 억울한 일을 당하거나 억압을 받거나 착취를 당하는 일이 관재이다.

한편 구설은 남의 입에 오르내려 스트레스를 받는 일이다. 친구들 사이에서나 어떤 집단 사이에서 나쁜 소문이 나도는 것은 물론 신문과 방송 그리고 인터넷에 흉한 소문이 떠도는 것이 구설이다. 욕설·비방·악담·저주·험담을 받는 것이 모두 구설이다. 이른바 악의 여론이다. 이 구설이 커지면 관재로 이어지기 십상이다. 명리학에서는 신상과 명예가 손상될 때 관재구설이 생긴다고 본다.

나(신상)를 관리하는 코드이자 명예를 상징하는 관성의 세력이 지나치게 커지면서 내가 쇠약할 때, 관성을 관리하는 코드인 식상의 힘이 왕성해지면서 관성이 쇠약할 때, 그러면서 나의 힘을 빼기도 하는 식상의 힘이 세져서 내가 쇠약할 때 관재구설이 발생한다.

달리 말하면 권력과 명예를 지나치게 탐할 때, 법과 질서와 도덕과 윤리를 우습게 여길 때, 절제되지 않은 말과 글을 함부로 토설할 때 관재구설이 생긴다. 관재구설은 특히 매스컴 노출이 심한 정치인과 연예인들에게는 사약이다. 그러므로 이들은 때(운)를 봐가며 일거수일투족 해야 관재구설의 늪에 빠지지 않는다. 〈2012.4〉

21

청와대 대변인의 관재구설

전 청와대 대변인 윤창중 씨가 최근 한미 정상회담 수행원으로 방미 중 주미 대사관의 21세 여성 인턴을 성추행했다는 일로 나라가 시끄러 웠다. 그 일로 윤 씨는 청와대 대변인이란 자리를 잃었으며 온 국민으로부터 온갖 비난·비방·욕설을 얻어먹고 있다. 더욱이 개인이 아닌 청와대 대변인이란 지위를 이용해 성추행을 했고, 그것도 국가대사를 수행하는 중에 일을 저질러 나라 망신을 톡톡히 시킨 바람에 국민적 원망과 분노의 화살을 받고 있을 뿐만 아니라 국제적인 구설에 올랐다.

사실 윤 씨는 대통령직 인수위 대변인 임명 당시부터 대부분의 언론으로부터 당황스러운 인물이란 평을 들었다. 극악한 막말과 망언을 일삼는 극우 논객인 데다 폴리널리스트의 전형적인 인물로 언론계와 정치계를 여러 번 들락거렸기 때문이다. 이런 윤 씨가 인수위 대변인 활동을 하면서도 '불통' 논란의 중심에 서는 등 언론과 정치권의 입방아에 올랐다.

인수위 대변인 임명에서부터 청와대 대변인 자리에서 쫓겨나기까지 윤 씨에게 닥친 일련의 사건을 한마디로 표현할 수 있는 말이 무얼까. 윤창중 스캔들? 그럴듯하다. 하지만 이보다 '관재구설'이란 말이 가장 적합할 것 같다. 관재구설이란 말은 우리가 일상생활에서 흔히 쓰는 말이다. 관재란 관청과 관련된 재앙이요 구설이란 입(혹은 글)과 관련된 화이다. 누구나 어떤 사건에 연루돼 경찰에 가서 조사받는 것을 싫어하고 법원에 드나드는 것을 좋아하지 않는다. 그런데 자의든 타의든 그런 일이 생기는 것이 관재이다. 또한 누구나 시비에 휘말리거나 입방에 오르거나 험담 듣기를 싫어하는데 본의든 아니든 남의 입에 올라 잘근잘근 씹히게 되는 것이 구설이다. 적게는 귀찮고 번거롭고 골치 아프고, 크게는 직장이나 직위를 잃고 명예를 잃고 바가지로 욕을 먹어 망신을 당하는 재앙이 관재구설이다.

관재구설은 소리 소문 없이 오지만 사주를 보면 관재구설이 오는 때를 알 수 있다. 남녀 관계없이 사주에 있는 관성이란 코드의 동향을 보면 관재구설이 닥치는 시기가 보인다. 관성은 남자에게는 자식과 관직에 해당하고 여자에게는 남편과 관직에 해당하는 코드인데 남녀 공통적으론 직장·직위·직책·명예·관청·법규·규범·제도 등에 해당하는 코드이다. 이 관성의 세력이 지나치게 강하여 도를 넘을 때, 혹은 관성의 힘을 빼는 세력이 극성을 부려서 관성이 한없이 나약해질 때, 혹은 관성을 제압하는 세력이 극악무도하게 설칠 때 관재구설이 일어난다.

윤 씨는 분명 이 중 하나에 속하는 운을 맞았으리라. 만약 윤 씨가 제 사주를 알고 미리 대처했다면 개인 망신 나라 망신이 없었을 것이다. 아니 이전에 박근혜 대통령이 윤 씨의 사주를 진작 보고 그 성품과 인격과 그의 미래를 파악해 애당초 그를 수하에 두지 않았다면 그로 인하여 청와대 망신과 나라 망신을 사는 일은 없지 않았을 텐데… 박 대통령의 남자 복이 나쁜 탓인가? 〈2013.5〉

22

세월호의 영웅들

2014년 4월 16일 진도 앞바다에서 발생한 여객선 세월호 침몰 사고로 온 국민이 비탄에 빠졌다. 이 비탄 속에서도 자신의 생명보다 남의 생명을 먼저 구하다 목숨을 잃은 승무원 박지영 씨와 단원고 교사 남윤철 씨를 의사자로 지정해야 한다는 목소리가 높게 들린다.

박 씨는 세월호 승무원이긴 하지만 아르바이트생이었다. 매점에서 일하며 승객 안내도 맡았다. 승객의 안전과는 거리가 먼 지위에 있었지만 학생들의 생명을 구하기 위해 마지막 순간까지 혼신의 힘을 다했다. 가슴까지 물이 차오르는 3층 객실에서 4층의 학생들에게 구명조끼를 나눠 주었다. 자신은 구명조끼를 입지 않고 마지막 한 개까지도 학생에게 던져 주었다. 학생들이 "언니 빨리 올라오세요, 위험해요."라고 소리쳤지만 "선원은 맨 마지막에 나가는 거야. 너희들 다 구하고 나중에 나갈게."라고 말했다. 그리고 그는 싸늘한 주검으로 발견되었다. 그의 숭고한 희생은, 저만 살겠다고 승객과 배를 버린 채 먼저 탈출한 선장의 행위와 대조를 보이면서 실종자 가족과 국민들에게 뜨거운 감동을 주었다. 그는 평소 효녀였다. 대학을 한 학기만 다니다 휴학하고 홀어머니를 돕고 여동생을 돌보기 위해 사고 선박회사에 취업했다. 암으로 세상을 떠난 아버지가 투병하던 때에는 도맡아 목욕을 시켜 드리는 등 극진히 간호했다.

남 교사는 사고 여객선을 타고 제주도로 수학여행을 가는 2학년 6반 담임선생이었다. 몸도 가누기 힘들 정도로 기울어진 배 안에서 난간에 매달린 채 학생들에게 일일이 구명조끼를 던져주며 아이들을 구조하였다. 그는 갈팡질팡하는 학생들에게는 침착하라고 다독인 뒤 아이들을 탈출구로 내보내려 전심전력했다. 그리고 그는 더 많은 학생을 구하러 객실 쪽으로 내려갔다가 불귀의 객이 되고 말았다. 그는 2대 독자로서 미혼이었다는 사실이 알려져 국민들의 마음을 더욱 안타깝게 하였다. 평소에 그는 불의를 보면 참지 못하는 성격이었다고 주위 사람들은 말했다. 특히 대부도의 한 학교에 자원해 지정된 오지근무 기간보다 더 긴 기간을 섬마을 선생님으로 근무한 남다른 사람이었다.

아비규환의 상황에서 박 승무원과 남 교사는 왜 자신의 생명보다 남의 생명을 구하기 위해 노력했을까? 아름다운 희생을 한 영웅 정신, 살신성인의 정신은 어디서 나왔을까? 그 답은 그 사주에 있다. 두 사람의 사주를 모르긴 하지만 절체절명의 위기에서 보인 행동과 평소 생활태도로 미뤄 볼 때 두 사람은 편관격 사주의 주인공이란 믿음이 간다. 편관격의 사람은 불의에 항거하려는 정의감, 부당하거나 억울한 처사를 보면 참지 못하는 의협심, 어려운 사람을 보면 도와주려는 동정심이 강하다. 리더십과 보스 기질과 카리스마도 갖추고 있다.

견이사의 견위수명見利思義 見危授命이란 글을 남긴 안중근 의사가 편관격일 것이다. 편관격의 사람은 위기를 보면 목숨을 버린다. 남은 살리고 자신은 죽는다. 그래서 남은 좋지만 자신과 가족들은 불행을 맞이한다. 영웅의 삶이 대개 그렇다. 편관격 사람은 평소 지나친 의협심과 동정심의 발로를 조심해야 한다. 〈2014.4〉

23

욱하거나 버럭하거나

최근 남녀노소 없이 순간 '욱'하거나 '버럭'하는 화를 참지 못해 끔찍한 범죄를 저지르는 일이 잦았다. 50대 남성이 돈과 애정 문제로 갈등을 빚다 옛 동거녀 가족 3명을 엽총으로 살해하고 자살한 사건이 수원에서 발생했다. 이어 화성에서는 70대 남자가 돈 문제로 80대의 형과 형수를 엽총으로 쏴 죽였다. 대구에선 20대 남성이 전 동거녀에게 재결합을 요구하다 거절당하자 그녀의 집 앞에서 분신자살을 감행했다. 창원에선 치과의사가 11개월 된 딸이 처방 받은 약을 먹고 설사를 하자담당 의사를 찾아가 마구 폭행했다.

이처럼 자신의 분노 감정을 조절하지 못하고 극단적인 행동을 보이는 것을 '분노조절장애' 증상이라고 말한다. 이런 분노조절장애 증상을 사주로 알아낼 수는 있다. 첫째 사주의 격국, 즉 유형을 보고 알 수 있다. 욱하거나 버럭 하는 성격의 대표적인 유형이 '아름답지 못한 편관격'이다. '아름답지 못한 편관격'이란 편관격을 이루고 있되 편관의 역량이 지나치게 강한 태과 상태의 편관격, 편관의 역량이 지나치게 약한 불급 상태의 편관격을 의미한다.

편관은 나 자신을 통제하는 코드인데, 이것이 태과하면 나 자신이 지나치게 통제를 받아 주체성이 약해지므로 분노가 일어날 때면 스스로자신을 억제하지 못해서 폭발해버리고 만다. 한편 편관이 불급하면 편관이 나 자신을 제어하지 못하는 통제 불능의 상황이 되므로 분노가 일어날 때면 그 분노를 조절하지 못한 채 그대로 폭발해버리고 만다. 순간적인 감정 폭발로 과격한 행동, 돌출적인 행동을 드러내니 범죄를 저지를 수도 있다.

둘째 사주 주체의 역량을 보고 알 수 있다. 사주 주체 곧 나 자신이 지나치게 강하면(태과) 자기 통제를 하지 못하니 순간의 분노를 참지 못한 채 화를 터트려 사고를 치기 쉽다. 한편 사주 주체 곧 나 자신이 지나치게 약하면(불급) 평소 분노를 안으로 삭이고 삭이지만 분출되지 않은 분노가 계속 쌓이고 쌓이다 보면 어느 한순간 화산처럼 폭발하여 사고를 내기 십상이다.

특히 金일생이나 火일생으로서 주체가 태과하거나 불급하면 순간적으로 분노를 방출하여 사고를 저지를 가능성이 높다. 금일생은 날카롭고 차가운 금속의 성질을 갖고 있고 화일생은 강렬하고 뜨거운 불의 성질을 갖고 있는 바, 한번 분노를 터트리면 너무나 맹렬하여 그 누구도 말릴 수 없고, 너무나 순간적이어서 그 누구도 손 쓸 틈이 없다.

위에서 말한 어느 경우에 해당하는 사주의 주인공인지 알고 싶다면 다음의 '자가 진단 테스트'를 살펴보길 바란다. 9개 이상이면 분노 조절을 못하는 단계이므로 전문가의 상담과 치료가 필요하다고 한다.

1. 일이 잘 풀리지 않으면 쉽게 좌절감을 느낀다. 2. 성격이 급해서 금방 흥분하는 편이다. 3. 타인의 잘못을 그냥 넘기지 못하고 문제를 일으킨다. 4. 내가 한 일이 인정받지 못하면 화가 난다. 5. 타인들이 나를 무시하는 것 같다. 6. 화가 나면 주변의 물건을 집어던진다. 7. 중요한 일을 앞두고 화가

나 망친 경험이 있다. 8. 내가 잘못해도 남 탓을 하고 화를 낸다. 9. 화가 나면 쉽게 풀리지 않아 우는 경우도 있다. 10. 게임이 의도대로 되지 않으면 화가 난다. 11. 화가 나면 거친 말과 함께 폭력을 행사한다. 12. 분노의 감정을 어찌할지 몰라 당황한 적이 있다.

⟨2015.3⟩

24

나부터 살고보자 我生然後殺他

참으로 신산한 삶을 살아온 여인이 있다. 60대의 예술가[11]이다. 좋은 집안에서 태어나 어린 시절은 호강하며 자랐으나 결혼 후 남편이 사업에 실패하면서 인생은 가시밭길이 되고 말았다. 남편이 사업할 당시 자금이 달리자 이곳저곳에서 돈을 융통하여 자금을 마련해 주었다. 그러나 밑 빠진 독에 물 붓기였다. 사채까지 동원하여 지원을 했으나 남편의 사업이 되살아날 기미는 전혀 보이지 않고 앞길이 막막했다. 이러다간 아이들 교육조차도 못 시킬 것 같았다. 아이들이라도 건사하기 위해 아이들과 남편의 사업 빚 수억 원을 떠안고 이혼을 선택했다. 그 빚을 20년 넘도록 꼬박꼬박 갚아는 왔으나 빚이 또 빚을 낳아 빚더미에서 헤어나지 못했다.

4년 전 이런 사실을 안 필자는 파산신청을 하라고 그에게 간곡히 권유했다. 그러나 그는 그럴 수 없다며 파산신청을 거부한 채 고리의 사채를 계속 갚아나갔다. 나중에는 그의 딸[12]이 채무보증을 서서 일부를 대신 갚는데, 그 딸 역시 예술가로서 예술 활동을 통해 버는 돈을 몽땅 빚 갚는 데 쏟아붓고 있었다. 어머니 대신 빚 갚는 일이 결코 효도의 길이 아닐 뿐더러 어머니가 파산 신청할 용기를 내지 않으니 딸이라도 나서서 파산 신청을 하라고 필자가 권해도 딸 역시 말을 듣지 않았다.

고리 사채의 늪에서 헤어날 제도가 있고 주위에서 애타게 권유하는

데도 왜 이 모녀는 용기를 내지 않을까? 둘 다 水일생으로서 신약한 사주의 주인공이기 때문이다. 신약이란 내 자신 곧 주체가 약하다는 뜻이다. 사주로 분석한 이 모녀의 공통적인 성격을 보면 다음과 같다. 마음이 온화하고 순수하다. 고지식하고 명분을 중요시한다. 소심하고 소극적이며 의기소침하다. 자신감이 부족하고 조심성이 많다. 의지와 끈기가 미약하다. 결단을 내리지 못해 기회를 놓치기도 한다. 마음이 여리고 인정에 약하다. 타고난 성격이 이러니 파산신청이란 결단을 못 내리고 질질 끌려가고 있는 것이다. 그러니 속으로만 끙끙 앓으며 죽도록 고생을 하는 것이다.

그런데 올해 2월에 들어 모녀가 파산신청을 하겠으며 빚 갚기도 중단하겠다고 선언을 하였다. 그야말로 듣던 중 반가운 소식, 복음이었다. 왜 그럴까? 바야흐로 모녀가 똑같이 신강한 운을 맞이한 때문이다. 신강이란 나 자신 곧 주체가 강해진다는 뜻이다. 신강한 운을 맞아 자신감이 생기고 용기가 솟고 의지가 강인해지고 배짱이 두둑해져서 비로소 모녀는 결행을 결심하게 된 것이다.

사주는 신강해야 한다. 신약한 사주는 쓸모가 없다. 신강하면 의지가 굳세고 의욕이 충만하고 추진력이 왕성하므로 이 험한 세상을 헤쳐 나갈 수 있다. 신약하면 소심하고 나약하고 우유부단하여 주체성이 없으므로 질질 끌려가는 삶을 사니 참으로 힘들고 고단한 인생이 된다.

바둑 격언에 아생연후살타我生然後殺他란 말이 있다. 자신의 말이 산 다음에 상대의 돌을 잡으러 가야 한다는 뜻이다. 달리 말하면 '먼저 나부터 살고 봐야 한다'는 의미다. 사주도 그렇다. 〈2012.5〉

25

웃는 얼굴과 화난 얼굴

세상을 살다 보면 다양한 사람들을 만난다. 그 다양한 표정들을 두 종류로 나눈다면 '웃는 얼굴형'과 '화난 얼굴형'으로 구분할 수 있겠다. 그 사람이 '웃는 얼굴형'인지 '화난 얼굴형'인지는 대면하여 그 표정을 지켜봐야 알 수 있다. 하지만 굳이 얼굴을 보지 않고도 아는 방법이 있으니 바로 사주 보기이다.

명리학은 심리학이므로 사주를 보면 의당히 그 성격을 알 수 있거니와 단순히 '웃는 얼굴형'인지 '화난 얼굴형'인지를 판단할 때는 사주를 구성하는 간지의 모습을 보면 가능하다. 사주를 봤을 때 합合이 있으면 '웃는 얼굴형'이다. 합은 10 천간 끼리 합하는 간합과 12 지지끼리 합하는 지합으로 나눈다. 갑-기, 을-경, 병-신, 정-임, 무-계끼리의 만남은 간합이고, 자-축, 인-해, 묘-술, 진-유, 사-신, 오-미끼리의 만남은 지합이다. 이 합이 많거나 강한 사람은 붙임성이 있고 친절하며 다정다감하다. 사교성·화합력·친화력이 뛰어나다.

60대 남자 사업가[13]의 얼굴을 보면 언제나 웃음기가 묻어 있다. 항상 무슨 좋은 일이 있는 듯하다. 화를 내거나 성을 내거나 짜증내는 모습을 보인 적이 없다. 남과 다투거나 싸우지 않는다. 다툴 일이 있어도 항상 웃으며 이야기해서 순리적으로 해결한다. 미운 사람이 없고 욕하는 사람이 없다. 그러니 주위에 사람이 많다. 그래서 이런 모임 저런 모임이 많다. 왜 이런가. 그에게는 지합이 있는데 그것도 삼합이 있기 때문이다. 삼합이란 12지 중 3개의 지가 모여 하나로 합한 합을 말한다. 이런 삼합이 있는 사람은 앞산 호랑이와도 친구가 될 수 있다.

그리고 사주를 봤을 때 충·형·해·파가 있으면 '화난 얼굴형'이다. 충·형·해·파는 12지끼리의 다툼이다. 이 중 충은 자-오, 묘-유, 진-술, 축-미, 인-신, 사-해끼리의 만나서 치열하게 싸우는 형국을 말한다. 충·형·해·파 중에서 작용력이 큰 것이 충과 형이므로 이 충과 형이 있으면 충돌·불화·갈등이 심각하다고 판단한다.

60대의 남자 교육자[14]에게는 사-해 충이 있다. 그가 말을 않고 가만히 있을 때의 표정을 보면 화가 난 모습이다. 무언가 불만이 많고 어딘가 불편한 점이 있어 보인다. 때론 무섭기까지 하여 쉽게 접근하기 어렵다.

20대의 남자 취업 준비생[15]에게는 진-진형이 있다. 평소 모습을 보면 항상 불만불평이 가득한 표정이다. 저녁 거른 시어머니 얼굴이다. 웃음기라곤 없다. 어쩌다 웃기는 하지만 웃음이 밝지 않다. 억지웃음, 쓴웃음으로 보인다.

이렇게 사주의 모습이 얼굴에 드러나기도 하고, 얼굴의 모습이 사주에 새겨져 있기도 하다. 합이 있는 사람은 호감과 매력을 발산하므로 그 얼굴이 사회생활에 도움을 주지만, 충·형이 있는 사람은 비호감 형에 무미건조 형이므로 그 얼굴이 사회생활에 해로움을 준다. 어떻게 살 것인가.

웃는 얼굴에 침 못 뱉는다고 했다. 충·형이 있는 사람은 웃는 연습을 하고 친절함을 배워야겠다.

26

정직한 운명

"사주 이거 맞습니까?"

주위 사람들이나 내담자들이 종종 묻는다. 그때마다 필자는 늘 같은 내용으로 답한다.

"저는 신문기자 출신이고 문인입니다. 양심을 지키고 정의를 외치며 살아왔는데, 사주명리학이 맞지 않다면 제가 어찌 이 일을 하겠습니까? 맞지 않는데도 사주로 운명을 논한다면, 그건 남을 속이고 사기 치고 불의를 저지르는 일이지요. 그것은 또한 제 양심을 속이고 제 가치관에 반하는 일인데 제가 그 짓을 하겠습니까? 물론 시중엔 혹세무민하는 엉터리들이 많긴 하지만…."

"맞으면 어느 정도 맞습니까?"

"사람마다 달라요. 70퍼센트 정도만 맞는 사람이 있는가 하면 100퍼센트 맞는 사람도 있어요."

"왜 그런가요?"

"각종 변수 때문입니다. 개인의 성격, 신체조건, 가정환경, 성장환경, 교육환경, 교우관계, 부부관계 등등 여러 요인에 따라 나쁜 사주가 좋아지기도 하고 좋은 사주가 나빠지기도 하므로 70퍼센트 정도 적중하는 사람이 있지만 백발백중인 사람도 있는 겁니다."

며칠 전 방문한 후배16야말로 그 인생이 그 사주와 백발백중 맞는 사람이다. 그의 인성을 사주로 보면 어질고 효심이 깊다. 그래서 장남이 아니면서도 어머니를 모셨고 장인장모도 모셨다. 그는 다재다능한 팔방미인 형으로서 두 가지 직업을 갖는 사주를 타고났다. 그는 검도·태권도·테니스·수영 등 못하는 운동이 없고 글쓰기도 잘한다. 직업이 변호사이면서 의학박사로서 강단에도 서니 두 가지 직업을 가졌다. 그의 사주적성을 보면 의사가 맞다. 처음엔 법대로 가서 고시에 합격해서 변호사가 되었는데, 뒤늦게 의학대학원을 가서 의학박사가 되어 의료전문 변호사로 활동한다. 팔자에 있는 직업으로 돌아온 것이다.

그의 선천운엔 관복(관성)이 없다. 그래서 칠전팔기 끝에 고시에 합격했는데, 그 해가 관운과 시험운이 좋은 때였으니 팔자대로 된 것이다. 그리고 판검사로 임용되지 못한 것도 사주에 관성이 없는 탓이니 역시 팔자대로다. 그의 사주엔 자식복이 약하다. 그래서 40대 초에 첫 아이를 얻었다. 그는 올해 폐업을 하고 유학길에 오른다. 올해 그의 운이 사업은 안 되고 공부는 잘 되는 시기인데, 사주대로 흘러가고 있는 것이다. 유학을 앞둔 그가 불안해서 물었다.

"유학 갔다 오면 앞으로 괜찮겠습니까?"

"귀국하는 2014년부터 뜻하는 일이 술술 풀리네. 향후 24년 동안 관운과 재물운이 충천하네. 재관쌍미財官双美. 일생일대 최고의 황금기가 오네."

이렇게 호언장담한 것은 그의 사주는 너무나 정직하고, 잘 맞기 때문이다.(실제 그는 귀국 후 정부기관에 취업했다.) 〈2012.7〉

27

뒤바뀐 운명

같은 장소에서 한날한시에 한 부모한테서 태어난 쌍둥이의 사주는 똑같다. 그러면 쌍둥이의 운명은 똑같은가? 대답은 '그렇지 않다'이다. 왜냐하면 첫째 비록 한 어머니의 자궁 속에서 수정하여 같은 영양분을 섭취하며 같이 자라서 태어난 쌍둥이일지라도 부모로부터 받은 유전자는 다를 수 있기 때문이다. 둘째 성장환경과 교육환경이 다를 수 있기 때문이다. 어린애 때는 한 부모의 슬하에서 자란다고 해도 어린이집에서부터 대학교에 이르기까지 똑같은 학교를 다니지 않을 수 있고 배우는 내용이 다를 수 있으며 만나는 선생과 사귀는 친구가 다를 수 있다. 셋째 직업이 다를 수 있기 때문이다. 타고난 유전자가 다를 수 있고 성장환경과 교육환경이 다를 수 있으므로 서로 다른 직업을 택할 수 있다. 직업에 따라 운명은 바뀔 수 있다. 넷째 배우자가 다르기 때문이다.

대기업의 사장을 지낸 K는 쌍둥이다. 그 부모가 가난한 시골의 농부인지라 쌍둥이를 모두 공부시킬 수 없는 상황이어서 쌍둥이 중 동생인 K가 공부를 더 잘하므로 K는 중학에 진학시키고 그 형은 초등학교만 시켰다. 이후 K는 대학을 나와 대기업에 입사해 승승장구로 사장에까지 올라 대성했다. 한편 그 형은 고향에서 농사꾼으로 살았다. 사주가 같더라도 성장환경과 교육환경에 따라 운명이 다르다는 사실을 확인해주는 사례다.

같은 장소에서 한날한시에 다른 부모한테서 태어난 사람이라도 사주는 똑같다. 그러면 이들의 운명은 똑같은가? 대답은 '그렇지 않다'이다. 왜냐하면 첫째 부모가 다르기 때문이다. 금 숟가락을 입에 물고 태어난 아기와 맨입으로 태어난 아기의 운명은 같을 수 없다. 경제환경은 물론 문화환경, 교육환경, 사회환경이 다른 부모한테서 태어난 아기의 운명은 다를 수밖에 없다. 둘째 타고난 유전자가 다르고, 셋째 성장환경 및 교육환경이 다르고, 넷째 직업이 다를 수 있고, 다섯째 배우자가 다르므로 이들의 운명은 똑같을 수가 없다. 그 실례가 일본에 있다.

1953년 3월 30일 도쿄 산이쿠카이 병원에서 13분 간격으로 2명의 남자아이 갑과 을이 태어났다. 갑과 을은 병원의 부주의로 서로 다른 부모에게 넘겨졌다. 그 후 두 사람의 인생은 180도 달라졌다. 두 살 때 아버지를 여읜 갑은 원룸에서 엄마와 동생 넷을 돌보며 힘겹게 살았다. 낮엔 공장에서 일하며 야간중학교를 다녔다. 이후 트럭 운전사가 됐고 60세인 현재까지 결혼도 하지 못했다.

한편 을은 부잣집에서 자랐다. 사립고를 졸업할 때까지 가정교사의 지도를 받고 대학도 나왔다. 동생 세 명 중 한 명은 부동산 회사를 경영하고 두 명은 일류 기업에 취업해 있다.

뒤바뀐 운명이 제자리로 돌아오게 된 것은 을의 동생 세 명이 부모 사망 후 자신들과 닮은 구석이 전혀 없는 큰형 을에 대해 의문을 갖고 전문병원에 유전자 감식을 의뢰하면서 드러났다. 큰형이 자신들의 핏줄이 아니란 걸 알게 된 삼 형제는 산이쿠카이 병원의 기록을 뒤져 2012년 진짜 큰형 갑을 찾아냈다. 〈2013.12〉

28

왜 생시가 중요한가?

인생 상담을 하러 온 사람이 말한다.

"태어난 시는 모르는데요."

오전인지 오후인지 저녁인지 새벽인지는커녕 밤인지 낮인지도 모른다면 필자는 아예 사주를 봐주지 않는다. 사주팔자四柱八字를 다 알아도 인생 상담하기가 어렵거늘 시가 없는 상태 곧 출생 정보 25%를 모르는 상태인 삼주육자三柱六字로서 어떻게 감히 인생 상담을 한단 말인가.

그런데 무식하면 용감하다고 했던가. 시를 모른다고 해도 덮어놓고 사주를 봐주는 철학관이 시중에는 수두룩하다. 이뿐만 아니라 생시를 모르는 상태에서 유명인이나 인기인 혹은 화제 인물에 대한 사주풀이를 그럴싸하게 해서 인터넷에 올리는 역술인들도 허다하다. 생시를 모른 채 사주를 보는 일은 참으로 위험하다. 생시를 모른 채 궁합을 보는 일은 더더욱 위험하다. 왜 그런가?

첫째 생시 곧 시주는 운명을 보좌하는 자리이기 때문이다. 생시(시주)가 연주, 월주, 일주에 어떤 영향을 주느냐를 보고 길흉의 강약을 판단할 수 있으니 생시는 중요하다.

둘째 생시는 인생의 귀숙지이기 때문이다. 귀숙지란 돌아가 쉬는 곳이란 뜻이니 만년의 운을 보는 곳이다.

셋째 생시는 자녀(자손)의 자리이자 고용인의 자리이기 때문이다. 이

자리의 상황을 보면 자녀(자손)와 고용인에 관한 길흉을 알 수 있다. 흔히 말하는 자식덕을 볼 수 있는지 없는지, 내가 쓰는 사람복은 어떠한지를 파악할 수 있으니 생시는 주요하다.

넷째 생시는 속궁합을 볼 때 매우 큰 몫을 하는 자리이기 때문이다. 속궁합이란 성의 조화를 뜻하며, 속궁합을 보는 도구로 명궁을 사용한다. 이 명궁은 생월과 생시의 결합으로 이뤄지는 바 생시를 모르면 명궁을 모르니 속궁합을 제대로 볼 수 없다. 속궁합을 제대로 못 본 상황에서 궁합이 좋으니 나쁘니 한다면 참으로 황당한 노릇이며, 자칫하면 한 쌍의 부부에게 돌이킬 수 없는 불행을 안겨주는 죄를 짓고 만다.

진실로 사주명리학을 올바로 공부한 사람은 정확한 생시를 파악하기 위해 온갖 노력을 기울인다. 출생 당시 표준시가 동경 127도 30분을 쓸 때인가 135도를 쓸 때인가, 서머타임을 실시하던 때인가 아닌가, 출생시가 앞 시간대와 뒤 시간대의 분기점일 경우는 대구 태생인가 서울 태생인가 등 출생 지역을 꼼꼼히 따진다. 이렇게 생시를 치밀하게 밝혀내서 사주를 볼 때와 생시도 모른 채 혹은 무시한 채 사주를 볼 때 중에서 어느 쪽이 더 정확할까?

생시를 모른 채 혹은 무시한 채 사주를 보는 사람들 때문에 '사주가 맞지 않다'느니, '사주는 미신이다'라는 말이 나온다. 그래서 가만히 잘 있는 명리학이 불신을 받으니 어찌 통탄하지 않을 수 있으랴.

29

생시 찾기

상담을 하다 보면 출생시를 정확히 몰라서 진땀을 흘리는 경우가 왕왕 있다. 출생시가 어느 때인지 전혀 모르면 아예 상담을 거절하지만, "낳고 나니 해가 떠 있었다고 하시더라."거나 "소 여물 주고 나서 낳았다 하시더라." 하면 그 근방의 앞 뒤 시각을 측정하여 두세 개의 사주를 뽑은 다음 당사자의 과거를 역 추적해서 생시를 찾아 사주를 본다. 이 작업이 여간 어렵지 않다.

명리학에서 생시는 2시간 단위이다. 이 생시가 한 단위 차이가 나면 그 운명이 때로는 하늘과 땅만큼의 차이가 나고 때로는 약간의 차이가 나기도 한다. 현격한 차이가 날 때는 과거 상황을 물어봐서 생시를 알아내기가 용이하지만, 근소한 차이가 날 때는 과거와 대조해 봐도 정확히 생시를 잡아낼 수 없다. 그래서 성격, 직업, 기호 등등을 물어보기도 하는데, 대답이 아리송하여 애를 무척 먹곤 한다. 이렇게 해서 당사자의 생시를 바로 찾아주면 명리 연구자로서 희열을 느끼고 보람을 얻는다.

7년 전 한 후배[17]의 사주를 봐 준 적이 있다. 그는 1957년 양력 12월 생으로 오후 3시쯤 태어났다고 했다. 요즘과 달리 1957년은 우리나라가 표준시를 동경 127도 30분으로 쓸 때이므로 오후 3시쯤이라면 미시(1시~3시) 생이거나 신시(오후 3시~5시) 생인데 이쪽저쪽으로 봐도 애매하여 그냥 덮어 두었다.

그랬던 그가 2010년 여름에 동생 문제를 상담하던 중 동생에게 소송이 걸려 고통을 겪고 있다고 했다. 그의 사주를 다시 꺼내서 2010년 운에 형제자매가 흉작용을 하는 명조는 미시생인가 신시생인가를 보니 신시생이었다. 2010년은 그에게 비견운에 해당한다. 이 비견이란 코드가 길작용을 하면 형제자매의 도움이 있고 흉작용을 하면 형제자매로 인하여 재산 손실을 보는데, 신시생으로 보니 비견이 나쁜 작용을 하고 있었다. 그래서 당신은 신시생이라고 일러 주었다.

그런데 2011년 올해 1월에 다시 들른 그는 동생과 소송 분쟁이 있었지만 지난해 하반기에 원만히 해결되어 수억 원대의 재산을 얻게 되었다고 했다. 또다시 그의 사주 두 개를 꺼내 보니 미시생 사주에 있는 비견이라는 코드가 지난해 그에게 도움을 주는 상황이었다. 지난해 초에는 동생과 분쟁을 했으나 결과적으론 수습되어 동생 덕분에 큰 재물을 얻었으니 당신은 미시생이라고 생시를 확인해 주었다. 미시생으로 확신하고 재차 사주를 들여다보니 말을 하염없이 떠벌이는 수다형의 성격과도 일치하였다.

생시를 확인하여 기뻐하는 그에게 "올해도 형제자매 혹은 주위 사람들의 도움을 얻을 수 있는 해이니 용기를 갖고 새로운 일을 해보라."고 조언해 주었다. 〈2011.1〉

30

출생시를 밝혀내다

계사년 설을 쇠고 열흘 쯤 지난 무렵, 다정스런 모습의 70대 부부가 찾아왔다. 몇 해 전 손녀의 이름을 지으러 방문한 적이 있는 부부였다.

이번 방문의 요체는 사업하는 아들에게 본인 소유의 토지를 올해 물려주고 싶은데, 과연 아들이 그 토지를 받을 때가 되는지, 받을 그릇이 되는지, 그리고 앞으로 그것을 잘 활용할 능력을 발휘할 수 있는지에 대한 답을 찾기 위함이었다. 아울러 온 가족의 명운을 살펴보고자 하였다. 먼저 아들에 관한 궁금증을 해결해드리고 난 다음 며느리의 생년월일시를 물었다. 어른이 생년, 생월, 생일은 숫자로 말하고 시는 지지를 사용해서 해시라고 했다. 필자가 물었다.

"해시라도 더 정확히 몇 시 몇 분인지 아십니까?"

왜냐하면 일반적으로 사람들이 지지로 된 시간의 범위를 잘못 알고 있기 때문이다. 일반 사람들이 알고 있는 시간의 범위를 보면 자시는 23시~01시, 축시는 01시~03시, 인시는 03시~05시이다. 이 같은 시간의 구분은 우리나라가 표준시를 동경 127도 30분으로 정하여 사용하던 시절(1908년~1910년, 1954년~1961년. 월 일 생략)에 해당한다.

그러나 지금처럼 표준시를 동경 135도로 정하여 사용하는 시기(1910. 8. 30~1954. 3. 20 및 1961. 8. 10~현재)의 시간 구분은 표준시가 동경 127도 30분이던 시기와는 다르다. 곧 동경 127도 30분이던 시기의 시각에

30분을 더하면 된다. 따라서 표준시가 동경 135도 30분인 시기의 자시는 23시 30분~01시 30분, 축시는 01시 30분~03시 30분, 인시는 03시 30분~05시 30분 식이다.

이런 설명을 드리자 어른은 곧바로 며느리에게 전화를 걸어 정확한 출생 시각을 확인해 주었다. 밤 9시 22분이었다. 며느리는 표준시가 동경 135도인 시기에 태어났으므로 밤 9시 22분생이면 술시생이다. 그런데 어른은 해시의 범위를 밤 9시~11시로 알고 있었고 며느리는 이 범위의 시간대에 출생했으므로 해시생이라고 말했던 것이다.

사주를 정확히 보려면 출생시각을 정확히 파악해야 한다. 당시 표준시가 무엇이냐를 비롯해 서머타임을 실시한 기간인지 여부를 따지고, 자시도 밤 자시와 아침 자시로 구분하고, 이쪽저쪽 시간대의 경계 시점에 태어난 사람이라면 출생 지역도 따져서 출생시각을 명확히 한 후 사주를 감정해야 정답을 얻을 수 있다.

자녀들 명운을 다 본 다음 어른**18**의 생년월일시를 물으니 시는 평소 선고가 말씀하신 바 해시라고 하였다. 그래서 해시로 보니 어른의 과거와 맞지 않았다. 해시생이면 정직과 성실로 돈을 벌고 아껴서 부자가 된 사람이 되는데, 어른은 섬유업으로 돈을 벌어 제주도 땅에 투자하여 거부가 된 투기형 부자이므로 해시생과는 거리가 멀었다. 그래서 시간을 당겨 술시로 보니 성격, 직업적성, 배우자복, 재물복이 실제 상황과 맞아떨어졌다. 그리고 노부부의 궁합을 보니 상호 보완 관계에다 배우자궁이 삼합을 이룬 멋진 만남이었다.

평소 다정한 이유가 나왔다. 부러웠다. 짝짝. 박수를 보냈다.

31

생시를 아는 법

〈어린이가 잠을 잔다. 내 무릎 앞에 편안히 누워서 낮잠을 달게 자고 있다. 볕 좋은 첫여름 조용한 오후이다. 고요하다는 고요한 것을 모두 모아서 그 중 고요한 것만을 골라 가진 것이 어린이의 자는 얼굴이다. 평화라는 평화 중에 그 중 훌륭한 평화만을 골라 가진 것이 어린이의 자는 얼굴이다.〉

어린이의 잠자는 모습을 아름답게 노래한 방정환 선생의 수필 「어린이 예찬」에 나오는 첫머리 글이다.

16개월짜리 손자가 잠자는 모습을 보면서 필자는 퍼뜩 이 글을 떠올렸다. 그러다 한참 후엔 "허허. 이 녀석. 태어난 시를 감추지 못하는구나. 그래, 넌 미시 생이지."하고 중얼거리며 웃음을 지었다. 왜 웃었냐 하면 손자의 잠자는 모습에서 손자의 생시를 확인했기 때문이다. 잠자는 모습을 보고서 그 사람의 생시를 추정할 수 있다. 일례로 진시, 술시, 축시, 미시에 태어난 사람은 엎드려 잔다. 손자는 14시 51분에 태어났으니 미시생이다. 손자는 엎드려서 잠을 잔다. 바로 뉘어 재워도 어느새 뒤척여 엎드려 자고, 시나브로 이 구석 저 구석으로 뒹굴어도 종내는 늘 엎드려 잔다.

젊은 층은 덜하지만 나이 든 장년층 이상에서는 생시를 정확히 모르는 사람들이 흔하여서 운명상담에 애로를 겪을 때가 많다. 이럴 땐 잠자는 모습이나 가마의 형태로 생시를 추정하기도 하고 당사자가 대강 알고 있는 생시의 앞뒤로 두 개의 사주를 뽑아 살아온 과거사를 역추적하여 생시를 찾아내기도 하고, 이 두 방법을 병용하기도 한다. 하지만 잠자는 모습이나 가마 형태가 확연하지 않기도 하고, 생시 앞뒤 시간대의 사주의 특징이 뚜렷이 구별되지 않기도 하여 종종 곤란에 처한다. 잠자는 모습으로 생시를 찾는 법과 가마 형태로 생시를 찾는 법을 열거한다. 생시를 잘 모르는 독자는 재미 삼아 생시를 찾아보시라.

1.잠자는 모습으로 생시를 아는 법: ①자·오·묘·유 시에 태어난 사람은 바로 누워 잔다. ②인·신·사·해 시에 태어난 사람은 옆으로 누워 잔다.③진·술·축·미 시에 태어난 사람은 엎드려 잔다.

2.가마 형태로 생시를 아는 법: ①자·오·묘·유 시에 태어난 사람은 가마가 한 개로서 머리 중앙에 있다. 그리고 자·오·묘·유 시 생이면서 인·신·사·해 월에 태어난 사람은 쌍가마를 갖고 있다. ②인·신·사·해 시에 태어난 사람은 가마가 한 개로서 머리 중앙의 옆에 있다. 그리고 인·신·사·해 일생으로서 진·술·축·미 월에 태어난 사람은 쌍가마를 갖고 있다. ③진·술·축·미 시에 태어난 사람은 가마가 한 개 혹은 두 개다. 한 개이면 머리 중앙에서 경사진 곳에 있고, 두 개이면 하나는 머리 뒤쪽에 있고 다른 하나는 머리 앞쪽에 있다. 그리고 진·술·축·미 시생으로서 자·오·묘·유 월에 태어난 사람은 쌍가마를 갖고 있다. 〈2012.6〉

32

해외 출생자의 사주

가족의 명운을 보러 오셨던 어른이 초등학생인 외손녀의 진로 적성에 대한 검사를 의뢰해 왔다. 외손녀는 미국 펜실베니아주 필라델피아에서 태어났는데 생년월일시는 우리나라 시간으로 환산해서 모년 모월 모일 모시라고 했다. 미국 출생자는 미국 현지의 시각으로 봐야 한다고 말씀드리자 그 어른은 어느 철학관에서는 미국 출생자는 미국의 시각을 우리나라 시각으로 바꿔서 사주를 봐야 한다고 하더라며 의아해 했다.

그 어른의 외손녀는 필라델피아에서 모년 모월 29일 18시 49분에 태어났다. 이를 우리나라 시각으로 환산해보자. 필라델피아와 서울 간의 시차는 13시간이므로, 곧 서울보다는 13시간 늦으므로 미국 출생시각에 13시간을 더하면 이 아이는 모년 모월 30일 07시 49분생이 된다. 이 생년월일시로 이 아이의 사주를 보면 모년 모월 임신일 갑진시생으로 여러 가지로 좋지 않다. 첫째 지혜로우나 고집과 아집이 강한 독불장군형이다. 둘째 건강이 좋지 않다. 어릴 적엔 신장·방광 관련 질환을 앓을 수 있고, 성인이 되어서는 위장 질환으로 고통을 겪을 수 있다. 셋째 돈복이 약하다. 그저 그럭저럭 살 정도다. 넷째 배우자복이 없다. 결혼은 할 수 있겠으나 48세까지의 운이 배우자와 이별할 운세다. 그냥 이별이 아니라 사별의 우려가 크다. 이에 더하여 배우자는 바람을 많이 피울 가능성이 높다.

이 아이의 사주를 현지 시각으로 봐보자. 먼저 미국의 표준시를 알아야 한다. 우리나라는 표준시간대가 하나이지만 땅덩어리가 큰 미국은 표준시간대가 4개이다. 곧 태평양표준시간대(LA, 샌프란시스코 등), 산악지역표준시간대(솔트레이크, 덴버 등), 중부표준시간대(시카고, 댈러스 등), 동부표준시간대(뉴욕, 보스턴, 펜실베니아 등)이다. 이 아이가 태어난 펜실베이니아주는 동부표준시간대에 속하는 지역이다. 동부표준시간대의 기준은 서경 75도이다. 따라서 서경 75도에 맞춰 이 아이의 출생시를 계산해야 한다. 그런데 이 아이가 태어난 필라델피아는 서경 75도 10분이다. 동부표준시간대 기준보다 경도로는 10분의 차이가 나고 시간으로는 1분의 차이가 나므로 이 아이의 정확한 출생시각은 18시 49분에서 1분을 뺀 18시 48분이다. 그리고 미국은 거의 전 지역이 대개 4월에서 10월 사이에 서머타임을 실시하므로 아이의 출생 지역이 서머타임을 실시하는 지역인가, 아이의 출생 시각이 서머타임을 실시하는 기간인가도 따져서 시간을 조정해야 한다.

만약 서머타임을 실시하는 시간대 출생자라면 출생시에서 60분을 빼야 한다. 그런데 이 아이가 태어난 일시는 서머타임을 실시한 기간이 아니므로 18시 48분을 그대로 적용하면 된다. 이렇게 해서 사주를 뽑으면 이 아이는 모년 모월 신미일 정유시생이다. 사리가 분명하고 강단이 있으나 아집은 없는 성격이다. 명랑 활발하고 베풀기를 좋아한다. 돈복이 좋다. 배우자복은 좋으나 28~47세 사이의 배우자운이 나쁘니 궁합을 통해 본인과 조화를 이루는 배우자를 만나면 큰 문제는 없겠다. 이 아이의 생시를 한국 시간으로 바꿔서 본 사주와는 천양지차가 난다.

얼마 전 이 어른이 필자에게 전화를 걸어왔다. "외국에서 태어난 사람의 사주는 현지의 시각으로 사주를 봐야 한다고 했지 않느냐, 이걸 모르는 철학관도 많고, 일반 사람들도 그렇다, 널리 알 수 있도록 글을 좀 써 달라."고 주문했다.

측은지심이 깊은 어른의 조언을 어찌 받아들이지 않을 수 있으랴.

외국 출생자의 사주는 현지 시각으로 봐야 한다. 〈2013.3〉

33

사주카페에 간 처녀의 편지

신묘년 경칩이 지난 다음 날, 27세 미혼 처녀19가 이메일을 보내왔다.

〈안녕하세요. 우호성 선생님. 우연히 선생님의 사주살롱 블로그를 보고 깊은 감명을 받은 사람 중 한 명입니다. 사실 가톨릭 신자이기에 이 글을 쓰기 전까지 많이 망설였지만 사주명리학은 미신과는 엄연히 다른 문제라 여겼기에 용기 내어서 이렇게 편지를 보냅니다. 대학에서 한의학 계통을 전공한 터라 사주 오행에 관해서 아예 감이 없지는 않습니다. 그래서 더욱 이쪽에 관심이 가는지도 모르겠네요. 제가 궁금한 것은 현재 교제 중인 남자친구와의 궁합인데요. 선생님께서 운영하시는 '아이러브사주'에는 아직 궁합 코너가 준비 중이라 되어 있더군요. 하여 선생님께 직접 여쭤보는 중입니다. 혹시 이런 궁금증이 드실지 모르겠습니다. 젊은 처녀이고 게다가 가톨릭 신자인데 왜 궁합을 보려 하는지를요. 저희 부모님 얘기를 간단하게나마 말씀드리겠습니다.

외할아버지의 사업 실패로 평생 가난하게 사셨던 엄마는 가난이 싫어 부유한 집안의 아들인 저희 아버지를 만나 결혼을 하시게 됐죠. 하지만 폭력적이고 즉흥적인 성격인 아버지는 엄마는 물론 자식들인 저희 남매에게도 폭언과 폭력을 휘두르고 도박, 교통사고, 여자 문제까지 정말 입에 담기조차 부끄러운 일들을 저지르며 가족들에게 깊은 상처를 주고 계십니다.

어릴 때부터 부모님의 실패한 결혼생활을 보고 자랐기에 저만큼은 무슨 수를 써서라도 불행한 결혼은 막고 싶은 심정입니다. 대학 시절 재미삼아 찾아간 사주카페에서는 제 사주엔 "관살이 많아 남편복이 없다"는 말을 자주 하시더군요. 결혼이 저에게 독이 된다면 눈물을 머금고 독신으로 살 생각도 하고 있습니다. 그럼 남자친구와 제 사주를 적어보겠습니다.〉

여러 가지로 공감을 일으키는 편지였다. 사주와 궁합에 대한 가톨릭 신자의 시각, 한의학 계통을 공부한 학도로서의 음양오행관, 부모의 평탄치 않은 결혼생활을 보아온 자녀로서의 결혼관, 사주카페에서 본 사주풀이에 대한 걱정과 의아심 등등. 우리 주변에서 흔히 있을 법한 이야기를 들려 준 '27세 처녀'에게 감사하고 수긍하며, 다만 사주카페 사주풀이에 대해서 공개 답변을 드린다. 결론부터 말하면 '관살이 많아 남편복이 없다'고들 말한 사주카페의 답변은 좀 틀렸다. 그 이유를 보자.

첫째 사주카페는 '관살'이란 용어를 잘못 알고 있다. 관살이란 정관(본남편)과 편관(애인·제 2의 남자. 편관을 흔히 살※이라고 칭함)을 통칭하는 용어다. '관살이 많다'는 말은 '관과 살이 많다', '남편과 애인이 뒤섞여 많다', '남녀관계가 복잡하다', '결혼을 몇 번 할 수 있다'는 뜻이다.

그런데 이 처녀의 사주를 초기생으로 보면 편관(살)이 1개이며, 정기생으로 보면 편관(살)이 4개이다. 어디에도 정관은 보이지 않는다. 오롯이 편관(살)만 존재할 뿐 정관과 섞여 있지는 않으니 사주카페가 이 아가씨에게 '관살이 많다'고 한 말은 맞지 않다.

둘째 정관이 없고 편관만 있을 경우, 본남편은 없고 애인만 있다고 감정하면 안 된다. 이럴 경우엔 편관을 본남편으로 봐야 한다. 이 아가씨의 사주를 초기생으로 보면 편관 1개가 있는 바 이 편관이 본남편이 된다. 그런데 지지 속에 편관 4개가 숨어 있고(암장), 그 중 3개는 土 지지 속에 묻혀 있으므로(부성입묘-남편이 무덤 속에 있음) 배우자복이 좋은 편은 아니다. 그리고 이 아가씨의 사주를 정기생으로 봐도 편관 3개가 부성입묘 상태로 있으니(특히 배우자궁의 편관이 부성입묘 상태로 있으니) 배우자복이 나쁘다. 따라서 이 아가씨는 부성입묘 형국이어서 남편복이 좋지 않은 것이지, 관살이 많아서 남편복이 나쁜 건 아니다.

셋째 이 아가씨는 정기생이 아니라 초기생이다. 사주카페는 이 아가씨 사주를 정기생으로 보았다. 이는 간법의 오류다.

결론적으로 말하면 이 아가씨는 초기생이든 정기생이든 부성입묘 상태이므로 남편복이 나쁘다는 점은 같다. (다만 정기생이면 인연이 잘 안 닿고 결혼 후 남편에게 심한 스트레스를 받는 등으로 남편복이 더 나쁘다)

여자 사주가 부성입묘 형국이면 남자복이 나쁘다는 건, 그 남편이 비명횡사하거나 무능력하거나 병약하다는 등의 암시가 있기 때문이다. 따라서 이 아가씨에겐 "건강하고 생활력 강한 남자를 만나서 결혼하라."는 말이 도움이 되겠다.

요컨대 지지는 초기, 중기, 정기로 구분해서 봐야 맞다. 사주카페처럼 지지를 무조건 정기로만 보면 좋은 것을 나쁘게, 나쁜 것을 좋게 판단하는 오류를 범한다. 이 아가씨가 찾아간 사주카페가 '남편복이 나쁘다'고 한 말이 큰 틀에서 보면 틀린 말이 아니어서 다행이지만, 지지를 무조건 정기로 보다간 자칫 천당을 지옥으로, 지옥을 천당으로 보는 엄청난 오판을 낳을 수 있다. 〈2011.3〉

34

오행의 허실과 건강

50대 여인[20]은 찬바람만 불면 콧병으로 고생한다. 재채기가 나고 콧물이 흐른다. 이 증세는 겨울 내내 계속된다. 그러다 봄이 오면 멀쩡하다. 이비인후과에도 다니고 한의원도 들락거리고 민간요법도 써봤으나 별 효험을 보지 못했다. 왜 그럴까? 음양오행학으로 그 원인을 알아보자.

이 여인의 사주를 보면 金은 하나도 없고 土와 水가 3개씩으로 많다. 金은 전무한 상태에서 土의 도움(토생금土生金)이 지나치니 가을에서 겨울로 가는 환절기(찬바람 부는 시기)에 콧병이 난다. 또한 金은 전무한 상태인데 水가 金의 기운을 빼니(금생수金生水) 金의 세력은 더욱 고갈되므로 겨울철에 콧병을 앓는다. 인체로 볼 때 金 오행은 폐장(호흡기·코)에 해당하며 계절로 볼 때 土는 환절기, 水는 겨울에 해당한다.

30대 남자[21]는 어릴 적엔 폐렴으로 병원 신세를 졌고, 10대 이후엔 허리가 아파 늘 끙끙거리고, 이에 더하여 지난해와 올해엔 인후염으로 고생했다. 이 남자의 사주엔 金이 5개로 매우 많다. 인체로 보면 金은 호흡기뿐만 아니라 근골에도 해당한다. 金이 너무 많으니 폐렴을 앓았고 허리통증에 시달렸다. 그리고 지난해와 올해는 金의 기운이 왕성한 해이니 역시 호흡기에 해당하는 인후염을 앓은 것이다.

결론적으로 보면 50대 여인은 金의 기운이 아예 없어서 金 관련 병을 얻었고, 30대 남자는 金의 기운이 너무 강해서 金 관련 병을 만난 것이다. 이렇듯 오행 중 어느 하나가 너무 강해도 병이 생기고 약해도 병이 생긴다. 어느 오행이 너무 많거나 강하면 실하므로 실증으로 인한 병이 오고, 너무 적거나 없으면 허하므로 허증으로 인한 병을 얻는다. 하지만 오행이 골고루 있으면서 조화와 균형을 이루면 건강하다.

인체의 오장육부를 오행에 배속시키면 다음과 같다. 곧 간장과 담은 木, 심장과 소장은 火, 비장과 위장은 土, 폐장과 대장은 金, 신장과 방광은 水에 해당한다. 그러므로 타고난 사주 중에서 木이 실하거나 허하면 간장과 담 관련 질환에 걸리고, 火가 실하거나 허하면 심장과 소장 관련 질환에 걸리고, 土가 실하거나 허하면 비장과 위장 관련 질환에 걸리고, 金이 실하거나 허하면 폐장과 대장 관련 질환에 걸리고, 水가 실하거나 허하면 신장과 방광 관련 질환에 걸린다.

그러나 운의 흐름, 계절의 변화, 섭취하는 음식물, 잠자는 방위 등에 따라 실증과 허증의 상태가 변하므로 건강이 더 좋아지기도 하고 더 나빠지기도 한다. 그러므로 내 사주의 오행구조를 알고 운의 흐름을 파악해서 대처하면 건강을 좋게 할 수 있다. 가령 木이 부족하여 허증이 있는 사람이라면 푸른빛이 나거나 신맛이 나는 음식물을 많이 섭취하고 동쪽으로 머리를 두고 자면 좋다. 그리고 木 기운이 왕성한 봄에는 건강이 호전되므로 활발히 활동해야 한다.

35

나을 병과 도질 병

가을이 오는가 싶더니 기온이 뚝 떨어져 두꺼운 옷을 꺼내 입게 한다. 여름철 무성했던 나뭇잎이 단풍으로 물들어 반기는데 찬바람에 우수수 낙엽으로 떨어진다. 가을에서 겨울로 넘어가는 환절기 현상이다. 계절에 환절기가 있듯이 인생에도 환절기가 있다. 계절이든 인생이든 환절기에는 건강을 조심해야 한다. 환절기에 병에 걸리면 잘 나을 때가 있고 잘 낫지 않을 때가 있다. 사주를 보면 그 때를 알 수 있다. 명리학은 때를 아는 학문이기 때문이다.

어느 병원의 여의사[22]는 2008년 어느 날 문득 과장 선생이 "자네 목을 보니 갑상선암 같아. 검사해 봐."라는 말을 듣고 검사해본즉 사실이었다. 그래서 환부가 아주 조그마할 때 치료를 받아 깨끗이 나았다. 내가 스스로 질병을 점검한 것도 아닌데 뜻밖에도 주위의 도움으로 병을 찾아내 완치했으니, 이 여의사는 병에 걸려도 낫는 때를 만난 것이다. 당시 여의사의 운은 귀인의 도움이 있는 시기였다.

50대 후반의 남자 지인[23]이 지난 여름에 병원에 입원했다는 연락을 해왔다. 세균이 뇌에 들어가 염증을 일으키는 뇌염에 걸린 것이다. 그의 사주를 갖고 있던 터라 "병이 깨끗이 잘 나을 테니 걱정하지 말라."고 위로했다. 정말 병은 말끔히 나았다. 담당 의사는 "입원이 늦었다면 위험할 수도 있었는데 제때 병원을 찾은 덕분에 완치할 수 있었다."고 하더란다. 그런데 가을이 되자 이 지인이 또 입원했다는 소식이 왔다. 이번에 걸린 병은 임파선암이며 항암제 치료를 받고 있다고 했다. 필자는 종전과 같이 "올해는 나을 병에 걸려서 완치하는 해이니 염려하지 말라."고 격려했다.

올해 이 지인의 병은 완치된다고 장담한 근거는 뭔가? 앞의 여의사처럼 그 지인도 귀인의 도움을 받는 때를 맞이했기 때문이다. 평소 그는 사타구니에 덩어리가 만져졌으나 소홀히 해오다 부인의 권유로 병원에 가서 병명을 확실히 안 자체가 좋은 때를 만난 덕분이다. 그리고 그는 분명히 좋은 의사를 만나 좋은 치료를 받아 완쾌하리라고 확신한다.

추분이 며칠 지난 어느 날, 직장에 다니는 딸**24**의 건강 문제를 걱정하는 어머니가 찾아왔다. 딸은 4년 전 눈병을 앓아 수술했으나 후유증이 생겨 2년 동안 휴직을 했다. 그리고 복직했으나 이번에는 우울증이 왔다. 눈 수술이 잘못된 원망을 어머니에게 쏟아부었고 병원치료도 거부했다. 사주팔자 그대로 병이 도지는 운을 맞이하고 있었다. 위험했다. 왜 그런가? 그 딸은 귀인이 나쁜 작용을 하는 때를 만난 때문이다.

그 딸의 어머니에겐 "따님이 하루빨리 병원 치료를 받도록 하라."고 거듭거듭 강조하고, 이도 모자라 딸에게는 '올 10월부터 내년 1월까지가 최악의 기간이자 마지막 고비이니 병원에 가서 열심히 치료를 받으라'는 내용의 글을 써 이메일로 보냈다. 딸이 필자의 당부를 충심으로 받아들여 건강을 회복하기를 빌었다.

필자가 말한 귀인이란 명리학 용어로 말하면 인성印星이다. 인성이 길 작용을 하면 귀인이 되고, 흉작용을 하면 원수가 된다. 〈2011.10〉

36

우울증 앓는 사주

아나운서 송지선과 가수 채동하가 희망과 꿈이 넘쳐나는 오월에 스스로 목숨을 끊었다. 앞날이 창창한 젊은이가, 대중의 시선을 받는 직업인이, 다른 계절도 아닌 푸르름이 가득한 오월에 자살했다는 소식은 우리를 슬프게 한다. 오월의 맑은 공기, 높은 하늘, 푸른 들판, 형형색색의 아름다운 꽃들조차도 이들에게 희망과 꿈을 주지 못했던 모양이다.

이들의 자살 사유는 우울증으로 알려졌다. 침묵의 살인자라는 우울증은 뇌신경 전달 물질의 이상과 심리적 요인에서 온다고 한다. 심리적 요인으로는 부정적 생각, 의욕상실, 허무감, 낮은 자존감, 대인관계 좌절, 가정불화, 만성질환, 스트레스 등이 꼽힌다. 음양오행학에서는 木이 쇠약한 사람이나 과다한 사람이 우울증에 걸릴 소지가 많다고 본다. 木을 신경 계통으로 보기 때문이다. (여기서는 木이 쇠약한 사람의 우울증 사례를 보기로 한다.)

과연 두 사람도 木이 쇠약한 사주여서 자살한 것일까? 의구심을 갖고 인터넷 검색을 해본즉 생년월일까지만 나와 있다. 음력인지 양력인지도 확실히 않다. 생년월일시를 알지 못하는 상태에서 사주팔자를 보는 것은 위험천만한 일이지만, 참고로 두 사람의 오행구조를 대충 훑어보기로 했다. 두 사람은 일단 양력 생이라고 간주하고 시는 모른 상태에서 연월일을 살펴보니 둘 다 木이 매우 쇠약하였다. 2008년에 자살한 탤런트 최진실에 대해서도 이 같은 방법으로 본즉 木이 나약하였다. 결코 단정은 못하지만 세 사람은 木이 희박한 사주여서 우울증을 앓았을 가능성이 있다는 짐작은 할 수 있었다.

확실한 예를 보자. 40대 중반의 여인[25]은 명문대학을 나온 소위 인텔리이다. 몇 년 전부터 우울증을 심하게 앓아 주부로서 어머니로서의 몫을 제대로 못하고 있다. 이혼 문제를 거론할 정도로 부부 사이는 아주 심각하다. 행여 자살할까 봐 그 남편이 좌불안석이다. 그녀의 사주에는 본디 木이 하나도 없는 데다 木을 제압하는 金운이 오자 우울증이 온 것이다.

40대 초반의 여인[26]은 평소 앓던 우울증이 결혼 이후에 더욱 극심해졌다. 아내, 며느리, 어머니의 본분을 거의 못했다. 가정이 편할 리 없고 가정경제도 말이 아니다. 그녀의 사주에는 木이 1개 있지만 木의 힘을 빼는 火와 木을 부러뜨리는 金이 각 2개가 있을 뿐만 아니라 木 운을 송두리째 뽑아버리는 운(火국)이 2010년부터 와서 우울증 치료 효과가 나타나지 않았다.

30대의 여성[27]도 木이 하나도 없는 사주 구조를 갖고 있다. 게다가 주체가 극도로 약한 탓에 은둔형 외톨이가 되었다. 대학을 졸업했으나 취업도 안하고 시집도 가지 않고 있다. 형제들과 어울리지도 않고 친구들과 만나지도 않은 채 집안에만 박혀 지낸다. 햇볕조차도 두려워한다. 우울증세를 보임에도 본인은 인정하지 않는다. 가족들의 걱정이 태산이다.

특히 두 40대 여인은 음양오행이 조화를 이루지 못하는 배우자를 만난 바람에 우울증세가 악화하는 설상가상의 고통을 겪는 중이다. 이 두 여인의 배우자 궁합은 다음 기회에 쓸 계획이거니와 궁합의 중요성을 다시금 확인한다.

혹 당신의 아내도 우울증을 앓고 계시나요? 그렇다면 사전에 궁합을 통해 건강검진을 하지 않은 당신에게도 잘못이 있습니다. 〈2011.6〉

37

건강을 잃으면 전부를 잃는다

　최근 지인이 모친상을 당하여 그 상가에 다녀왔다. 그 모친은 향년 95세였다. 평소 건강하게 지냈는데 한 달 전 몸이 아파 병원에 가니 폐렴 증세였다. 보름 정도 입원하면서 치료를 받아 일단 병은 나았지만 노쇠하여 더 오래 목숨을 지탱할 기력이 없다는 판정을 받았다. 이 판정을 내린 의사는 30년가량 그 모친을 돌봐온 주치의였다. 주치의는 모친을 집으로 모시고 가서 조용히 삶을 마감하도록 도와주는 것이 최선이라고 모친의 자녀들에게 말했다. 자녀들은 주치의의 말을 따랐다. 그 모친은 평소 살던 마당 넓은 집으로 돌아와 보름가량 누워 지내다 영면했다. 영면 당시 자녀를 비롯해 증손자까지 40여 명의 모든 혈육이 임종을 지켜봤다고 했다. 비록 그 모친은 40대에 남편을 여의고 8남매 중 둘을 먼저 보내는 아픔을 겪었지만, 이 세상의 소풍을 끝내고 아름답게 귀천하는 모습을 보여주었다.

　이 이야기를 듣곤 오복의 하나라는 고종명을 떠올렸다. 고종명이란 하늘이 부여한 천명을 다 살고 편안하게 죽음을 맞이하는 것을 뜻한다. 고종명이란 말이 나왔으니 말인데 세계적인 장수촌인 일본 오키나와 80대 노인들은 잠을 자다가 고요히 생을 마감하기도 하고 부부관계를 갖는 중에 편안히 숨을 거두기도 한다고 하지 않는가. 그리고 모친의 아름다운 귀천 이야기를 통해 9988234란 말도 상기했다. 비록 그 모친은 95세에 이승을 떠났지만, 99세까지 팔팔(88)하게 살다 2~3일 앓고 죽자(4)는 우스갯소리의 덕담에 버금가는 인생을 누린 복노인이란 생각이 들었다.

그 모친의 사주는 모르지만 장수할 운명의 사주를 타고난 분으로 보였다. 장수할 사주는 음양오행이 조화와 균형을 이루고 있다. 음양오행이 균형을 이루지 못하더라도 주체가 강하거나, 체(体)와 용(用)이 균형을 이루거나, 사주팔자끼리 상충 혹은 상극하지 않은 채 사이좋게 지내거나, 한열조습이 적절한 사주의 주인공은 장수할 수 있다. 이와 반대로 단명할 사주는 음양오행의 조화와 균형이 깨어져 있다. 그리고 주체가 약하거나, 사주팔자끼리 치고받으며 싸우거나, 한열조습이 한 쪽으로 치우쳐 있는 사주의 주인공은 단명하기 쉽다.

새해에 너나없이 비는 소원에는 건강이 빠지지 않고, 모두 다짐하는 새해 목표에는 건강이 들어있을 것이다. 독자들이 어떤 방법으로든 내 건강 상태를 점검하여 건강을 지키는 정유년이 되기를 빈다. 독일 정치가 비스마르크가 말했다.

"돈을 잃는 것은 조금 잃는 것이요,
명예를 잃는 것은 많이 잃는 것이요,
건강을 잃는 것은 전부 잃는 것이다."

命

제2장

아내 없는 남편, 남편 없는 아내

총각들이여, 결혼 전에 내 사주에는 배우자가 어떤 모습으로 앉아있는가를 살펴보라. 배우자가 나쁜 작용을 하고 있다면 밖에 나가서 설치지 않고 가정에서 조용히 내조하는 조신한 여자를 아내로 맞이하라. 배우자가 좋은 작용을 하고 있다면 남편을 위해 헌신하는 활동 형의 여자를 아내로 맞이하라.

능력 있는 배우자 찾는 법

쌍꺼풀 수술은 대학 입학 기념, 코 성형은 대학 졸업 기념이라는 말이 몇 년 전에 나돌더니, 이제는 양악 수술은 방학 기념이란 말도 들린다. 연예인들 사이에 유행하던 양악 수술이 점차 대학생들에게로 퍼져나간 모양이다. 예뻐지려는 욕망에 집착하는 이런 현상을 일러 루키즘이라고 한다. 우리말로는 외모지상주의라고 표현한다. 외모가 개인 간의 우열을 가름할 뿐 아니라 인생의 성패까지도 좌우한다고 믿어 외모에 지나치게 집착하는 사회풍조를 탓할 수만은 없다. 외모가 연애·결혼 등과 같은 사생활은 물론 취업·승진 등 사회생활 전반까지 좌우하는 것은 엄연한 현실이다. 그래서 외모를 가꾸는 데 많은 돈과 시간을 투자하고 노력을 기울이는 사람의 행위는 당연하다. 성형 수술의 도움을 받지 않으면 무식하거나(정보력이 없어서) 게으르거나 가난한 사람으로 인식되는 세상이다.

그런데 최근 남자의 결혼관에서는 이 외모지상주의가 변화를 보이고 있다는 소식이다. 한 결혼정보회사가 연도별 가입 회원 남성을 대상으로 이상형에 대해 조사를 해보니, 남성이 원하는 이상형이 '외모' 최우선에서 현재는 '외모'와 함께 '능력'을 가장 우선시하는 것으로 나타났다고 한다. 이 조사에 따르면 2010년 가입 남성은 외모 51.3%, 능력 30.7%, 학벌 10%, 집안배경 8%의 순으로 이상형을 꼽았고, 2011년 가입 남성은 외모 43%, 능력 39%, 학벌 11%, 집안배경 7%의 순으로 이상형을 꼽았으며, 2012년 올해 가입 남성은 외모 41.3%, 능력 42.3%, 학벌 11%, 집안배경 5.3%순으로 이상형을 꼽았다. 결론적으로 학벌과 집안 배경을 원하는 남성은 비슷한 수치로 유지되는 반면, 세월이 지날수록 외모를 최우선하는 남성은 줄어들면서 능력을 우선으로 꼽는 남성이 늘어나고 있다는 분석이다. 이런 조사가 아니라도 맞벌이 여성을 최고의 배우자로 꼽는 것은 오래 된 일이다. 더욱이 요즘처럼 집 장만이나 자녀 교육에 막대한 비용이 들어가는 현실에서는 여자의 능력을 우선시하는 것은 자연스런 현상이다.

여기서 생각해보자. 능력이란 무엇인가? 경제력이다. 여자가 직업을 갖고 있으면 일단 경제력이 있다고 본다. 전문직이면 더없이 좋지만 남자들이 일반적으로 선호하는 여자의 직업은 안정성을 갖춘 교사·공무원이다. 그런데 지금 사귀는 여자가 인물은 뛰어나게 예뻐서 마음에 드는데 직업이 변변치 않으면 어떻게 할까? 곧 외모는 좋으나 능력이 나쁘면 어떻게 할까?

이때 여자의 사주를 보면 답을 얻을 수 있다. 남자의 눈에는 여자의 현재 능력만 보이지만 사주를 보면 장차 여자의 운에 억대의 재물이 들어와서 부자가 되는지, 손재운이 와서 빈털터리가 되는지를 알 수 있다. 한편 외모도 좀 빠지고 현재 능력도 별로여서 고민일 때도 여자의 사주를 보라. 현재처럼 미래에도 능력이 없는 여자일 수도 있지만 외모와 달리 수십억 원의 재물복을 타고난 여자일 수도 있다. 현재의 조건만이 아닌 미래의 조건도 보는 것이 사주요 궁합이다.

물이 부족한 여자

명리학은 음양오행을 다루는 학문이다. 사주팔자의 음양오행이 어떤 형태로 구성돼 있고 어떤 변화를 일으키는지를 탐구하여 길흉을 판단한다. 판단의 기준은 조화와 균형이다. 음양오행이 조화와 균형을 이루는 사주는 아름답고, 조화와 균형이 깨어진 사주는 문제를 일으킨다.

물*과 건강에 대해서 알아보자. 사주에서 물은 신장·방광·생식기관에 해당한다. 사주에 물이 넉넉하게 있으면, 곧 조화와 균형을 이루고 있으면 하초가 튼튼하여 정력이 세다. 게다가 끼마저 타고나면 바람둥이가 될 수도 있다. 반면 사주에 물이 없거나 모자라거나 넘치면 하초에 이상이 생겨 정력 이상을 부르니 성생활이 원만치 않다. 남성에게는 성생활과 건강 문제만 일으키지만 여성에게는 자녀 문제까지 야기한다. 여성에게서 물은 자궁에 해당하므로 임신 및 출산과 관련된 문제를 발생시킨다. 예를 보자.

40대 초반의 여인**1**에게는 물이 한 방울도 없다. 오히려 토극수土剋水로 水의 세력을 제압하는 土가 4개로 많다. 다행히 자식 코드인 식상이 넉넉히 있어서 딸을 둘 두었다. 하지만 출산 후 자궁과 신장과 방광이 나쁘다. 더 걱정스런 문제는 성적 능력이 아주 나쁘다는 점이다. 남편이 바람날까 걱정이다.

역시 40대 초반의 여인**2**은 아들 하나를 두고 있다. 여러 차례 잉태는

했으나 낙태를 거듭한 천신만고 끝에 얻은 아들이다. 낙태를 거듭한 것은 임신 중 검사해 본 태아가 기형아로 밝혀졌기 때문이다. 아이를 낳은 후에는 자궁에 혹이 생겨 고생했다. 이 여인에겐 물이 한 방울도 없다. 이런 상황에서 금생수金生水의 작용을 하는 金이 5개로 너무 많아서 물의 기운마저 없애는 금다수탁 현상이 벌어지니 자궁이 메말라 건강한 아이를 수태하기 어려웠다.

30대 주부3도 한 방울의 물도 없는 사주의 주인공이다. 있는 것이라곤 물의 기운을 빼거나 억누르는 木과 火와 土가 전부이고 水의 기운을 도와주는 金조차도 한 조각 없다. 자궁질환이 와서 수술을 받아 건강을 회복하고 자녀도 둘 두었으나 한 명은 장기에 이상이 있는 아이다. 사주에 물이 없는 탓이요 자식복도 없는 탓이다. 그나마 자식을 둔 것은 배우자가 자식복을 좋게 타고났거나 배우자에게 물이 넉넉한 덕분이라고 추론해본다.

결혼 1년 차인 30대 아기엄마4는 최근 첫 아기를 낳았다. 자식에 해당하는 식상 코드가 2개 있으니 수태가 수월했고 임신 중 임부와 태아도 건강했다. 그런데 출산 예정일이 가까워질 무렵 갑자기 진통이 와서 병원으로 갔다. 자궁에 이상이 생겨 정상 분만은 어렵고 당장 제왕절개 분만을 해야 한다는 진단이 나왔다. 그래서 그날 바로 절박한 상태에서 제왕절개 수술을 통해 아기를 얻었다. 이 아기엄마의 사주엔 물의 세력이 1개에 지나지 않고, 물의 기운을 빼고 억누르는 나무와 불과 흙의 세력은 7개이며, 물의 기운을 도와주는 金의 세력은 하나도 없었다.

만약 남자 쪽에서 결혼하기 전에 각기 이 네 여성과의 궁합을 의뢰해왔다면 필자는 "이 여자와의 결혼문제를 한번쯤 더 생각해 보세요."라고 말했을 것이다. 섹스와 자녀는 부부에게 중요한 사안이건만 각 여성에겐 물이 전무하거나 미미했기 때문이다. 그리고 두고 볼 일이지만 첫 사례의 여성뿐 아니라 다른 여성 세 분도 장차 섹스 트러블을 겪을 것이라고 장담한다.

총각들이여, 물이 알맞게 있는 여자를 신부로 맞이하라. 물은 만물의 근원이다. 〈2011.9〉

물로 태어난 여자는 노랑을 좋아해

"아들이 물에 빠진 적이 있지요?" 정말로 어릴 적에 웅덩이에 빠져 죽을 뻔한 자식의 운세를 보러온 어머니가 역술인한테서 이런 질문을 받으면 깜짝 놀란다. 참 용하구나 하는 생각을 갖는 순간, 역술인의 꾐에 빠져 수십만 원에서 수백만 원짜리 부적을 쓰게 된다. "따님은 몸에 상처가 있겠네요." 진짜 몸에 흉터가 있는 딸의 사주를 보러 온 어머니가 이런 소리를 역술인한테서 들으면 눈이 번쩍한다. 몸에 난 상처까지 찾아내다니 족집게 도사구나 하는 느낌에 빠지는 찰라, 역술인에게 홀려 멀쩡한 딸의 이름을 거금을 들여 개명하게 된다.

운명 감정은 사주 전체를 종합적으로 보고 판단해야 하는 것이지만, 일부분만 보고 이런 판단을 내리는 것을 '단식판단'이라고 한다. 가령 무슨 해에 태어나면 어떻다, 무슨 달에 태어나면 어떻다, 무슨 일에 태어나면 어떻다, 무슨 시에 태어나면 어떻다든가 하는 것이 단식판단이요 각종 신살로 판단하는 것도 단식판단이다. 앞의 예처럼 몇 가지 단식판단법만 외워서 도사행세를 하며 미래를 정단해주는 역술인, 그리고 단식판단법으로 겁과 공포를 준 다음 부적을 쓰라거나 이름을 바꾸라는 역술인은 경계해야 한다. 단식판단법은 맞는 수도 있지만 맞지 않는 수가 더 많으므로 본 메뉴로는 쓰지 말고, 그저 서비스 메뉴쯤으로 활용하는 게 옳다.

최근 36세 총각과 27세 처녀의 궁합을 봐주고, 이어서 36세 총각과

24세 처녀의 궁합을 봐 주었다. 자기와 나이 차이가 많이 나는 남자를 좋아하는 여자의 사주에는 공통점이 있을 것 같아서 단식판단법으로 생일을 보니 답이 보였다. 그것은 9세 연상의 남자를 좋아하는 여자는 임진일 생이고, 11세 연상의 남자를 좋아하는 여자는 계미일 생으로 모두 태어난 날이 물*이라는 점이었다. 다시 말해 水일생 사주였다.

水일생 여자 사주에서 남편에 해당하는 코드는 土다. 水는 어린 것(幼)이고 土는 늙은 것(古)이므로 물로 태어난 여자는 노랑(늙은 신랑)에게 시집가거나 재취로 간다는 내용이 여러 명리학 책에 나온다. 그래서 필자는 궁합 핵심 사항을 다 설명한 다음에 덤으로 "아가씨는 나이 많은 남자를 좋아하는 타입입니다."라고 덧붙여 주었다.

연예계에는 자기보다 나이가 매우 어린 여자를 배우자로 맞이한 '도둑'들이 있다. 유퉁(29세 차), 김천만(22세 차), 이한위(19세 차). 송병준(19세 차), 이창훈(16세 차), 조연우(16세 차), 이범수(14세 차), 성동일(14세 차), 서경석(13세 차), 이수근(12세 차), 박명수(10세 차), 유재석(9세 차) 등이다. 더러는 노총각으로 더러는 재혼으로 결혼한 이들의 부인들은 대개 물로 태어난 여자일 것이라고 추측해본다.

아무튼 아직도 짝을 찾지 못한 노총각들이나 돌아온 싱글남들은 어서 바삐 水일생 여자를 찾으라. 그러면 호감을 얻을 것이다. 명심할 것은, 水일생 여자가 나이 많은 남자를 좋아한다는 것은 그렇게 인연이 닿기 쉽다는 것이지, 노랑에게 시집가면 좋다는 것은 절대 아니라는 점이다. 또 명심할 것은, 水일생 여자라고 무조건 다 노랑을 좋아하지 않는다는 것이다. 여기에 단식판단의 함정이 있다.

기가 센 여자

남편은 뒷전에 물러나 있고 아내가 나서서 가권을 좌지우지할 때, 심지어는 시부모까지 제치고 며느리가 앞장서서 집안 대소사를 독단적으로 처리할 때, 어른들은 흔히 말한다.

"누구 마누라는 기가 세다."

"저 집 며느리는 기가 세다."

'기가 세다'는 말을 사주로 해석하면 '신이 태강하다'는 말이 된다. 신이란 자기 자신을 뜻하고 태강하다는 지나치게 강하다는 뜻이니 자기 자신이 매우 강한 사주의 여자는 '기가 세다'는 말을 듣게 된다. 가령 木일생인 여자의 사주에 木이 5개 있고 火, 土, 金은 1개씩 있다면 기가 센 여자가 된다. 사주는 여덟 자로 구성되는데 자기 자신이 木으로서 木자가 다섯 개나 되어 木의 기가 전체를 압도하니 木 기운이 센 여자가 되는 것이다. 기가 센 여자는 의지가 강인하고 독립심과 자립심 또한 강하다. 그래서 생활력이 강하다. 남편에게 의지하지 않고 자신이 생활전선에 발 벗고 나선다.

여기까지는 좋은데, 자기주장이 강하고 고집이 세서 가정사를 자기 생각대로 이끌어가고자 한다. 가권은 남편이 쥐는 것이 일반적이지만 기가 센 여자는 남편의 권리 즉 가권을 빼앗는다. 자녀 문제는 물론 가정에서 일어나는 크고 작은 일을 주도한다. 집을 사도 자기 명의로 등

기하려 하고 차를 사도 자기 이름으로 등록하려 한다. 자연스레 남편은 뒷전으로 밀린다.

기가 센 여자는 남편을 존중하는 마음이 적으므로 남편을 잘 섬기지 않는다. 그러면 남편은 어떻게 나오는가. 반작용을 하게 된다. 아내에게 가권을 **빼앗기고** 존중마저 받지 못하니 자연스레 다른 여자에게로 마음을 돌리는 것이다. 남편은 자의반 타의반으로 바람을 피우는 것을 넘어 딴살림을 하기도 한다. 드디어 부부 사이에 삼각관계가 발생하니 부부불화가 심해지고 종국엔 남남으로 갈라선다. 기가 센 여자는 부부불화를 일으키는 데 그치지 않는다. 시누이와도 마찰을 빚고 시부모와도 갈등을 낳는다. 가권을 쥐고 휘두르며 지아비를 받들지 않는 꼴을 보다 못한 시누이나 시부모가 충고를 하면 받아들이지 않으니 시집 식구와 좋은 사이를 유지할 수 있겠는가. 기가 센 여자는 워낙 자기 뜻과 생각이 강하여 남한테 간섭을 받거나 충고를 듣는 것을 싫어하는 체질이어서 이런 불화와 갈등을 일으키는 것이다.

그리고 기가 센 여자는 후천운이 양호하게 전개되지 않는 한 돈복도 없고 자식복도 약하다. 자기 사업을 한다고 가게를 내 본들 본전조차 건지지 못하고, 자식을 두기 힘들기도 하지만 두어도 그 자식이 어머니에게 짓눌려 기를 못 편다. 아냇감을 고를 때나 며느릿감을 고를 땐 기가 센 여자(신태강 여자)는 피하는 게 현명하다. 그러나 기가 지독히 약한 남자라면 기가 센 여자를 택하라. 음양이 조화를 이루기 때문이다.

05

엄마 같은 아내

근래 어느 신문에서 다음과 같은 글을 읽었다.

〈시트콤 '프렌즈'로 우리에게도 친숙한 커트니 콕스가 최근 남편과 별거에 들어갔다. 콕스는 영화 '스크림'에 함께 출연한 데이비드 아케트와 1999년 결혼했다. 이혼과 별거가 잦은 할리우드에서 11년이라는 긴 시간을 버틴(?) 그 나름대로 모범 커플이었는데 안타까울 따름이다. 두 사람의 파경은 콕스의 '마더링mothering', 즉 지나치게 엄마같이 구는 행동 때문이었다고 한다.

콕스가 지나치게 남편을 쥐고 흔들었는지, 아니면 아케트가 어린아이 같았는지 알 수는 없다. 남자는 아무리 나이가 들어도 어린아이 같다고는 하지만 실제로 아케트가 콕스보다 7년 연하이기 때문에 이 같은 문제가 발생했는지도 모르겠다. 두 사람의 별거를 계기로 부부 사이의 마더링 문제가 심심찮게 거론되고 있다. 한 언론은 마더링이 부부관계를 위협하고 있는가를 점검하는 여덟 가지 체크 포인트를 제시했다. 이는 단지 아내에게만 해당하는 것이 아니라 남편들에게도 해당한다.

①배우자의 믿음이나 습관을 바꾸려고 하는가. ②배우자의 잘못을 자주 지적하고 비난하는가. ③배우자가 아주 작은 일이라도 나 없이는 할 수 없다고 느끼는가. ④배우자에게 '지령'을 주고 계속해서 종용하는가. ⑤내가 이집에서 유일한 어른이라고 느끼는가. ⑥배우자가 내 방식대로 일을 처리하

기를 요구하는가. ⑦배우자에게 이야기할 때 꾸짖는 말투를 쓰는가. ⑧배우자가 선택한 것을 종종 별것 아닌 것처럼 대하는가. 이상의 항목에 대해 여러 번 고개가 끄덕여진다면 당신은 배우자를 마더링하고 있을 가능성이 크다.〉

앞의 글을 읽으며 필자는 궁합을 생각했다. 만약 아케트처럼 어린아이 같고, 나약하고, 의존적인 미혼 남자가 있다면 마더링 체크 포인트에 해당하는 여자를 만나야 한다. 이런 남자는 재다신약 사주의 주인공이므로 마더링하는 여자를 만나야 살아갈 수 있다.

명리학에서 재財는 처에 해당하는 바, 재다신약이란 '처의 세력은 강하고 나의 힘은 약하다'는 뜻이다. 곧 나는 심약하고 우유부단하고 의지가 약하므로 아내를 손아귀에 잡아 쥐기는커녕 오히려 아내한테 쥐여서 꼼짝 못하는 상황을 의미한다.

재다신약의 남자는 마마보이와 같으니 기가 센 여자, 내주장하는 여자, 엄마 같은 여자를 만나서 꼭 쥐여 살면 편한 팔자다. 그렇다고 여자가 너무 설치면 재앙이 오므로 적당히 행동해야 함은 물론이다. 남자가 약하면 강한 여자를 만나는 것, 이것이 음양오행의 이치이므로 마더링을 부부관계 위협 요소로만 보는 서양인의 시각에 필자는 동의하지 않는다. 〈2010.11〉

06

밝은 서방과 어두운 서방

여자의 사주에서 남자(남편)에 해당하는 코드를 관성 혹은 부성이라고 부른다. 이것이 어떤 모양으로 자리잡고 있는가를 살피면 배우자복이 어떤지를 내다볼 수 있다. 부성이 단출하고 맑고 깨끗하면서 주위와 조화를 이루고 있으면 배우자복이 좋고 그렇지 못하면 배우자복이 나쁘다. 배우자복을 나쁘게 타고난 여자 사주 중의 하나가 명암부집明暗夫集 사주이다. 『사주첩경』은 명부明夫와 암부暗夫가 모여 있는 현상을 명암부집이라고 설명한다. 명부는 밖으로 백일하에 드러난 남편(천간에 있는 부성)이니 본남편이요, 암부는 어두운 곳에 숨어 있는 남편(지지에 있는 부성)이니 제2의 남편 혹은 애인이 되겠다. 필자는 명암부잡明暗夫雜이라고 표현하고 싶은, 명암부집한 여자의 운명이 어떤지를 사례로 보자.

50대 중반의 여인5은 명부가 둘이고 암부가 둘이다. 남편은 사회적 지위와 경제적 지위와 명예를 갖춘 의사이다. 의사 남편이 벌어다 준 돈으로 여유롭게 생활하며 여행도 자주 다닌다. 외견상 조신한 여인 같은 그녀는 애인을 두고 있다. 애인 있는 게 무슨 능력이라도 되는 것처럼 자랑하는 세상이니 부끄럼을 느끼지 않는다.

30대 후반의 여인6은 몇 년 전 이혼했다. 남편의 무능을 견딜 수 없었다. 초등학생 아이를 남편에게 맡기고 나왔으니 몸은 홀가분하다. 직장에 열심히 다니는 한편 재혼할 이 남자 저 남자를 부지런히 만나고 있다. 그녀의 사주에는 암부 둘과 명부 하나가 뒤섞여 있다.

40대 후반의 여인7은 명부 둘에 암부 하나를 갖고 있다. 10년 전 남편이 병사했다. 이후 혼자 사는 남자와 눈이 맞아 몸도 주고 돈도 주었다. 이윽고 그 남자는 저 세상으로 떠났으나 주위에서 집적거리는 남자가 여전히 적지 않고 본인도 그걸 즐기고 있다.

30대 중반의 여인8은 명부 둘에 암부 둘을 지니고 있다. 20대 중반에 웨딩마치를 울렸으나 1년도 넘기지 못하고 파경을 맞았다. 남편의 바람 탓이었다. 그리고 4년 후 지금의 남편을 중매로 만나 두 번째 결혼을 했다. 지금 남편은 아이 하나를 둔 이혼남이었지만 전문직이란 점이 맘에 들었다. 그런데 재혼 3년 만에 그녀는 이혼 소송을 제기했고, 현재 이혼 숙려기간 중이다. 그동안 남편의 폭언과 폭력을 견딜 수 없어서 결별의 길을 택한 것이다. 남편에게만 문제가 있을까. 그렇지 않다. 그녀는 남편을 공경하는 마음보다 우습게 여기고 무시하는 성향이 강한 성격의 소유자이므로 스스로 매를 사기도 했다. 또한 남편만 일방적으로 그녀에게 폭언과 폭력을 행사했을까. 아니다. 부부싸움을 벌일 때면 그녀도 남편에게 폭언을 퍼붓고 대들었다.

50대 중반의 여인9은 이혼녀다. 남편과는 부딪히면 대판으로 싸우기 일쑤였다. 남편의 성격이 과격하기도 했지만 본인도 그에 버금갔다. 결국 40세 때 남편과 헤어지고 아들 하나를 키우며 혼자 살아왔다. 비록 재혼은 하지 않았지만 남의 남자와 사랑을 나누며 지내고 있다. 그녀에겐 명부 둘과 암부 하나가 있다.

앞에서 보듯 명암부집한 여자는 남편복이 지지리도 없다. 남편이 먼저 떠나거나 폭행을 휘두른다. 혹은 남편과 불화하고 이혼한다. 그래서 애인을 두거나 재가를 하기도 하지만 결혼 생활 중에 몰래 애인을 두고 즐기기도 한다. 현모양처·부부해로·일부종사란 말과는 거리가 먼 여성이 명암부집한 여성이다. 명암부집은 관살혼잡과 닮은 점이 많다.

　신붓감 혹은 며느릿감 찾는 분들이여, 명암부집한 여자는 피하시라. 〈2012.5〉

07

남자 없는 여자 무관여자

40대 초반의 여성10은 결혼을 포기한 지 오래됐다. 지금까지 다가오는 남자가 없어서 연애를 제대로 해본 적도 없거니와 남자를 사귀는 일 자체를 강 건너 불 보듯 하였다. 그럭저럭 30대에 들고, 손아래 여동생 둘은 시집을 갔다. 부모가 안달이 나서 마련한 맞선자리에 서너 번 나갔으나 허탕을 치기 일쑤였다. 30대 중반을 넘자 시집가본들 아기를 낳기도 어려울 것이란 생각에 결혼 생각을 접어 버렸다. 그래도 결혼 이야기를 꺼내는 부모에게 "난 시집 안 갈 거야."라고 대꾸하기 싫어서 집을 나와 혼자 살고 있다. 소심하고 소극적이어서 남들과 잘 어울리지 못하는 성격 때문에, 고졸 학력에다 비정규직인 직장 때문에 노처녀가 된 것이라는 부모의 진단이 맞을까? 이 처녀는 왜 이리 남자복이 없을까?

올해 40대에 진입한 여성11은 골드미스다. 돈은 잘 붙는데 남자는 붙지 않았다. 20대엔 어느 아가씨와 다름없이 사랑을 갈구했으나 그 갈증을 채워줄 남자는 나타나지 않았고, 30대 들어선 하루라도 빨리 시집가기를 갈망했으나 그 소원을 들어줄 남자는 좀체 나타나지 않았다. 그러던 중 36세 때 한 남자를 만났다. 그 남자는 40대 초반으로서 총각이 아니라 두 번의 이혼경력이 있는 남자였다. 그래도 그걸 흠이라고 여기지 않고 그와 3년 동안 사귀면서 결혼할 결심을 굳혔다. 그런데 그 남자는 홀연히 떠나 다른 여자와 세 번째 결혼을 해버렸다. 남보다 인물과 학벌과 경제력이 떨어지는 것도 아닌데 다가오는 남자는 없고, 어쩌다 만난 남자는 가버리니 자신이 서글프기도 하다. 이 처녀는 왜 이리 남자복이 없을까?

30대 중반의 처녀[12]는 미래를 함께할 반려자를 찾는 중이다. 20대까지는 결혼에 대한 생각 없이 그냥 가볍게 연애를 하며 청춘을 보냈으나, 30세가 넘으면서는 결혼을 염두에 두고 본격적으로 남자를 찾고 있다. 여기저기서 들어오는 중매를 통해 맞선을 부지런히 보고 있지만 백년가약을 맺고 싶은 남자는 없다. 맞선 후 본인이 퇴짜를 놓기도 했지만 퇴짜를 당한 적이 더 많다. 학력·집안·직업·인물·키·경제력 등이 어디에 내놓아도 손색이 없건만 인생의 동반자가 도무지 나타나지를 않는다. 이 처녀는 왜 이리 남자복이 없을까?

위의 세 여자들이 남자복이 없는 까닭은 사주에 남자가 없는 무관 사주의 주인공들이기 때문이다. 관은 관성의 준말이며, 여자 사주에서 관성은 남자(남편)를 의미하며, 무관이란 남자(남편)가 없다는 뜻이다. 무관사주로 태어난 여자는 성년이 되어도 인연이 잘 닿지 않는다. 설령 닿아도 오래 이어지지 않는다. 그래서 대개 결혼이 늦어진다. 그리고 간신히 인연을 만난다 하더라도 좋은 인연을 만나지 못한다. 성격·외모·학력·능력·품행·집안 문제 등 어딘가 흠결 있는 남자를 만나기 쉽다. 처음엔 몰랐지만 살다보면 남편이란 작자가 술주정뱅이, 노름꾼, 바람꾼, 주먹꾼, 무능력자 따위가 되어 옆에 있다. 그리고 부부의 결혼생활이 순탄치 않으며 생사이별하는 등으로 해로하기 어렵다.

〈2014.8〉

08

남편복 없는 여인 무관여인

어느 여자인들 백마 타고 오는 남자를 기다리지 않는 자가 있겠으며, 어느 여자인들 영화처럼 혹은 드라마처럼 달콤하고 아름답고 낭만적인 사랑을 꿈꾸지 않는 자가 있을까? 이런 호사와 사치와 과분의 욕심은 부리지 않겠지만 그저 평범한 생활인으로서 속 썩이지 않고 좋은 남편 좋은 아버지가 되어 줄 남자를 만나 보통여자로 살아 보았으면…하고 '소박한 꿈'을 꾸는 여자들이 더 많은 세상이다.

이런 '소박한 꿈'을 이루고자 한 남자를 만나 가정을 꾸렸건만 살아 보니 남편복이 지지리도 없는, 팔자 사나운 아줌마 신세가 되고 만 여인들을 만나면 안타깝기 그지없다. 남편복 없는 여인들의 팔자 유형은 다양하다. 그중 하나가 무관사주이다. 여자의 경우 사주에 남자(남편)가 없으면 무관사주라고 한다. 무관사주 여인들의 삶을 추적해보자.

40대 초반의 여인13은 남편 문제로 괴롭다. 남편이 하루 이틀도 아니고, 한두 달도 아니고, 일이 년도 아니고, 10년 넘게 바람을 피워대기 때문이다. 남편과 불륜을 저지르는 여자를 알고 있지만 본디 심약하고 소심한 성격이라 불륜녀의 머리채를 잡아 흔들어댈 용기도 없고, 남편을 들들 볶아대거나 그 면상을 손톱으로 긁어댈 용기도 없고, 두 사람을 간통죄로 고소할 용기는 더더욱 없는지라 가슴만 새카맣게 태우며 참아왔다. 왜 이럴까? 이 여인은 무관사주를 타고났다.

역시 40대 초반의 여인14은 이혼녀이다. 20대 초에 결혼했으나 남편의 의처증이 심했다. 남편과 함께 유통업을 운영했던 여인은 예의와 친절로서 남자 고객에게 음료수를 대접했을 뿐인데도 남편은 아내를 의심했다. 이런 의처증이 극심하여 결국 이혼했다. 이후 남자들과 접촉이 은밀히 이루어지는 곳에서 일한다. 이 여인의 사주엔 남자(남편)가 없다.

40대 후반의 여인15도 이혼녀이다. 22세 때 만난 남자와 23세에 결혼했다. 슬하에 아이 둘을 두고 단란한 가정을 꾸리며 산다는 행복감에 젖어 살았다. 하지만 언제부턴가 남편의 행동거지에 수상한 낌새가 느껴졌고, 뒤를 밟아보니 남편은 아내 몰래 딴살림을 차리고 있었다. 부부싸움 끝에 남편은 소가로 가버렸다. 남편과는 별거 상태로 지내다 결국 45세에 이혼했다. 남편이 별거 중에는 보내주던 생활비를 이혼 후에는 끊어버려 아이들과 사는 게 고달프다. 그 한 원인이 무관사주에 있다.

50대 초반의 여인16은 얼굴이 초췌하고 옷차림도 초라했다. 힘이라곤 하나도 없어서 불면 날아갈 듯하였다. 배움도 적고 별다른 기술도 없어서 식당 허드렛일을 하면서 혼자 살아간다고 했다. 배우자 운이 오던 때인 24세에 결혼해 살아보니 남편이 노름에 빠져 헤어나지를 못했다. 가정을 좀 돌보라고 잔소리하면 폭력으로 응답했다. 결국 36세 때 딸 둘을 남겨두고 집을 나왔다. 이후 홀로 지내는 동안 남자의 접근이 있었으나 하나같이 믿을 수 없는 사내들이었다. 그녀는 무관사주의 인생이다.

50대 중반의 여인17은 미모가 빼어나다. 20대 초에 부모가 권유하는 남자와 결혼했다. 미모의 아내를 둔 남자의 멍에일까, 남편은 의처증이 극심했다. 아내가 시장에 가는 것조차 막았다. 바깥출입은 아예 말고 그저 집안에 있기만을 강요했다. 어쩌다 외출이라도 하고 온 날에는 손찌검을 넘어 쇠방망이로 구타했다. 이 여인은 결국 30대 후반에 집을 뛰쳐나오면서 결혼생활에 종지부를 찍었다. 이후 유흥업소를 운영하면서 두 남자를 만났으나 한 남자는 그의 친구에게로 가버리고, 한 남자는 그의 종업원에게로 가버렸다. 이게 다 무관사주의 운명이었으니 어쩌랴. 그래도 이 여인은 마음 맞고 뜻 맞는 남자와 재혼하는 '소박한 꿈'을 아직도 꾸고 있다. 참 다행스럽게도 그런 운이 2014년부터 그에게 오고 있었다. 덩달아 기분이 좋았다.

위 다섯 여인의 남편복 없는 원인을 무관사주의 관점에서 살펴봤다. 위 여인들은 무관의 문제만 아니라 다른 문제점도 지니고 있어서 남편복이 없다. 다시 말해 남편복이 없는 게 오로지 무관사주 탓만은 아니라는 것이다.

"진작 팔자를 알고 잘 대처했더라면 불행을 줄일 수 있었을 텐데…"

"미리 궁합을 잘 보고 결혼했더라면 파란곡절이 적었을 텐데…"

상담을 마치고나면 늘 드는 생각이다. 〈2013.6〉

09

남자 없는 여자의 길

앞의 「남자 없는 여자」와 「남편복 없는 여인」이란 글을 통해 무관사주로 태어난 여자의 남자복이 어떻게 나쁜지를 살펴봤다. 복습하는 마음으로 무관사주의 문제를 정리해보자.

여자 사주에서 남자(남편)에 해당하는 코드는 관성이다. 사주에 이 관성이 없으면 무관사주라고 한다. 남자복이 없는 사주의 하나가 무관사주이다. 무관사주는 첫째 남자 인연이 잘 닿지 않는다. 어쩌다 인연이 닿아도 오래가기 어렵고 헤어지기 쉬워서 결혼이 늦어진다. 둘째 어딘가 흠결이 있고 문제가 있는 나쁜 인연을 만나기 십상이다. 셋째 결혼 후에도 남편이 무능·음주·도박·폭행·바람·건강악화 등의 어떤 문제로든 나를 힘들게 한다. 따라서 부부 해로와 일부종사가 어렵다. 넷째 본인 스스로 정조 관념이 희박하다. 남편복 없는 팔자에 남편 아닌 남자를 찾다보니 그럴 수 있다. 자살골을 넣어 가정파탄을 부르는 꼴이다. 이 넷째 문제점은 「남자 없는 여자」란 글에선 언급 않았지만 남녀 누구나 명심해야 할 사안이다.

자, 그러면 무관사주의 처녀는 어떻게 해야 시집을 갈 수 있고, 어떻게 해야 좋은 동반자를 만날 수 있는가?

첫째, 기회를 잘 잡아야 한다. 인연운(남자운)이 좋게 오는 때를 포착, 백방으로 노력해서 남자를 찾아야 한다. 그때가 언제이냐는 답은 사주 속에 있다.

둘째, 남자를 보는 눈높이를 낮춰야 한다. 제 아무리 인물·학벌·직장·경제력·집안이 좋아도 무관하면 좋은 배우자를 만나기 어렵다. 행복한 결혼도 보장 받을 수 없다. 먼저 "아, 나는 무관녀이므로 백마를 탄 왕자는 오지 않는구나."하고 자기 팔자를 인정한 다음, 눈을 낮추고 배우자 선정 조건을 완화하여 짝을 찾아야 한다.

셋째 타고난 복과 오는 운이 좋으면서 자기와 음양오행이 조화를 이루는 남자를 배우자로 선정해야 한다. 이를 위해선 궁합을 봐야 한다. 궁합은 불행을 최소화하고 행복을 최대화할 수 있는 장치이다.

위 사항은 미혼 여성을 위한 길잡이지만 무관사주로서 초혼에 실패한 후 다시 인연을 찾는 이혼여성에게도 해당하므로 참고해야겠다. 무관사주라도 위와 같이 노력하면 팔자를 고칠 수 있다. 무관사주로서 겪게 마련인 위의 네 가지 문제를 피해가거나 최소화할 수 있다.

희망을 갖자. 무관사주의 여자뿐만 아니다. 남편과 갈등·불화로 이별하는 팔자의 여자이거나, 남편과 사이는 좋은데도 사별하는 팔자의 여자이거나, 일부종사가 어려워 재혼·삼혼하는 팔자의 여자이거나, 흔히 말하는 과부팔자의 여자라도 먼저 나의 팔자 꼴을 알고, 나와 상호 보완 관계를 이루는 팔자 꼴을 한 남자를 궁합으로 만나서 결혼하면, 타고난 문제점을 억제하거나 최소화할 수 있다.

사주팔자에 있는 병은 궁합으로 고칠 수 있다. 이게 명리학의 활인술이다. 〈2014.8〉

10

당신의 남편은 어떤 꼴로 앉아 있나요?

"여자에게 중요한 복은 무엇입니까?"

라고 질문을 던지면 남자나 여자나 대개 이렇게 답할 것이다.

"남편복과 자식복이죠."

그렇다. 이것이 일반적이고 보편적인 가치관에 기초한 여자의 행복론이다. 그러면 남편복과 자식복 중에서 더 중요한 복은 무엇일까? 여기서 답변이 달리 나올 수도 있겠으나 먼저 남편이 있어야 자식이 생기는 이치이므로 의당히 남편복이 더 중요하며 우선한다. 그러므로 여자에게 가장 중요한 복은 남편복이 된다. 여자의 사주에서 남편복의 길흉은 관성의 형상 및 동태로 살펴볼 수 있다. 여자의 사주에서 관성은 배우자(남자)에 해당하는 코드이다. 이 관성은 다시 정관과 편관으로 나뉜다. 정관은 본남편이요 편관은 외간 남자이다. 이 정관과 편관의 형상 및 동태로 남편복이 어떠한지를 보자. 먼저 남편복이 좋은 경우다.

첫째 정관이 한 개 있되 이를 도와주는 재성(남편의 뿌리에 해당하며 관성을 돕는 코드)이 자리하여 아름다운 모습으로 있으면 남편복이 좋다. 훌륭한 남편을 만나 행복하게 살아간다. 둘째 정관은 없고 편관이 한 개 있되 재성의 도움을 받아 아름다운 모습으로 존재하면 역시 현량한 남편을 만나 부귀영화를 누린다. 이 때 편관은 외간 남자가 아니라 본남편이 된다. 이렇게 정관이든 편관이든 한 개가 있으면서 아름다운 자태로 군림하면 남편복이 최고로 좋은 여자이다. 다음으로 남편복이 나쁜 사주를 보자.

첫째 무관사주다. 무관이란 관성이 없다는 말이니 무관사주는 남자(남편) 없는 사주다. 무관한 여자는 배우자 인연이 잘 닿지 않고, 어찌 닿아도 어딘가 결함이 있는 사람을 만나거나 인연이 오래가지 않고, 설령 결혼을 해도 순탄한 혼인생활을 영위할 수 없다.

둘째 관살혼잡 사주다. 관살혼잡이란 정관과 편관(편관을 칠살 혹은 살이라고도 한다)이 섞여서 난잡하다는 뜻이다. 본남편과 외간 남자가 뒤죽박죽으로 뒤섞여 있으니 내가 본남편 외의 외간 남자와 놀아날 수도 있고, 남편이 딴 여자와 바람을 피울 수 있다는 암시를 준다.

셋째 명암부집한 사주다. 명암부집이란 명명백백한 본서방(명부)과 보이지 않게 존재하는 서방(암부)이 집합해 있다는 뜻이다. 이혼·재혼 등으로 일부종사가 어렵다는 전망을 보여 준다.

넷째 신태강 사주다. 신태강이란 내 자신이 매우 강하다는 뜻이다. 내가 너무 강하면 관성(남편)의 뿌리인 재성을 잘라버려 남편은 뿌리 잘린 나무 꼴이 되니 부부해로 불가다.

다섯째 재성 태과 사주다. 재성이 지나치게 많아 관성을 과잉보호하는 형국이므로 남편에 대한 집착심이 지나친 나머지 의부증을 부르거나, 배우자가 무력해진 나머지 먼저 떠나가는 등으로 결혼생활에 파탄을 내는 조짐을 준다.

여섯째 식상 태과 사주다. 식상이란 식신과 상관을 합한 말로 관성을 잡아먹는 코드다. 식상이 지나치게 많아서 관성을 통째로 잡아먹는 사주인즉 남편을 잡아먹는 여자이다. 흔히 말하는 과부팔자다.

일곱째 인성 태과 사주다. 인성은 관성의 힘을 **빼는** 코드인데 이것이 과도하게 많아 관성이 무력한즉 남편이 쇠약해져 죽는다는 암시를 준다. 이 또한 과부팔자다.

여자! 그대의 관성은 어떤 모습으로 존재하나요? 당신의 남편은 어떤 꼴로 앉아 있나요?

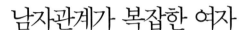

11

남자관계가 복잡한 여자

남자가 신붓감을 고를 때 조심해야 할 여자의 한 유형은 '남자가 많은 여자'와 '남자관계가 복잡한 여자'이다. '남자가 많은 여자'란 사주에 남편에 해당하는 코드인 정관이나 편관이 많은 여자이다. 정관은 본남편, 편관은 애인이다. 사주에 정관이 없고 편관만 있으면 이 편관이 본남편이다. 편관이나 정관이 3개 이상으로 많으면 '남자가 많은 여자'이고, 정관과 편관이 섞여 있으면 '남자관계가 복잡한 여자' 곧 '관살혼잡한 여자'이다.

남자가 많든 관살혼잡하든 남편복이 나쁜 건 다 같지만 그 정도가 극심하고, 남자들이 기피해야 할 사유가 훨씬 많은 관살혼잡한 여자의 문제점을 살펴보자. 먼저 그 내심은 거칠다. 남편을 존중하는 마음이 부족하다. 우습게 여기기도 한다. 남편의 발전을 저해한다. 남편이 무능·바람·음주·도박·폭행 등으로 아내를 힘들게 한다고 생각하지만 따져보면 아내인 자신이 그런 스트레스 상황을 유발하기 십상이다. 접근하는 남자가 많아서 유혹에 빠질 수도 있고, 정조관념이 부족하여 스스로 다른 남자에게 정을 줄 수도 있다. 부부해로와 일부종사가 어렵고 부부인연이 바뀔 소지가 많다.

남편의 정신적·육체적 스트레스에 시달리다 이혼한 여자, 남편과 사별한 여자, 본남편을 두고 몰래 바람을 피우는 여자, 남편을 버리고 다른 남자의 품으로 간 여자, 후처가 되거나 애첩이 된 여자, 유흥업소에 종사하는 여자, 혼자서 궁핍하고 남루하게 사는 여자 등은 거의 관살혼잡한 여자의 부류에 속해 있음을 봐왔다. 그 예를 보자.

50대의 여자[18]는 관살혼잡한 여자다. 학창시절 '노는 학생'이었다. 그렇게 놀다 한 남자와 사랑에 빠졌고 동거생활을 했다. 나중에 알고 보니 유부남이었다. 부인이 나타나 그녀의 머리를 쥐어뜯고 남자를 찾아갔다. 이후 그녀는 결혼도 못한 채 혼자 힘겹게 살아간다.

40대 중반 여인[19]은 사업가이다. 20대 초부터 사업을 시작해 20대 후반에 결혼을 하고 결혼 후에도 사업을 계속해 큰돈을 벌었다. 그 돈을 남편에게 주었으나 남편은 도박과 음주를 일삼고 이를 말리는 아내한테 폭행을 가했다. 결국 5년 전 이혼했다. 그녀는 관살혼잡한 여인이다.

50대 후반의 여인[20]은 결혼도 하지 않은 채 유흥업소를 50대까지 운영했었다. 40대 때 사귄 남자는 몸과 돈을 빼앗고 가버렸고 10년 전 만나 살던 남자는 골골하더니 먼저 가버렸다. 정식혼례는 못 올린 채 두 번의 사실혼 생활은 했으나 파멸로 끝난 그녀는 관살혼잡한 여인이다.

40대 중반 여인[21]도 관살혼잡한 팔자다. 남편은 사업 핑계로 늘 늦게 귀가했다. 딴방을 쓰며 부부관계도 거부했다. 수상해 뒤를 캐니 다른 여자와 놀아나고 있었다.

이상은 여자들이 털어놓은 이야기로서 모든 귀책사유가 남자에게 있다. 하지만 처지를 바꾸어 남자 쪽에서 보면 분명히 여자한테도 문제가 많다. 남편을 배려하고 받들기는커녕 무시하거나, 가정을 소홀히 하고 시부모와 잘 지내지 못해서 남편이 밖으로 나돌게 만들거나, 남편의 음주와 바람과 폭력을 부르는 언행을 하거나, 의처증을 부를 만한 행동을 하는 등등의 문제를 관살혼잡한 여자는 내포하고 있다. 한편 위의 여자들은 본래 관살혼잡한 사주로, 남자복이 나쁜 운명으로 타고났으므로 나쁜 남자를 만나서 불행한 결혼생활을 할 수밖에 없게 되었다고 자기성찰을 해야 한다. 남편 탓을 하기 전에 먼저 내 팔자 탓을 하는 게 옳다.

총각들이여. 관살혼잡한 여자는 좋은 신붓감이 아니니 피하라. 남편복이 나쁜 여자와 사는 남자는 나쁜 남자가 되기 마련이다. 과부팔자의 여자와 사는 남자는 자기가 죽기 마련이고, 홀아비팔자의 남자와 사는 여자는 자기가 죽기 마련인 이치와 같다. 근주자적 근묵자묵近朱者赤 近墨者黑이라 했다.

그러면 관살혼잡한 여자는 어쩌란 말이냐? 좋은 남자를 만나기란 모래밭에서 바늘 찾기만큼이나 어려우니 혼자 사는 게 좋겠다. 나쁜 남자를 만나 불행한 결혼생활을 하지 않으려면 혼자 사는 게 좋겠다. 그런데 관살혼잡한 여자는 남자 생각이 나서 혼자 살기 어려운데 어쩌나? 백 번이든 천 번이든 궁합을 봐서 본인과 성격이 맞고 음양오행이 조화롭고 합이 맞는 남자와 결혼하라. 그리고 결혼 후에는 남편을 공경하고, 언행을 조신하게 하고, 남자를 조심하라. 아니. 어릴 적부터 교육과 수양을 통해 품행을 바르게 하는 노력을 하라.〈2012.12〉

12

남자관계가 복잡해지는 때

2011년 성탄절을 며칠 앞 둔 날, 40대 중반의 주부22가 전화를 해왔다.

"올해 난데없이 다른 남자가 자꾸 유혹을 해왔어요. 그런데 싫지 않고 끌렸어요. 남편이 애를 먹이는 것도 아니고 남편이 싫은 것도 아닌데… 아무래도 제가 바람날 것 같아요. 왜 이렇죠?"

남편을 두고 은근슬쩍 다른 남자를 만나는 행동이, 그 남자에게 슬슬 마음을 주고 끌려가는 행동이 죄악을 짓는 일이라는 죄의식에 사로잡혀, 평소 열심히 믿던 종교도 그만 뒀다고 했다. 종교 생활은 중단하면서도 그 남자에게 빨려 들어가는 마음은 왜 중단시키지 못할까? 남편과의 사이가 나쁜 것도 아닌데 유부녀가 왜 갑자기 바람이 났을까?

"저는 양력으로 1965년 12월…"

그녀는 자발로 생년월일시를 불러 주었다. 그 명조를 살펴보니 바람난 이유가 보였다. 전화 상담을 하려면 어떻게 해야 하는지를 설명해주고, 그녀가 정식으로 신청을 하면

"어머니는 본디 현모양처 사주로 태어나셨네요. 남편을 도와 출세시키는 내조의 여왕이 될 수도 있어요. 그런데…"

이렇게 서두를 꺼내서 상담을 해주려 했는데, 그녀는 뚝! 전화를 끊었다.

그랬다. 그녀는 본래 현모양처 형이다. 본남편 코드인 정관 2개가 아름다운 모습으로 사주에 자리하고 있다. 남편을 잘 내조하고 남편의 사랑도 듬뿍 받는다. 그런데 바야흐로 2011년에 접어들자 애인 코드인 편관(살)이 운에서 나타났다. 본남편이 있는 안방에 애인이 몰래 숨어든 형국이다. 관살혼잡한 상황이 오면 남자관계가 복잡해진다. 외간 남자가 유혹의 마수를 뻗치고, 그녀는 그 마수에게 심장을 내주고 싶은 욕망이 생긴 것이다.

그녀가 만약 36세와 37세 때 자녀를 키우느라 집에 있었으면 몰라도 그렇지 않고 남자와의 접촉이 많은 곳에서 활동하고 있었다면 이 시기에도 바람이 났을 것이다. 이 기간도 남자관계가 복잡해진 때였기에 하는 말이다.

40대 초반의 주부**23**는 현재 양다리 상태다. 3년 전 딴 남자를 만나 사귀는 동시에 평소 사이가 좋지 않던 남편과는 별거에 들어갔다. 이 주부는 본디 관살혼잡한 여자이니 남편복 없고 남편덕 없고 남편과 화목할 수 없으며 외간 남자와 놀아날 소지를 안고 있다. 이런 판에 2012년 관살혼잡 상태가 가중되는 때를 만나니 딴 남자와의 사랑에 빠질 수밖에 더 있는가.

60대 중반의 여인**24**은 세 번째로 결혼할 짝을 찾고 있다. 첫 남편은 술과 폭력으로 사람을 못살게 굴었다. 그와 헤어진 후 만난 둘째 남편도 술주정과 폭언과 폭력으로 가정을 지옥으로 만들고 의처증 증세를 보였다. 그 횡포를 감당하지 못해 10년 전 집을 나왔고 올해 4월 이혼했다. 그런데 올 들어 접근해 온 남자가 생겼다. 그는 돈이 없어 보여 그보다 더 좋은 남자를 물색해 결혼할 생각이다. 그녀가 두 번 결혼에 실패하고도 올해 또 남자를 찾는 건 왜일까? 그녀는 본디 관살혼잡한 명을 타고난 데다 올해부터 시작되는 10년 대운에 편관이 와서 남자관계가 복잡해진 탓이다. 슬슬 남자 생각이 난 때문이다. 성격이 맞고 음양이 조화로운 남자를 만나지 않는 한 그녀의 세 번째 결혼도 실패할 확률은 90%다.

　기혼 여성들은 남자관계가 복잡해지는 때, 관살이 혼잡해지는 때를 조심해야 한다. 이때는 현숙한 여인도 바람나기 쉽고, 나쁜 남자를 만나기 쉽고, 자칫 남자한테 몸과 마음을 다 뺏기기 쉽고, 그로 인해 큰 망신을 당하기 쉽기 때문에 하는 말이다. 〈2015.12〉

13

남자관계가 깨끗해질 때

관살혼잡한 여자에 관한 글을 필자의 블로그에 올려놓고 지내다 며칠 전 처음으로, 블로그에 올라온 댓글을 읽어 보았다. 두 명의 방문자가 다음과 같이 이의를 제기하였다.

여자 A: 전 사주에 정관 한 개 편관 두 개가 있지만, 지금 남편 만날 때까지 순결했고 남자들이랑 놀아 본 적도 없고 남자한테 별 관심도 없네요. 성격적으로 결벽증이라 아예 남자와 섞일 일도 안 만드는데 관살혼잡이라고 님 같이 색안경 끼고 보면 진짜 기분 더러울 거 같네요. 그리고 제 친구 하나도 관살혼잡으로서 서른 후반인데도 아직 남자 손 한 번 못 잡아 본 순진한 노처녀인데 맞는가요?

여자 B: 내가 관살혼잡이라고 하기에 검색해봤더니 어이없네. 여자가 관살혼잡이면 음흉하고 순결하지 못하고 그러냐? 나는 남자 많은 곳에 노출된 적은 많았어도 한두 명하고만 친하게 동행한다. 남자는 한 남자에만 빠져 살고 바람도 안 핀다. 새 남자 좋아지면 그냥 헤어지고 새 남자한테 빠져서 그 남자한테 바로 간다.

이에 대해 공개 답변을 한다.

첫째 두 방문자의 생년월일시를 알 수 없는 바 사주 분석을 똑바로 했는지 알고 싶다. 지지장간을 어떻게 보느냐에 따라 사주가 달라지기 때문이다. 하지만 사주를 올바로 분석해 관살혼잡이 맞다고 치고 답변을 이어간다.

둘째 두 사람은 아직 인생을 다 살아보지 않은 상황에서 관살혼잡이 아니라고 단언하는 것은 속단이다. 관살혼잡 증세는 운의 흐름에 따라 나타나기도 하고 안 나타나기도 하기 때문이다.

셋째 B는 양다리를 걸치진 않지만 남자와의 접촉이 많은 것을 보면 관살혼잡 증세이다.

넷째 관살혼잡으로서 서른 후반인데도 남자 손 잡아본 적 없다는 말도 맞다. 사주에 남자 코드가 많은데도 오히려 남자가 없는 여자도 있다. 이는 대개 남자를 고르다 세월을 보내는 경우다. '풍요 속의 빈곤'이다.

다섯째 성장환경이나 교육환경에 따라 사주는 좋아지기도 하고 나빠지기도 한다. 관살혼잡 사주라도 가정교육·학교교육·자기수양을 통해 도덕심과 윤리의식이 굳세고 정신무장이 잘 되었다면 관살혼잡의 나쁜 증세가 억제돼 안 나타날 수 있으며, 한편 이와 반대인 환경에서 자랐다면 화류계로 빠지거나 음란한 삶을 살 수도 있다. 환경은 사주 운세에 영향을 미친다.

여섯째 관살혼잡이라도 합과 극설의 작용으로 거살유관(살이 없어지고 관이 남음) 혹은 거관유살(관이 없어지고 살이 남음)이 되어 혼잡이 풀려서 사주가 맑아지면 흉해가 발생하지 않는다.

사주팔자는 천변만화하므로 그 변화를 잘 읽어야 한다.

14

남편복도 없고 자식복도 없고

"아이고, 시커멓게 탄 내 속을 누가 알까?"

한 여인25이 넋두리를 한다.

"얼굴에 귀티와 부티가 흘러서 다복해 보이는데 웬 걱정입니까?"

"겉은 멀쩡해 보이지만 속이 편해야지요. 젊어선 남편이 애를 먹이더니 늘그막엔 자식들이 속을 썩이네요. 난 남편복도 없고 자식복도 없는 팔자인가 봐요."

60을 바라보는 지금까지 생활전선에 나서고 있다는 여인은 한탄을 털어놓았다. 65세까지 정년이 보장되는 직장에 다니는 남편이 있지만 왕년에 바람을 피웠단다. 몰래 딴살림을 차리느라 빚을 내고 도박에도 손을 대는 바람에 가계에 적잖은 채무를 남겼다. 이 채무를 갚으려고 이 여인은 40대 초반에 생활전선에 나섰다. 그렇게 해서 50대에 들자 남편이 제 자리로 돌아오고 가정은 안정을 찾았다.

그런데 이제는 자식들이 속을 썩인다. 고교 졸업 후 이내 결혼한 이 여인에겐 남매가 있다. 이 자식들이 30대 후반에 이르도록 아무도 혼인을 하지 않은 것이 가장 큰 걱정이다. 진작부터 결혼은 안 하고 독신으로 살겠다던 딸은 아예 집을 나가 혼자 산다. 짝을 맺지 않고 홀로 사는 딸을 바라보는 어머니의 마음은 여간 안타깝지 않다. 아들은 자기 사업을 하겠다고 해서 두 번이나 자금을 대 주었건만 번번이 실패를 거듭했다. 게다가 차를 몰다 교통사고를 내서 벌금을 물어준 적도 한두 번이 아니다. 제때에 장가라도 가서 떡두꺼비 같은 손자라도 안겨 주면 손자 보는 재미에 빠져 이런 시름 저런 걱정을 잊으련만 명함을 내밀 만한 직장도 없어 사귀는 여자조차 없으니 어머니로선 속에 천불이 날 지경이다.

과연 이 여인이 타고난 복분이 그러할까? 사주를 살펴보자. 그에겐 남편 코드가 없다. 이른바 무관사주이니 시집가기 어렵거나 좋은 남편 을 만나기는 어렵다. 다행히 배우자운이 와서 결혼은 했다. 그런데 배 우자궁이 깨어진 충 상태다. 그래서 남편이 외도하고 노름을 해대서 부 부는 불화했다. 팔자대로다.

그에게 자식 코드인 식상이 존재하니 자식 인연은 있다. 그러나 식상 이 깨어진 상태(충)이니 훌륭한 자식을 얻기가 어렵고, 자식궁이 꽝(공망) 이 되었으니 자식덕 볼 일은 없다. 아닌 게 아니라 40을 바라보는 남매 가 직업도 없이 반려자도 없이 부모 집에 얹혀살고 있다.

특히 뚜렷한 직업조차 없는 아들26 뒷바라지에 허리가 휘니 팔자 그 대로다. 뿐이랴. 딸27은 과부팔자를 타고났고 아들도 배우자와 생사이 별할 가능성 높은 사주이니 이 여인의 걱정은 평생 끊임이 없어 보였다. 그래서 팔자 도망은 못 간다고 했던가.

15

재클린의 바람기

　미국 제 35대 대통령 존 F 케네디의 부인이었던 재클린의 혼외 관계가 화제다. 재클린이 세상을 떠난 지 10년째인 2014년 6월에 나온 재클린 전기에 따르면 그의 남성 편력은 호화찬란(?)하다.

　재클린은 타고난 끼가 많았던 모양이다. 18세 나이에 사교계에 데뷔하면서부터 남자들과 연애에 관심을 쏟았는데 프랑스 유학 시절에는 유명 소설가 앙드레 말로 등 저명인사와 데이트를 즐겼다고 한다. 재클린은 1953년 존 F 케네디와 결혼했다. 하지만 남편의 숱한 외도로 마음의 상처가 컸다. 남편에게 복수한다는 심정으로 당시 할리우드의 스타 배우였던 홀든과 일주일 동안 밀월여행을 떠났다.

　그의 남성 편력은 영부인이 된 후에도 이어졌다. 재클린은 대통령 부인이 된 후인 1962년에는 자동차회사 피아트의 창업자인 지아니 아그넬리와 이탈리아 남부로 휴가를 떠났다. 그리고 1963년 남편을 암살로 잃은 후에는 시동생 두 명(로버트 케네디 및 테드 케네디)과 사랑에 빠졌고 배우 말론 브랜도, 그레고리 펙, 워런 비티, 폴 뉴먼, 가수 프랭크 시내트라 등과도 연애를 즐겼다.

　그리고 남편을 여읜 지 5년 후에는 그리스의 선박왕 오나시스와 재혼을 했다. 하지만 재혼 생활은 행복하지 못했다. 그러나 다행일까? 이혼소송을 밟던 중 오나시스가 사망하면서 어마어마한 유산을 물려받았다. 한국인의 시각으로 재클린의 행실을 볼 때, 이쯤 되면 막 가는 여자이다. 결혼 전에 자유롭게 연애를 즐긴 것은 그렇다 치더라도 결혼 후에 남편의 바람에 보복한다는 명목으로 맞바람을 피웠고, 퍼스트레이디가 되어서도 부자와 밀월여행을 가는 등으로 맞바람을 피웠다. 그리고 남편을 사별한 후에는 기다렸다는 듯이 남도 아닌 시동생 두 명과 동시에 놀아났으니 막장 드라마도 이런 막장 드라마는 없다.

우아하고 기품이 있는 모습의 퍼스트레이디로서 미국인은 물론 세계인의 사랑을 받았던 재클린에겐 왜 이다지도 남자가 많았을까? 그리고 어찌하여 남편을 두 번이나 먼저 저 세상으로 보냈을까? 그 사주가 어떤 꼴인지를 유추해보자.

재클린은 관살혼잡한 여자일 수 있다. 관은 정관의 줄임말로 여자 사주에서 정관이란 본남편이요, 살은 편관의 다른 말로 여자 사주에서 편관은 기둥서방에 해당한다. 본남편과 기둥서방이 섞여 있으니 음란하다.

여기에다 음탕하고 색정을 밝힌다는 도화살이 있으면 음란은 극에 달한다. 특히 도화살이 역마살과 함께 있으면 상대를 가리지 않고 아무 남자와 놀아나며 부끄러운 줄 모른다. 그리고 허영심이 많고 끼가 많다는 홍염살, 남편이 바람을 피워서 고독하다는 고란살, 사치와 색정을 즐긴다는 목욕성이 있는 사주일 수도 있다.

관살혼잡이 아니면 金일생으로서 식신 혹은 상관이 지나치게 많은 사주(물이 많은 사주)일 수도 있다. 식신과 상관이 많으면 성욕이 강하며, 물이 많으면 정력이 강하여 남자를 잡아먹는다. 그리고 서방이 죽으면 돈이 들어오기도 한다. 수많은 남자와 놀아났고 오나시스가 죽자 거금의 유산을 받은 점에서 볼 때 그렇다.

　남자가 배우잣감을 고를 때 이런 사주의 여자는 피해야 한다. 미모에 혹하지 말고. 〈2014.6〉

16

여자 없는 남자 _{무재남자}

'남자 없는 여자'와 대조를 이루는 사주의 유형이 '여자 없는 남자'이다. 남자 사주에서 여자(아내)는 재성이다. 남자의 사주에 재성이 없으면 무재사주라고 한다.

남자 사주에 재성이 없으면 여자 인연이 잘 생기지 않는다. 인물이 좋고 키도 훤칠하여 호감형의 남자인데도 여자가 잘 생기지 않는다. 어쩌다 여자가 생겼다 해도 그 인연이 지속되기 어렵다. 그리하여 연애할 기회가 적으니 청춘이 외롭고 고독하다. 그리고 결혼해야 할 때가 와서 백방으로 노력한 끝에 여자를 얻는다 해도 좋은 조건을 갖춘 여자를 배우자로 맞이하기 어렵다. 어딘가 흠결이 있고 무언가 부족한 여자를 아내로 삼기 쉽다. 천신만고 끝에 아내를 얻어 살아보면 결혼생활이 아름답지 못하다. 부부 갈등과 불화를 겪으며 살거나 끝내 별거·이혼 등 파국의 길로 접어들기도 한다.

43세의 남자 갑²⁸은 노총각 중의 노총각이다. 딸 부잣집의 막내아들이요 외동아들이니 부모의 사랑이 지극하고 누나들의 관심도 유별났다. 20대 때 한 여자를 만나 동거에 들어갔다. 그리곤 이 여자와 결혼하겠으니 허락해 달라고 부모에게 부탁했다. 부모들이 놀라 자빠졌다. 자기 아들은 탓하지 않고 그 여자를 나쁘게 보았다. 어른들의 허락 없이 남자와 동거를 하는 여자이니 행실이 바르지 않다고 판단, 결혼을 절대 반대하였다. 그리고 억지로 둘의 관계를 끊었다. 그러자 그는 앞으로 결혼하지 않고 혼자 살겠다고 반항했다. 그런 가운데 부모가 소개한 다른 여자와 결혼을 약속하고 날까지 잡았으나 그가 막판에 싫다고 하여 파혼을 하고 말았다. 그에겐 재성이 없다.

39세의 남자 을**29**은 40을 앞둔 노총각이다. 키가 좀 작은 게 흠이지만 일류 공기업에 다닌다. 부모는 공무원 연금으로 생활하니 봉양 걱정도 없다. 하지만 여태까지 짝을 찾지 못해 부모의 걱정이 늘어졌다. 지금껏 연애를 해 본 경험도 없다. 장가를 가려고 그동안 셀 수 없이 맞선을 봤지만 허사였다. 여자 쪽에서 좋다 하면 자기가 싫다 하고 자기가 좋다 하면 여자 쪽에서 싫다 하여 성혼에 이르지 못했다. 본인은 물론 부모도 포기 상태에 이르렀다. 그에겐 재성이 없다.

38세의 노총각 병**30**은 아직도 장가를 못 간 이유를 알지 못한다. 인물은 잘 났다는 소리를 듣고, 직장은 대도시의 유수 중소기업이고, 이미 아파트를 마련해 놓았고, 언젠가는 유산으로 받을 수 있는 부모의 대규모 과수원이 인근 농촌에 있으니 어디를 내놔도 빠지지 않는 신랑감이라고 자처한다. 하지만 사귀는 여자는 없었고, 혼기를 넘기자 부모가 결혼상담소의 문을 두드렸다. 결혼상담소의 소개로 몇 년째 아가씨들을 수없이 만나고 있건만 배필을 찾지 못했다. 키가 170센티 정도로 작은 편이어서 그런가 싶어 결혼상담소에 물어보면 그건 아니란다. 그러면 도대체 왜 다가오는 여자가 없는가? 그에겐 재성이 없다.

이 같은 무재남자는 인연운(배우자운)이 좋게 오는 때를 반드시, 꼭, 놓치지 말고 잘 잡아야 한다. 그리고 궁합을 통해 본인과 음양오행이 조화를 이루는 배필을 잘 선정해야 한다. 그렇지 않으면 배우자로 인한 불행을 피할 수 없다. 위의 갑과 을은 무재에다 마누라를 잡아먹는 남자이기도 하므로 본인과 그 부모는 이 충고를 명심하고 또 명심해야 한다.

 '결혼은 해도 후회, 안 해도 후회'라는 격언은 무재남자에게 어울리는 말이다. 〈2014.8〉

17

처복 없는 남자

앞의 글 「여자 없는 남자」는 무재남자로서 여자가 생기지 않거나 생겨도 결혼에까지 이르지 못한 남자의 이야기다. 이번엔 무재남자로서 결혼은 했으나 아내의 고약한 성질, 성관계 거부, 외도, 사망 등으로 결혼생활에 금이 가거나 깨어진 경우를 보자.

40대 초반의 남자[31] A는 38세 때 늦장가를 갔다. 하지만 부부 사이에 조용한 날이 없다. 걸핏하면 부부 싸움이다. 아내는 얼마나 성격이 거친지 부부싸움을 하다 제 성질을 못 이겨 칼로 자해 소동도 곧잘 벌인다. 아내는 안하무인격이어서 시부모를 눈곱만큼도 공경할 줄을 모른다. 그의 부모가 보다 못해 이혼을 하라고 종용하는 지경에까지 이르렀다.

30대 중반의 남자[32] B는 돌싱남이다. 중매를 통해 3년 전 같은 공무원 여자와 결혼했으나 행복은 결혼 그 순간뿐이었다. 여자는 신혼여행 기간 내내 남자와의 잠자리를 거부하더니 신혼여행에서 돌아오자마자 집을 나가버렸다. 혼인신고도 않고 갈라섰으니 법적으론 총각이나 실제론 초혼에 실패한 이혼남이다.

역시 30대 중반의 남자[33] C는 돌싱남이다. 연애하던 사이인 여자와 4년 전 결혼했으나 곧바로 헤어졌다. 신혼여행에서 돌아오는 길에 사소한 일로 둘은 다투었고, 여자는 그 길로 친정에 가버렸다. 그 또한 법적으론 총각이고 실제론 이혼 전과가 있는 남자다.

50대 초반의 남자[34] D는 이혼남이다. 공무원으로서 꼬박꼬박 잘 나오는 봉급을 부인에게 맡기고 살았다. 그런데 부인은 과소비를 일삼고 엄청난 부채를 안기는 등 가정주부로서의 몫을 올바로 하지 못했다. 결국 부인과 갈라섰다.

50대 중반의 남자[35] E는 초혼에 실패한 후 재혼할 상대를 찾고 있다. 아내와는 7년 전 이혼하고 아이들 셋을 홀로 키워왔다. 이혼사유는 아내의 바람이다.

40대 중반의 남자[36] F는 마누라 없이 혼자 사는 게 힘들기도 하지만 자식 걱정에 한시도 마음이 편치 않다. 아내와는 불화 끝에 5년 전에 갈라섰고, 슬하의 남매는 먼 시골 부모댁에 맡겼는데, 아내가 아이들을 좀체 찾아보지도 않은 채 다른 남자와 사귀고 있다는 풍문을 들은 때문이다.

50대 후반의 남자[37] G는 10여 년 전 아내와 사별했다. 아내는 직장인으로서 평소 남편과도 사이좋게 지냈고 가정과 아이들을 잘 보살피던 워킹맘이었으나 객지에서 의문의 교통사고로 세상을 떠나고 말았다.

위의 일곱 남자들의 결혼생활이 아름답지 못한 공통 원인, 주 원인, 근본 원인은 무재에 있다. 그러나 이것만은 아니다. 좀 더 탐구해보면 남자 B·F는 아내를 잡아먹는 코드(비겁)를 다량 보유하고 있고, 남자 A·C·D·E는 아내를 위하는 코드(식상)를 너무 많이 갖고 있고, 남자 G는 아내의 기운을 빼는 코드(관성)를 다량 보유한 때문이기도 하다. 더하여 남자 D·F는 배우자와 불화하는 코드(충·형)를 지니고 있는 탓이기도 하다.

청춘 남자들에게 권한다. 성년에 이르면 내 처복이 어떤가를 점검해 보라. 결혼하면 부부가 함께 살 아파트를 미리 마련하는 일도 중요하지만 이보다 더 중요한 일은, 사전에 내 사주팔자 꼴을 보고 내 처복을 아는 일이다. 위의 일곱 남자들처럼 불행하지 않으려면. 〈2015. 10〉

18

여자가 많아도 내 여자는 없구나

36세의 남자 갑**38**은 결혼 적령기를 넘긴 총각이다. 국가공무원에 인물이 수려하건만 그에겐 아직 짝이 없다. 대한민국 상위 1%의 부잣집 장남에 아버지는 대학교수요 어머니는 의사인 등 경제력과 집안 위상이 탁월한데도 갑에겐 아직 아내가 없다. 명문 대학을 나오지 못한 것이 흠이라면 흠일 수 있겠으나, 자신보다 집안·학력·인물·직업 면에서 뒤떨어진 친구들이 모두 장가가서 아들딸 낳고 오순도순 사는 것을 보면 학벌은 문제가 아닌 게 분명하다. 그에게 왜 짝이 없을까?

38세의 남자 을**39**은 장남으로서 아직 미혼이다. 키가 훤칠하고 인물이 뛰어나고 좋은 대학을 나왔건만 아냇감이 없다. 뿐이랴, 부모가 마련해준 아파트도 준비돼 있고 아버지가 탄탄하게 일궈놓은 사업체를 물려받아 운영하고 있으니 경제적으로는 안정돼 있는데도 미래를 함께 할 동반자가 아직 없다. 장남이 여태껏 짝을 찾지 못하고 있으니 그 부모의 걱정은 크다. 그는 왜 짝을 얻지 못했을까?

올해 40줄에 든 남자 병**40**은 30대 초반부터 장가가기 위해 노력했으나 여전히 총각이다. 외국계 회사의 간부이며 석사학위를 받아 대학 강단에도 서는 등으로 잘나가고 있건만 짝이 없다. 키가 작거나 얼굴이 못 생기거나 하여 외모에 손색이 있는 것도 아니고, 부모의 경제력도 자식에게 손 벌리지 않을 정도인데 배필이 없다. 그는 왜 반려자를 찾지 못했을까?

남자 정**41**은 40을 넘은 지 2년째인 노총각이다. 부모가 널리 며느릿감을 구해서 여기저기서 들어온 선을 수없이 봤건만 아직도 노총각 신세를 못 면하고 있다. 신장·인물·학력·직업 등 어느 모로 봐도 크게 빠지는 게 없다. 아파트도 마련해 두었고 부모의 경제력이 좋아 나중에 받을 유산도 만만찮다. 그런데 배필은 찾지 못했다. 그는 왜 동반자를 찾지 못했을까?

남자 무**42**는 회갑을 몇 년 눈앞에 두고 있는 노총각이다. 머리가 좋아 일류 대학을 나왔고 인물과 성품도 우수하다. 직업은 공무원이니 현재도 안정적이지만 미래도 안정적이다. 그러나 배우자가 없어 옆구리가 허전하다. 결혼을 포기한 건 아니다. 제 눈에 맞는 여자가 없었을 뿐이다. 그를 가장 걱정하는 이는 팔순 노모이다. 노총각 아들이 장가가는 것을 보고 눈을 감고 싶은데 이러다간 죽어서 눈도 못 감을 판이다. 그는 왜 반쪽을 찾지 못한 것일까?

위 남자 5명은 사주에 여자가 없어서 아직 미혼일까? 다시 말해 배우자 코드인 재성이 없는 무재사주여서 그럴까? 아니다. 이들에겐 재성이 무려 3~4개로서 많다. 재성 태과 상태다. 남자는 무재이면 배우자 인연이 잘 안 닿지만 재성 태과 상태가 되어도 인연이 잘 닿지 않는다. 이 여자가 좋을까 저 여자가 좋을까 아냇감 고르다가 허송세월하는 팔자다. 사주에 여자가 많지만 내 여자는 없다. 풍요 속의 빈곤이다.

이런 남자들은 먼저 자기 팔자 꼴을 알고 눈높이를 낮춰야 한다. 요모조모 너무 따지면 안 된다. 그리고 전문가를 통해 인연운이 좋게 오는 때를 찾아 기회를 잡아야 한다. 그렇게 하지 않으면 여자 고르다가 홀아비로 늙어 죽는다. 〈2015.9〉

19

없어도 탈, 많아도 탈

계절의 여왕 오월은 찔레꽃과 장미꽃으로 상징된다. 찔레꽃은 시골 처녀 같은 꽃이고, 장미꽃은 도시처녀 같은 꽃이다. 찔레꽃은 때 묻지 않고, 꾸밈이 없고, 자기를 드러내지 않고, 하얗게 고요히 웃고, 은은히 향을 뿜고, 깨끗한 무명옷을 입고, 순종하고, 기다리고, 인내하는 꽃이다. 그 심성과 자태가 옛 시절의 시골 처녀를 꼭 닮았다. 물론 요즘 이런 시골 처녀는 없지만 찔레꽃 같은 여자를 좋아하는, 아니 그리워하는 남자는 많다. 장미꽃은 붉은 립스틱을 바르고, 거침없이 큰 웃음을 날리고, 보란 듯 뽐내며 과시하고, 고혹적인 향기를 내뿜고, 늘 화려한 차림을 하고, 도전하며 개척하고, 앞장서 나가는 정열의 꽃이다. 그 기질과 행동이 무한경쟁 속에 살아가는 도시의 여자와 흡사하다. 여자의 위세가 등등해진 세상이니 장미꽃 같은 여자를 좋아하는, 아니 찾아나서는 남자도 많다.

웬 꽃 타령인가? 지난 오월에는 유독 신붓감을 제때 얻지 못해 장가가기가 늦어진 노총각들의 사주를 여럿 보면서, 계절의 여왕인 오월이 찔레꽃도 피우고 장미꽃도 피우건만 노총각들에겐 참 무심하다는 생각을 하면서 꽃 타령을 해보았다. 그리고 이 노총각들의 배우자 복분을 보면서 '없어도 탈이요, 많아도 탈'이란 말을 떠올렸다. '없어서 탈'인 총각은 필자가 쓴 「여자 없는 남자」란 글에 나오는 남자의 유형이고, '많아서 '탈'인 총각은 필자가 쓴 「여자는 많아도 내 여자는 없구나」란 글에 나오는 남자의 유형이다. 이런 총각들은 어떻게 해야 인연을 잡을 수 있을까?

36세 남자43는 일류 대학을 나와 일류 대기업에 다닌다. 키도 크고 인물도 우월하다. 아직 마련하진 않았지만 아파트를 살 수 있을 정도의 저축도 있다. 부모는 연금 생활을 하니 부양 걱정도 없다. 부족함 없는 조건을 갖춘 남자이건만 아직 미혼이다. 부모가 걱정 끝에 몇 년 전 결혼정보회사에 의뢰해 몇몇 여자와 선을 보도록 했으나 이래서 싫다 저래서 싫다 퇴짜를 놓았다. 왜 이럴까? 그는 여자 코드(재성)가 없는 무재사주의 주인공이다. '없어서 탈'인 남자다. 그래서 여자가 잘 생기지 않을 뿐더러 원하는 조건에 맞는 여자를 찾기 어려운 상황이다. 그런데 28세부터 37세까지의 대운에 배우자운이 와 있을 뿐더러 더욱이 29세, 30세, 31세 땐 인연운이 좋게 왔는데도 잡지를 못했다. 땅을 치고 통탄할 일이다. 기회는 흐르는 물과 같다. 기회가 언제 오는가를 살펴 기다려야 하고, 기회가 오면 놓치지 말고 꽉 잡아야 한다.

겉으로 보면 총각은 한 점 모자란 구석이 없는 신랑감이지만, 명리로 보면 총각은 여자가 없는 남자로서 흠결이 분명히 존재한다. 부모는 이걸 진작에, 아들이 성년이 되는 즈음에 알았어야 했다. 대개 부모들은 너나없이 자식이 저희들끼리 연애하다 짝을 정해 집에 데려 올 것이라고 기대한다. 이 총각의 부모도 그러다 때를 놓쳤고, 혼기가 넘어서자 뒤늦게 결혼정보회사에 의뢰했고, 결혼정보회사의 주선에 따른 만남도 불발되자 왜 그런지를 명리학에 물었다. 다 늦었다. 결혼정보회사에 의뢰하는 일은 결혼 적령기에 이르러 해야 옳고, 명리학에게 배우자복을 묻는 일은 성년이 되면 바로 하는 게 옳다. 아들이 무재의 남자로서 인연이 잘 이뤄지지 않는다는 사실을 미리 알고, 그런 가운데 인연운이 아름답게 오는 때가 언제인가를 미리 알았더라면 부모는 지금쯤 손주들의 재롱을 보며 행복한 나날을 보내고 있을 게 아닌가.

37세 남자44는 일류 대학을 나와 일류 대기업에 다닌다. 이런 인연 저런 인연으로 만나는 여자가 수두룩하다. 가만히 있어도 접근하는 여자가 즐비하다. 그런데 결혼할 여자는 없다. 왜 이럴까? 그의 사주엔 여자 코드가 5개로 너무 많아서 탈이다. 풍요 속의 빈곤이다. 본인은 주체와 줏대가 약한데(신약) 여자는 너무 많이 있으니(재다) 우물쭈물하다 놓쳐버리기도 하고, 이모저모 요모조모 따지며 더 좋은 여자가 나타나기를 기다리는 스타일이다. 오늘도 내일도 여자 고르다가 노총각으로 늙어가기 십상이다.

이렇게 재다신약한 남자는 어떻게 해야 하는가? 본인의 주체와 줏대가 강해지는 시기에 배필 찾기에 적극 나서야 한다. 이런 시기엔 좋은 인연을 만날 가능성이 높고, 여자를 고르는 안목도 현명해지므로 이런 시기에 만난 여자를 배필로 선택하는 게 좋다. 다행히 올해와 내년엔 지인의 구원을 받을 수 있고 스스로도 여자 선택 능력이 왕성해지니 기회를 잡으라고 그 모친에게 알려 드렸다.

재다신약한 남자는, 상품이 산더미처럼 쌓인 가게에서 이 물건 저 물건을 이리저리 뒤적이다가 결국 하나도 사지 못하는 아주머니와 같다. 그러므로 여자가 생기면 부모·형제·친구의 조언을 들어서 신붓감을 고르는 노력을 해야 한다. 그리고 반드시 전문가를 통해 궁합을 보고 배필을 골라야 한다. 재다신약한 남자는 아내가 가권을 행사하는 것까지는 좋으나 너무 나서거나 설쳐대는 바람에 패가망신할 소지가 많은 바, 이런 폐단을 일으킬 우려가 있는 여자는 피하고 이런 폐혜를 초래하지 않을 여자를 아내로 맞이해야만 불행을 막을 수 있다. 피할 여자는 누구이고 맞이할 여자는 누구인지를 명리학 전문가들은 꿰고 있으므로 전문가들을 통해 궁합을 보고 아내를 선택하라고 강조한 것이다.

부모들이여, 노총각 아들을 장가보내지 못해 무작정 걱정만 늘어놓지 말고 왜 그런지 원인을 찾아보시라. 사주 속에 그 까닭이 있다. 그리고 아들에게 배우자 인연이 언제 오는지 찾아보시라. 사주 속에 그 때가 숨어 있다. 〈2016.6〉

20

여자 없는 남자의 선택

얼굴 생김새가 못생긴 정도가 아니라 추남에 가까운데도 미인의 아내를 얻어 잘 사는 남자, 가방끈이 짧은데도 대학 나온 여자를 아내로 삼아 잘 사는 남자, 가난한 집안에서 태어난 데다 직장도 변변치 못한데도 돈 잘 버는 여자를 아내로 맞아 잘 사는 남자. 이런 남자를 일러 처복이 좋은 남자라고 한다. 이런 남자들의 사주를 보면 처궁에 아내 코드가 참하게 앉아 있다. 여기에다 처궁이 합을 이루고 있으면 부부 사이가 다정하니 금상첨화이다. 같은 남자로서 부러워하지 않을 수 없다.

반면 사주에 아예 아내 코드가 없는 남자, 처궁에 나를 힘들게 하는 코드가 있는 남자, 처궁이 깨어져 있는 남자 등은 지지리도 처복이 없는 남자다. 이런 남자들은 배우자 인연이 좋은 시기를 흘려보내지 말고 잘 잡아야 하고, 배우잣감이 생기면 생기는 족족 궁합을 올바르게 봐서 피흉추길하는 일에 전심전력해야 한다. 이런 노력을 기울여도 나에게 맞는 배우자를 얻기란 어려운 법인데, 이런 노력마저 쏟지 않으면 그야말로 악처·빈처·병처 등 문제 있는 여자를 마누라로 얻어 불화와 갈등을 거듭하면서 평생 고생하게 된다.

33세의 총각**45**의 사주엔 아내가 없다. 아주 없는 것은 아니고 땅(지지) 속에 묻혀 있을 뿐 밖으로 드러나지 않았으니 마누라를 얻을 순 있어도 무엇인가 모자라고 흠결이 있는 여자를 아내로 맞이할 팔자이다.

총각의 아버지는 4년 전부터 아들의 배우잣감 사주를 들고 필자를 찾아와 궁합을 의뢰하였다. 필자가 꼭 붙잡으라고 한 여자는 자기가 싫다고 더 만나기를 거부하고, 필자가 퇴짜를 놓은 여자는 총각이 좋아하였다. 그리고 총각이 결혼을 염두에 두고 사귄 여자들은 모두 가정적으로도 흠이 있었다. 가령 부모 혹은 편친이 일찍 돌아갔거나 부모가 이혼을 한 등등의 결손이 있어서 부모가 반대하고 나섰다.

앞에서 말한 '필자가 퇴짜를 놓았으나 총각은 좋아하는 아가씨'에 대해 알아보자. 그녀46는 성격이 불같고, 남편을 존중하는 마음이 부족하고, 조행이 나쁘고, 일부종사하기 어렵고, 재물복이 미약하고, 난임과 난산의 우려 있으니 자식복이 나쁘고, 그 미래도 흉흉하였다. 또한 그녀와 총각은 인사신 삼형의 만남이어서 불화와 충돌을 낳을 게 뻔했다. 다만 두 사람은 음양오행이 놀랍도록 상호보완하는 관계이고 공망이 같아서 웬만해선 헤어지지 않을 관계란 점에선 좋은 만남이었다.

하지만 그녀가 타고난 본질적 단점인 성격 문제, 행실 문제, 자식문제가 향후 부부생활에 여러 가지 불행과 재앙을 발생시킬 것이란 우려 때문에, 필자는 "아들은 이 아가씨와 결혼하지 않는 게 좋습니다."라고 그 아버지에게 말했었다. 그런데 근자에 총각의 아버지가 찾아와 아들과 이 아가씨와의 결혼을 허락하기로 했다면서 택일을 의뢰해왔다.

아! 이것이 운명인가. 총각은 집안도 번듯하고 학벌도 모자람이 없고 직장도 튼튼하건만, 왜 자꾸만 문제 있는 여자를 만나고 하필이면 그 중에서도 성격과 행실과 자녀 문제를 다분히 안고 있는 이 아가씨를 아내로 택했을까? 필자가 설명하기에 앞서 총각의 아버지가 먼저 결론을 내렸다.

"우리 아이 사주에 배우자가 없으니 조건이 나쁜 여자를 아내로 삼게 되는 것이겠지요."

그 아버지는 그동안 필자가 몇 차례 이야기했던 무재남자의 운명을 수용하고 있었다.

"맞습니다. 운명으로 받아들이는 게 편합니다."

아가씨는 나쁜 조건을 구비한 최악의 신부이지만, 두 사람은 음양오행이 조화를 이루는 환상적인 만남이니, 이 조화의 기운이 발동해서 앞으로의 불행은 막고 행복을 맞이하길 빌었다. 두 사람의 결혼을 막지 못한 한계와 역부족을 한탄하면서.

21

만복이 꽝이 된 남자

"나이 40이 되도록 장가도 못 가고, 전문대를 나와서 바로 취업했는데도 벌어놓은 돈은 없고, 참 답답합니다."

올해 40대에 들어선 노총각47의 하소연이다. 그에게는 배우자 및 재물에 해당하는 코드인 재성이 있으면서 그 근원도 튼튼한데 왜 그럴까? 재성에는 두 가지가 있다. 하나는 정직한 재물 및 본처에 해당하는 정재이고, 하나는 통 큰 재물 및 애인에 해당하는 편재이다. 그에게는 정재가 없고 편재가 있으니 투자나 투기로 재산을 모으고 연애를 통해서 아내를 얻을 가능성이 많다고 볼 수 있다. 그런데 장가도 못 가고 모아 놓은 돈도 없다니? 자세히 살펴본즉 사주에 유일하게 존재하는 그 편재는 공망 상태였다.

"사주에 배우자도 있고 돈도 있긴 있는데 공망이 됐네요. 배우자가 공망 상태에 놓였으니 배우자 인연이 희박하고 처복이 없습니다. 또한 돈도 공망 상태에 빠졌으니 비록 일찍 취업을 하고 20대와 30대에 재물운이 왔어도 쌓이는 돈이 없는 겁니다. 돈 관리를 잘 해야 합니다."

"공망이 뭡니까?"

"텅 비었다는 뜻입니다. 꽝이 되었다는 말입니다."

사주는 천간과 지지로 구성된다. 천간은 간이라고도 하며 갑·을·병·정·무·기·경·신·임·계 10개이고, 지지는 지라고도 하며 자·

축·인·묘·진·사·오·미·신·유·술·해 12개이다. 그래서 10간 12지라고 한다. 이 10개의 간과 12개의 지가 짝을 이뤄 간지가 되는데, 순서대로 짝을 맞추면 2개의 지가 남는다. 짝을 이루지 못하고 남은 것을 공망이라고 한다. 간은 하늘이고 지는 땅이니 하늘과 땅이 만나 어우러져야 일이 되는데, 남은 2개의 지는 하늘이 없는 땅이니 무슨 일을 도모할 수가 없다. 이것이 공망의 신세다.

"그럼 평생 배우자복과 돈복이 없습니까?"

"행운에서 공망을 풀어주는 운이 오면 복이 살아납니다. 하지만 발복이 크지는 않습니다."

"그때가 언젭니까?"

"가까이는 올해와 2011년 내년입니다."

"그러고 보니 그러네요. 올해 중매가 들어와서 맞선을 봤습니다. 성사되지 않았지만."

"내년에도 가능성 있으니 적극 나서 보십시오. 그리고 42세부터 시작되는 10년 대운은 꽝이 된 처복과 돈복이 공망에서 풀리는 시기이니 발복할 것입니다. 배우자와 행복을 나누고 재물이 불어나는 기쁨을 누릴 것입니다."

"저는 무슨 띠의 여자와 맞습니까?"

"띠로 배우자를 찾는 일은 온당치 않습니다. 띠로 궁합을 보면 안 되지만, 단지 본인의 사주 중 연주에 있는 해※가 공망이 되었으니 이 공망을 합·충·형으로 해소해주는 인·묘·사년 생의 여자, 그러니까 범띠·토끼띠·뱀띠 여자가 도움이 됩니다. 이런 띠의 여자를 만나는 것도 필요하지만 나와 음양오행이 맞는 사주를 가진 여자를 만나는 일이 매

우 중요합니다. 본인에게 많아서 탈인 水와 木은 적으면서 본인에게 절
대 필요한 火와 土가 많은 여자를 만나면 상호보완 관계를 이뤄 잘 살
아갈 것입니다."

"그러려면 여자의 사주를 물어봐야겠네요."

"물론입니다. 그리고 배우자궁이 합을 이뤄야 금상첨화의 만남이 됩
니다."

"잘 알았습니다. 나중에 여자가 생기면 다시 오겠습니다."

"잠깐만요. 혹시 아버님을 일찍 여의지 않았습니까?"

"예. 제가 초등학교 6학년 때 아버지가 돌아가셨습니다."

아버지를 일찍 잃었다는 판단을 어떻게 할 수 있는가? 앞에서 말
한 바와 같이 연주가 공망이 되었고, 이곳에 있는 편재가 공망이 되었
기 때문이다. 연주는 부모가 위치하는 곳, 곧 부모궁이다. 부모궁이 공
망 되면 중년 이전에 양친 중 한 분과 이별한다고 추론하는데, 이 부모
궁이 공망 된 데다 이 곳에 앉아있는 아버지인 편재가 공망이 되었으니
아버지를 일찍 여의었다고 판단한 것이다.

여기서 잠깐! 아까 편재는 배우자 및 재물에 해당하는 코드라고 말
더니 편재가 아버지 코드란 건 무슨 말인가. 그렇다. 편재는 통 큰 재물
이요 애인이기도 하지만 아버지에 해당하는 코드이기도 하다. 명리학은
겨우 10개의 통변성^{通變星}(이를 십성^{十星}이라고도 한다)으로 부모·형제·배우
자 등 육친과 이 세상에서 일어나는 온갖 유형무형 천태만상의 사상·
사태·사건·사안 등을 상징하므로 하나의 통변성이 여러 가지 요소를
내포한다.

"그리고 직장을 자주 바꾸거나 직장에서의 지위가 남보다 좀 낮은 편

이 아닌가요?"

"저는 전기 기술자인데 주로 하청을 받아서 일합니다. 하청을 주는 업체가 고정적이지 않아서 자주 바뀌니 불안합니다."

"그건 직장·직위·직책과 관련된 코드인 정관이 공망 상태인 때문입니다. 정관이 꽝이 됐으니 사업이 안정적이지 못하고 흔들리는 겁니다."

그의 정관은 하나로서 편재와 함께 연주에 앉아있건만 연주가 공망이 되고 정관이 공망이 된 상태였다.

"허허. 참."

그는 허탈에 빠졌다.

"미안하지만 또 있어요. 정관은 자식에 해당하는 코드이기도 한데요. 정관이 꽝이 됐으니 자식복도 아름답지 못합니다. 장가를 못 가서 아직 자식을 두지 못한 게 정관이 꽝이 된 탓입니다."

"부모복도 꽝, 배우자복도 꽝, 돈복도 꽝, 자식복도 꽝. 제 팔자는 전신만신 꽝이네요."〈2010.12〉

22

공망은 속 빈 강정

「만복이 꽝이 된 남자」란 글에 이어서 공망 이야기를 더 해보자.

70대 중반의 남자**48**는 69세에 아들 하나를 저 세상으로 보냈다. 단장의 아픔을 왜 겪어야 했는가? 자식이 자리하는 자식궁인 시주가 공망 된 탓이다. 그는 부모의 후원이 없어서 초등학교밖에 나오지 못했고 어머니를 20대에 잃었다. 왜 부모덕이 없는가? 부모가 자리하는 부모궁이 공망 상태인 때문이다.

50대 중반 여인**49**은 28세 때 결혼했다. 결혼해서 한참 살아보니 남편은 과거가 있는 남자였다. 남편은 결혼 전 동성동본의 아가씨와 동거해 아이 둘까지 두었으나 부모의 반대로 헤어졌다. 그런데 결혼 후에도 동성동본 여인을 은밀히 만나 즐기고 있었다. 결국 그녀는 40세 때 남편과 이혼했다. 이듬해, 아내와 사별하고 자녀도 있는 남자와 재혼했다. 이 여인의 남편복은 왜 아름답지 못한가? 남편 코드인 관성이 존재는 하되 공망 상태인 탓이다.

40대 중반 여인**50**은 남편이 사업에 성공하여 돈을 잘 버는 건 좋은데 남편의 줄기찬 바람 때문에 골치가 아프다. 남편이 바람을 피워도 밖으로 드러나지 않거나 문제를 낳지 않으면 그나마 용인하련만 유부녀와 바람을 피우다 간통으로 걸려 억대의 배상금을 물어주기까지 하니 미칠 지경이다. 돈도 돈이지만 간통 사건이 외부에 알려지니 얼굴을 들고 다닐 수 없다. 이 여인은 왜 이런 바람꾼 남편을 만나 고생하는가? 그녀에게 관성이 있긴 있는데 공망이 된 탓이다.

50대 후반의 남자[51]는 3남 4녀 중 둘째 아들이다. 다른 남매와는 잘 지내는데 유독 형과는 냉전 관계에 있다. 그는 여론 주도층의 인사이며 주위 사람들부터 원만한 인격의 소유자로 알려져 있고, 그 형도 사회적으로 존경 받는 교육자이며 지명도가 높은 사람인데 왜 두 형제는 사이가 좋지 않을까? 어른 봉양 문제와 가치관 문제로 회복불능의 관계가 되었다는 것이 그의 대답이었다. 평소 그의 인격을 보건대 그런 문제로 불화할 것 같지 않아 그의 사주를 탐색해 보았다. 월주가 공망 상태였다. 월주는 형제자리인데 꽝이 되었으니 형제 중 누구와는 인연이 박약하거나 불화한다는 운명의 답을 찾을 수 있었다.

30세 초반의 아리따운 아가씨[52]는 아직 미혼이다. 초등학생 때 부모의 이혼으로 아버지와는 헤어지고 어머니와 함께 살고 있다. 아버지의 부재로 인하여 살아온 세월은 질곡의 연속이었다. 어찌하여 아버지 복이 없을까? 연주가 공망 상태였다. 부모 자리인 연주가 꽝이 되어서 부모와의 인연이 희박한 때문이다. 19세부터 이 공망이 풀린 덕분인지 다른 형제들과는 달리 간혹 아버지와 만난다고 한다. 연주의 공망이 해소되는 기간이 58세까지 이어지니 결혼식 때 아버지 참례가 가능해 보이고 결혼 후 아버지를 자주 만날 수 있을 것이란 예측이 나왔다.

이상은 공망으로 부모·남편·자식·형제복의 동향을 점검해본 감정 사례다. 공망은 있으나마나한 상태, 알맹이는 없고 허울뿐인 상태, 속 빈 강정, 무용지물을 뜻하지만 이 공망으로만 그 복을 모두 재단할 수는 없다. 〈2010.12〉

23

아내에게 기를 빼앗긴 남자

3년 전에 딸을 시집보낸 지인이 아침 일찍 전화를 해왔다.

시집간 딸이 사위와 사네 못 사네하고 있단다. 그 까닭은 사위의 무기력 때문이란다. 둘이 사귈 즈음 사위는 그 아버지가 운영하는 건설회사에서 일한다고 했으나, 막상 결혼하고 보니 말이 건설회사이지 구멍가게나 다름없고 그나마 걷어치워서 사위는 일자리가 없어졌단다. 그래서 사위는 다른 회사서 일자리를 얻었으나 조금 다니다 그만두고, 또다시 다른 곳에서 일자리를 구해서 몇 달 다니다 그만두기를 반복했다. 아기 분유 값과 기저귀 값조차 제대로 벌어주지 않으니 살림을 사는 주부로서는 속이 터져 미칠 지경이었다. 사위가 한 가정의 가장으로서의 몫, 지아비로서의 몫, 아기의 아버지로서의 몫을 제대로 하지 않으니 그 딸은 하루하루가 불안하고 미래가 암담했다. 지아비에 대한 불만과 원망이 태산처럼 쌓인 그 딸이 아이를 봐서라도 좀 꾸준히 직장에 다니라고 다그치고 잔소리를 하니 사위는 폭력을 쓰려는 기세마저 보였다. 이윽고 그 딸은 무능력하고 무책임하면서도 자기반성을 모르는 남편과 더불어 앞으로 살아갈 자신이 없다며 아이를 업고 친정으로 돌아오는 지경에 이르렀다.

먼저 30대 초반인 그 사위[53]의 사주를 보았다. 17세부터 36세까지 20년 동안에 걸쳐서 오는 대운이 재다신약 운에 놓여있는 데다 작년과 올해는 재다신약 상태가 가중되는 시기였다. 재다신약이란 재는 많고

나 자신은 약하다는 뜻이다. 남자 사주에서 재는 돈·배우자·아버지에 해당하는 코드인 재성의 준말이다. 재다신약하면 먼저 나 자신이 나약하고 무기력해지면서 돈은 병 속에 든 꽃이요, 배우자는 나보다 강하여 내가 이겨 먹을 수 없으니 배우자로 인하여 힘들고, 아버지도 나를 힘들게 하는 존재가 된다. 사주대로 그는 돈을 벌려고 애써보지만 돈은 수중에 들어오지 않았고, 그의 아버지는 바람을 피워 새 여자와 살면서 그에게 상처를 주었고, 이런 그의 사정도 모르는 아내는 작년에 이어 올해도 잔소리를 해댄다. 더욱 답답한 것은 그에게 다가오는 37세 이후 20년 동안의 운마저 순탄치 않았다.

다음으로 그 딸**54**의 사주를 보았다. 남편에 해당하는 火는 1개인데 설기작용으로 火의 힘을 빼는 土는 4개이니 남편의 기를 빼는 사주였다. 이런 유형의 여자를 아내로 맞는 남자는 그 순간부터 기를 빼앗겨 무력해지고 시름시름 앓고 직장(사업)도 잃게 된다. 그러면 이 사위에게는 火 혹은 金이 많으면 좋으련만 오히려 土가 3개나 있으니 설상가상으로 사위는 배우자에게 기운을 몽땅 빼앗기면서 자신에게 닥친 흉운과 겹쳐 무능해지고 만 것이다.

이런 측면에서 볼 때 두 사람의 결혼은 잘못된 만남이다. 그러나 이제 와 어쩌랴. 그나마 앞으로 그 딸의 운이 더 나으므로 딸이 생활전선 전면에 나서고, 사위는 투자비용이 거의 없으면서 그에게 맞는 직업인 사회복지 혹은 상담 분야서 일하도록 하라고 조언했다. 두 사람의 문제가 어느 일방에 있는 게 아니라 양쪽에 다 있으니 남 탓 말고 내 탓을 하며 살도록 하라는 말도 덧붙였다. 이렇듯 부부 사이에 문제가 있으면 부부의 사주를 함께 봐야 답을 찾을 수 있다. 〈2011.12〉

24

아내 때문에 패가망신한 남자

　전남 여수시청의 8급 공무원 김 모 씨가 서류를 위조하거나 허위로 작성하는 방법으로 공금 76억 원을 횡령한 희대의 사건이 일어났다.

　경악할 일이다. 더 놀라운 건 이 사건의 배후에 여자가 있다는 점이다. 여자는 바로 그의 부인이다.부인은 2007년부터 사채를 얻어 급전이 필요한 사람에게 더 비싼 이자에 빌려주는 사채놀이를 하다 빚을 졌다.

　그런데 채무자 대부분이 행방을 감추는 바람에 돈을 돌려받지 못했고, 결국 자신이 빌린 사채 8억 원도 갚을 길이 없었다. 이후 고리 사채가 눈덩이처럼 불어 2009년에는 40여억 원이 됐다. 부인은 빚 독촉에 시달리다 정신과 치료까지 받아야 했다. 이때 김 씨는 아내의 빚을 갚기 위해 공금에 손을 대기 시작해 지금껏 76억 원을 **빼돌렸다**. 이 중 부인의 사채를 갚는 데 48억 원을 썼다.

　이 사건을 사주로 풀어보자. 김 씨의 사주를 모르지만, 그의 사주에는 나쁜 작용을 하는 배우자 코드가 분명히 있을 것이라고 감히 장담한다. 남자의 사주에서 배우자 코드는 재성인데, 이 재성은 재물 코드이기도 하다. 재성이 나쁜 작용을 하는 경우는 크게 두 가지다.

　첫째는 재다신약한 경우다. 재다신약이란 나는 약한데 부인(재성)의 세력이 강하고 재물(재성)의 힘이 강한 형국의 사주를 말한다. 이런 사주로 태어난 남자는 재물에 대한 탐욕은 강하지만 내가 쇠약하여 그 재물을 손에 잡을 수 없으니 돈은 화병에 든 꽃에 불과하고, 내가 나약하고 소심하니 배우자가 밖으로 나가 설쳐대기는 하지만 돈이 복으로 들어오지 않고 재앙으로 덮쳐오는 꼴을 당한다.

둘째는 재생관살財生官殺 형으로서 재성이 흉작용을 하는 경우이다. 관살은 관성이라고도 하며, 관성은 직장 직위 명예 등을 의미하는 코드이다. 재성은 관성을 돕는 몫을 하는데, 이 도움이 지나치면 관성의 세력을 너무 강하게 하는 흉작용을 한다. 재성의 과도한 도움으로 관성의 세력이 분에 넘게 커지면 직장과 직위를 잃어버리거나 명예에 손상을 입는다. 다시 말해 배우자(재성)가 너무 설쳐대거나, 내가 재물(재성)에 너무 탐욕을 부리는 상태가 재생관살 사주에서 재성이 흉작용을 하는 경우이다.

김 씨는 부인의 빚을 갚기 위해 공금 76억 원을 횡령했지만 그의 손에 남는 돈은 없다. 영어의 몸이 되고 직장에서 쫓겨나고 명예를 잃었다. 아내 때문에 인생을 망친 남자들은 대개 재다신약 사주이거나 재생관살 형으로서 재성이 흉작용을 하는 사주의 주인공이다. 이런 사주를 갖고 태어난 남자는 배우자를 잘 골라야 한다. 그저 인연이 닿는 대로 혼인했다간 배우자 때문에 쫄딱 망하고 욕을 얻어먹는 신세로 전락하기 십상이다.

오늘도 결론은 궁합이다. 궁합을 보면 행여 내가 마누라 때문에 패가망신할 사주의 주인공은 아닌지 확인할 수 있고, 지금 만나는 여자는 나를 패가망신의 늪으로 떨어뜨릴 사람인지 혹은 내 팔자를 고쳐 줄 반쪽인지 판별할 수 있다.

25

처가살이가 좋은 남자

'겉보리 서 말만 있어도 처가살이 안 한다'

이 속담 속에는 처가살이의 고단함과 서글픔, 대장부와 가장으로서의 오기와 권위의식이 숨어 있다. 그리고 사내자식이 오죽 못났으면 처가살이할까 라며 비웃을 시선에 대한 자괴감도 묻어 있다. 하지만 이 속담은 서서히 그 빛을 잃어간다.

최근 통계청 조사에 따르면, 처가살이를 하는 남성은 1990년 18,000여 명에서 2010년 50,300여 명으로 20년 만에 세 배 늘어난 것으로 나타났다. 장인·장모에게 가족의 생계와 의사 결정권을 맡긴 남성 가장이 많아진 때문이다. 처가살이의 급속 증가는 취업 주부의 증가에 따른 육아 문제가 가장 큰 원인으로 꼽힌다. 이를 두고 신 모계사회의 등장이라고 하지만 21세기는 여성의 시대란 시각에서 보면 당연하다.

옛날엔 어땠을까. 고구려와 고려, 그리고 조선 중기까지 처가살이가 보편적 라이프스타일이었으나 17세기 이후 점점 수그러들었다고 한다. 성리학이 들어오면서 아들과 딸이 공동으로 재산을 상속받던 풍습이 사라지고, 아들(장남)이 봉제사 명목으로 유산을 독차지하는 가부장제가 확립된 때문이다.

요컨대 처가살이는 남자가 여자보다 경제력이 떨어지는 시기에 유행한다는 사실이다. 경제력, 재화, 돈! 절대 경시할 수 없는 삶의 주요 요소이니 경제적 이유의 처가살이를 두고 왈가왈부할 생각은 없다. 다만 경제적·사회적 견지에서 벗어나 명리학의 관점에서 처가살이의 좋음과 나쁨을 보자.

남자의 사주에서 장인과 장모에 해당하는 코드는 식신이다. 식신이 사주에서 절실히 필요한 남자는 처가살이가 좋다. 행복하다. 식신이 좋은 작용을 하니 처가의 덕을 본다. 자다가도 장인과 장모가 주는 떡이 입안으로 들어온다. 윤상현 국회의원이 이 경우에 해당하지 않을까? 최고 권력자(당시 전두환 대통령)의 사위였다가 이혼 후 재혼에서는 재벌가(현재 푸르밀 신준호 회장)의 사위가 된 그는 비록 처가살이는 아니더라도 어떤 형식으로든 처가의 덕을 보았다고 볼 것이 아닌가.

반대로 식신이 사주에서 불필요한 남자는 처가살이를 않는 게 좋다. 식신이 나쁜 작용을 하니 장인과 장모는 짐이 될 뿐이요 처가와 관련된 골치 아픈 일만 생긴다. 불행하다. 김유정의 소설 '봄봄'에 나오는 남자 주인공이 이에 속하지 않을까? 그는 못된 장인을 만나 제대로 혼사도 치르지 못한 채 머슴으로서 뼈 빠지게 일하면서 처가살이를 하고 있지 아니한가.

바야흐로 4세기 만에 처가살이 시대가 다시 도래했다. 처가살이를 하면 좋을까, 나쁠까. 그 해답이 사주 속에 있다.

26

장미꽃에는 가시가 있다

사주에 합이 있으면 '웃는 얼굴'이고, 사주에 합은 없고 충이나 형이 있으면 '화난 얼굴'이라고 이야기한 바 있다. 합이 있어서 웃는 얼굴이 면 호감 형으로서 외교적이며 대인관계가 좋다고 마냥 좋기만 할까? 그렇지 않다. 합이 2개 이상으로 많으면 탈도 많다. 이런저런 탈 중에 서도 가장 중한 탈이 이성문제다. 그야말로 호사다마요 과유불급이다.

합이 많으면 왜 이성문제를 일으키는가. 조금만 생각해 보면 알 수 있다. 얼굴에 웃음을 띠고 친절하고 싹싹하고 붙임성이 있으면 누구나 좋아한다. 그 관계가 이성 간이면 호감이 매력으로 바뀌어 연분이 생기 기 쉽다. 그리고 합이 많은 사람은 상대를 편하게 해준다. 특히 그 상대 가 여자라면 합이 많은 남자에게 빠져들기 쉽다. 합이 많은 남자는 여 자가 아무리 시시콜콜한 말을 해도 적극적으로 관심을 보이고, 공감을 잘 해주고, 맞장구를 잘 쳐주고, 이것저것 따지지 않고 오냐 오냐 네 말 이 맞다고 응수를 잘 해주니, 이해심이 깊고 나를 알아주는 사람이라고 믿고 정을 주기 십상이다. 그래서 합이 많은 남자에게는 여자가 많다. 남자에게 여자가 많은지는 여자(배우자) 코드인 재성의 동태로 파악함이 핵심이지만 합의 형태로도 관찰할 수 있다. 그 예를 보자.

60대의 남자55는 반합(지지 2개가 모여서 이룬 합)을 포함해 합이 3개 이 상으로 많은 사주의 주인공이다. 다정다감하고 친절하고 맞장구를 잘

쳐주는 스타일로 20대부터 많은 여자를 잘 꾀어 무수히 즐겼다. 그렇게 즐긴 한 처녀와 결혼했으나 헤어지곤 똑같은 수법으로 다른 처녀를 유혹해 재혼했다. 재혼 중에도 역시 특유의 수법으로 이 여자 저 여자 가리지 않고 홀려서 방탕한 생활을 하다 부인에게 들통이 나기도 수차례이고 간통 건으로 소송을 당하기도 했다. 결국 이 부인과는 바람이 아닌 성격 문제로 허벌나게 싸우다 갈라서더니 여전히 타고난 유혹의 기술을 발휘하여 또 다른 여자의 마음을 얻어 삼혼해서 살고 있다.

50대 남자**56**는 사업가로서 사교성과 친화력이 뛰어나다. 양보심과 배려심이 넘친다. 남과 절대로 다투지 않는다. 얼굴에는 언제나 웃음기가 가득하다. 누가 봐도 호감이 간다. 이런 타고난 장점을 사업에 이용하는 데 그치지 않고 여자를 꼬는 일에 백분 활용했다. 유부남으로서 처녀도 건드리고 유부녀도 유혹했다. 유부녀와의 관계는 간통 사건으로 번지기도 했다. 그에겐 삼합(지지 3개가 모여서 이룬 합)을 비롯해 3개 이상의 합이 있다.

역시 50대의 남자**57**는 그 부인이 인정하는 천하의 바람꾼이다. 사업상 접대라는 명분으로 술과 여자를 가까이하는 일이 예사이더니 딴살림을 차리기도 했고 상대하는 여자는 그 미추나 신분에 구분이 없었다. 결국 10년 전에는 간통에 걸려 1억 원을 물어주기도 하였으나 바람 행진은 멈추지 않았다. 그의 수법도 앞의 60대 남자의 수법과 비슷했다. 친절·다정다감·인정해주기·공감해주기 등이었다. 그의 사주에는 반합(강력한 합인 삼합에 좀 못 미치는 합) 2개를 포함해 각종 합이 무려 5개나 있다.

여자 사주에도 합이 많으면 남자가 많다. 남자가 많은지는 남자(배우

자) 코드인 관성의 모습으로 판단함이 정석이지만 합의 모습으로도 알아낼 수 있다.

40대 여자[58]는 2년 전 배우자와 별거에 들어갔다. 그러곤 곧바로 다른 남자를 사귀고 있다. 깊은 관계다. 그녀의 사주엔 밖으로 드러난 합(명합)만 따져도 3개나 된다. 사교성이 우수하고 친화력이 뛰어나고 애교가 많다. 마치 달콤한 향기로 벌들을 유혹하는 꽃과 같다. 그래서 남자들에게 인기가 높을 수밖에 없으니 앞으로 제3, 제4의 남자가 생길 것으로 보인다.

위의 남자와 여자는 유혹의 상징인 장미꽃과 같다. 그 유혹을 따라가 꽃을 꺾어 내 품에 안으면 기쁘기 그지없겠지만 자칫 가시에 찔려 상처를 입을 수도 있다. 장미꽃에는 가시가 있다. 〈2014.8〉

김정일과 여자

북한의 김정일 국방위원장이 사망했다. 이와 관련된 온갖 뉴스가 신문, 방송, 인터넷에서 쏟아져 나온다. 이 중에서 필자의 관심을 끄는 뉴스는 역술가들이 일찍이 그의 운명을 예견했다는 소식이다. 그의 죽음을 예측한 글은 2008년 11월 모 월간지에 실렸다. 그해 하반기에 그가 건강에 이상 증후를 보일 때, 이 월간지는 '주역과 명리학을 통해 본 김정일의 운명은 2012년 이전에 끝날 것으로 추정된다', '12명의 주역 명리학 전문가들은 〈하늘이 김정일에게 준 기운이 마지막으로 달리고 있다〉고 감명했다'는 내용의 글을 실었다. 그가 올해를 넘기지 못하고 죽음으로써 이 예측은 빗나가지 않았다.

이 소식보다 필자가 더 관심을 쏟은 점은 그의 사주였다. 그의 사주에는 두 가지 설이 있다. 하나는 양력 1941년 2월 16일생이고, 다른 하나는 양력 1942년 2월 16일생. 어느 쪽이든 출생 시각에 대한 정보는 희미하다. 일단 양력 2월 16일은 맞다고 보면 1941년생인가, 1942년생인가를 가려야 한다. 필자는 두 가지 측면 곧 여자 문제와 건강 문제에 초점을 두고 그의 생년을 추론해 보았다.

먼저 1941년생으로 가정하여 월일시를 넣어보니 그의 삶과 일치하는 사주가 5개쯤 나왔다. 이런 사주는 한 여자와 해로 못할 홀아비팔자이다. 실제를 보자. 그와 살았다고 알려진 여자는 성혜림, 김영숙, 고영희,

김옥 등 4명이다. 이 중 김영숙과는 결혼식을 올렸지만 나머지와의 관계는 그렇지 않다. 첫 부인 성혜림은 이혼녀(그가 이혼시켜 자기 여자로 삼았다고 한다)이다. 그리고 이 중 두 명은 사망했다. 상처 내지 극처할 팔자의 남자는 조건이 좋은 배우자를 만나지 못하니 이혼녀를 맞이했고, 정처를 두지 못했고, 두 여자는 그와 살다가 죽었다. 더구나 45세 이후의 운은 홀아비 운으로 흘러간다. 또한 건강으로 보면 심장과 신장이 좋지 않으니 그의 인생과 일치한다.

여기서 더 살펴보면 그는 비록 색은 좋아하나 정력은 강하지 않았을 것이다. 사주에 있는 물*이 약하기 때문이다. 그는 1941년 러시아 연해주에서 태어났는데, 김일성과 태어난 해도 끝자리를 맞춰 신격화하기 위해, 1942년 백두산 일영에서 태어난 것으로 고쳤다는 설을 필자는 따르고 싶다.

그리고 어느 자미두수 전문가가 장담하는 '1941년 2월 16일 미시생'으로 보면 그 사주와 그의 여자 편력은 일치한다. 다음으로 1942년생으로 보고 월·일·시를 넣어보니 그의 건강과 뚜렷하게 일치하는 사주가 몇 개 나왔다. 곧 水 기운은 강하고 火 기운은 약하여 심장과 혈관 계통의 질환을 앓는 사주이다. 그리고 색욕이 강한 사주도 몇 개 나왔다. 곧 金으로 태어난 팔자에 물이 많으니 욕정이 강하고 센 사주이다. 그런데 이런 사주들은 주체가 약해서 일국의 리더가 되기 어려워 보이니 아무래도 1942년생은 아닌 듯하다.

요컨대 1941년생이라면 장가를 몇 번 가야할 팔자이고, 1942년생이라면 욕정이 강한 팔자이니, 그저 일생을 둘에서 고요히 행복하게 사는 꿈을 꾸는 여자에게는, 김정일은 좋은 남편감이 아니다.

내조의 여왕

    최근 박사학위 논문이 통과 된 후배를 얼마 전 만났다. 그는 직장에서 은퇴한 후 여러 가지로 어려운 사정이 있었음에도 불구하고 대학원 박사 과정에 들어가 수년간의 각고 끝에 드디어 박사 학위를 받을 날을 코앞에 두고 있다. 회갑을 코앞에 둔 본인에게는 실로 가슴 벅찬 일이요 가족에게도 한없이 기쁜 일이 아닐 수 없고 주위 사람들도 뜨거운 박수를 보내지 않을 수 없는 경사이다. 그래서 그동안 참으로 고생이 많았다며 축사를 보냈더니 그는 웃으면서 "집사람은 자기가 남편을 박사로 만들었다며 자랑하고 다닌다."고 말했다. 왜 이런 이야기를 하느냐 하면 후배 부인의 공과를 따지자는 것이 아니라 내조를 잘 하는 여자는 어떤 팔자를 타고 나느냐에 대해서 알아보고자 함이다.

    지난 늦가을에 방문한 40대 여자[59]는 자녀와 남편의 명운을 물어보곤 자신의 사주는 행여 나쁘게 나올까 걱정하며 보기를 망설였다. 필자가 "남편과 자녀의 명운이 좋은 걸 보면 본인의 사주도 좋을 것으로 보인다."고 하자 그녀는 수줍은 아이처럼 본인의 생년월일시를 불러 주었다. 그녀의 사주를 일별한 필자가 대뜸 "남편을 출세시키는 팔자네요." 했더니 그녀는 "맞습니다, 그렇습니다."며 신이 나서 이야기를 풀어놓았다.

    석사를 마치고 든든한 직장의 연구원으로 근무하던 그녀는 빈털터리로서 박사 과정 1년차인 남편과 결혼했단다. 남편은 수입도 없고 부모의 지원도 변변치 못한 처지라서 그녀가 모든 생활을 책임졌다. 남편이 박사학위를 딸 때까지 그 학비를 다 대주고, 집안 살림도 자신이 도맡아 해왔다. 이렇게 내조의 공을 세운 덕분에 남편은 지금 화학제품 회사 대표로 있다.

올 초에 들른 60대 여자**60**는 앞으로의 건강을 우려하며 사주 감정을 의뢰했다. 그녀에게도 "남편을 출세시키는 팔자네요" 했더니 "그런 것도 사주에 나오나요?"라며 내조한 이야기를 들려주었다.

결혼 당시 그녀는 교육대학교를 갓 졸업한 교사였고 남편은 백수였다. 남편은 고교 졸업 후 유명 대학교 약대에 합격했으나 의대로 진학하기를 바라는 부모에게 반발해 약대 입학도 포기했다. 그러곤 무위도식하며 빈둥빈둥 지냈다. 한 동네에 살면서 평소 남편과는 알고 지내던 처지였던 그녀는 남편의 그 모습이 안타까웠다. '수재에 능력 있는 남자가 저렇게 청춘을 보내다니. 저 남자를 내 남자로 삼아 성공시키고 말겠다' 이런 측은지심과 보호본능의 발동으로 그녀는 백수의 남자를 남편으로 삼았다. 결혼하자마자 남편에게 용기와 꿈을 심어주고 전폭적으로 지원했다. 아내한테서 물심양면의 도움을 얻은 남편은 뒤늦게 대학에 들어가고 대학원에도 진학했다. 그리고 박사학위를 받고 대학교 교수가 되었다.

위 두 여인은 그야말로 '내조의 여왕'이다. '내조의 여왕'은 사주에 남편 코드인 관성이 뚜렷이 나타나 있고, 관성의 뿌리가 되는 재성이 적절하게 자리하고 있는 여자이다. 다만 40대 여자는 공망의 변화에 따른 남자복에 변화가 있기는 하다. 이런 여자 사주에 관하여 『명리정종』은 '명관과마明官跨馬 부주증영夫主增榮'이라고 말한다.

'밝은 모습의 남편(관)이 말을 타고 있으니 그 남편은 성공하여 영화를 누린다'는 뜻이다. 여기서 말[馬]이란 재성을 이른다. 재성은 정관의 뿌리로서 정관을 보좌하는 코드이다. 명관과마란 정관이 재성의 도움을 받고 있는 형국, 곧 아내가 남편을 내조하고 있는 형국을 이른다.

남자들이여, 명관과마의 여자를 아내로 맞이하라. 그 아내는 남편의 출세와 성공을 위해 자기희생과 헌신을 아끼지 않으리라. 내조의 힘을 얻어 반드시 출세하리라. 그러면 아내도 자기가 출세시킨 남편 덕에 명예를 얻으리라. 〈2012.12〉

29

망신의 여왕

2010년 이명박 정부의 8.8 개각과 관련한 소용돌이가 있었다. 김태호 총리 후보자, 이재훈 지식경제부 장관 후보자, 신재민 문화체육부 장관 후보자가 사퇴했다는 뉴스가 나오던 날, 점심 식탁에 마주한 60대 남자는 "구역질이 올라오던 속이 이제 가라앉았다. 한잔 하자."며 낮술을 권했다. 인사 청문회를 통해 이들에 관한 각종 비리 의혹이 쏟아지던 때보다 역시 술맛이 좋았다.

이 세 후보자의 사퇴를 몰고 온 공통 요소는 배우자이다. 김 후보자는 부인의 관용차 사용과 명품 가방, 그리고 부인의 뇌물 사건 보도 무마 의혹에 시달렸다. 이 후보자는 부인의 쪽방촌 투기 의혹에 진땀을 흘렸고, 신 후보자는 부인의 위장 취업 및 투기 의혹에 곤욕을 치렀다. 명리학으로 보면 남자 사주에서 배우자는 재성에 해당한다. 재성은 돈을 의미하기도 한다. 남자 사주에서 이 재성이 어떤 모양으로 자리하고 있고 어떤 기능을 하느냐에 따라 배우자의 길흉과 돈의 길흉을 알 수 있다. 이 중 흉이 되는 경우가 재다신약과 과도한 재생관살과 탐재괴인이다.

재다신약은 나 자신은 약한데 배우자는 강한 형국이다. 그러니 남편은 뒷전에 놔둔 채 아내가 가권을 쥐고 자신의 주장을 한다. 남편 위에 군림하여 부동산 투기에 앞장서고 위장전입을 주도한다. 남편의 힘을 믿고 호가호위하거나 남편을 내조한답시고 마구 설쳐댄다. 재성은 관직과 직책을 상징하는 관성을 돕는 코드인데, 돕는 것이 지나치면 남편은 관직과 직책이 위태롭다. 결국 배우자(혹은 돈)는 내 벼슬에는 도움이 되지 않는 존재이다. 이 경우가 과도한 재생관살이다. 탐재괴인은 재물을 탐하면 인성印星이 파괴된다는 뜻으로 재물을 탐하다가 품격(인성)을 잃어버리는 상황을 일컫는다. 학자가 재물에 욕심을 내면 학문(인문)을 이룰 수 없고, 공직자가 재물에 탐욕을 보이면 도덕(인성) 해이를 야기하고, 일반인이라도 재물에 눈이 멀면 품위(인성)를 잃고 욕을 먹는 꼴이다.

사퇴한 세 명의 사주를 모르니 이에 해당한다고 단언할 수는 없지만, 돈과 배우자 문제로 낙마했으니 재성이란 코드가 흉작용을 했다는 짐작은 가능하다. 이같이 재성이 흉작용을 하면 아내는 남편에게 도움이 안 되는 존재이니 설치지 말아야 하고, 재성이 길작용을 하면 아내는 남편에게 도움이 되는 존재이니 내조 활동을 함이 좋다.

공직에 계신 분들, 높은 자리에 오르려는 분들, 명예를 얻고자 하는 분들은 한번쯤 내 사주 꼴을 보고 배우자의 동향을 살펴보시라. 과연 내조의 여왕인가, 망신의 여왕인가.

30

밥만 먹으면 사느냐?

필자는 궁합을 보러 온 사람들에게 혹은 글을 통해서 누누이 이런 말을 해왔다.

"혼인은 남자와 여자의 만남이다. 남자는 양이고 여자는 음이니 음양이 조화를 이루면 '좋은 만남'이고, 조화를 이루지 못하면 '나쁜 만남'이다. 좋은 만남은 상호 보완 관계를 이루므로 결혼 생활이 원만하게 유지되지만, 나쁜 만남은 상호 훼손 관계로서 서로에게 해악을 주므로 결혼 생활은 파탄과 불행을 낳는다."

"궁합을 보되 제대로 봐야 한다. 음양오행의 이치도 모르는 곳에서 궁합을 보지 마라. 엉터리 궁합으로 봤다간 평생 후회한다."

그럼에도 불구하고 필자의 말을 새겨듣지 않다가 끝내 부부생활에 파탄을 맞고 불행에 직면한 사람들을 왕왕 본다. 가슴 치고 통탄할 일이다. 다음 사례를 보자. 소개하는 내용은 궁합을 본 전부가 아닌 일부이다.

2006년 한 해가 저물어 가던 무렵, 딸을 대동한 어머니가 방문했다. 어머니는 딸의 사주와 남자 두 명의 사주를 내밀며 궁합을 의뢰하였다.

먼저 딸**61**의 사주를 본즉 자기주장과 고집이 대단하고 끊고 맺는 강단과 결단이 분명한 성격이어서 웬만한 남자는 명함도 못 내밀고 기가 죽을 기운을 뿜고 있었다. 그리고 남편 코드(정관)가 반쯤 꽝이 된 상태여서 배우자복이 좋지 않을 뿐더러 배우자를 제압하는 운이 계속 오고 있어서 36세 전에 생사이별할 기미가 보였다.

두 남자 중 갑[62]을 여자와 맞춰보니 몇몇 좋은 점도 있긴 하지만, 여자의 성격을 더욱 악화시키고 배우자를 제압하는 오행인 金이 많은 게 문제였다. 바로 설상가상의 만남이었다. 또한 갑은 물[水]이 메마른 사주여서 정력 문제, 부부생활 문제를 일으킬 낌새를 보였다. 게다가 속궁합이 서로 맞지 않으니 성 트러블은 불문가지였다. 다만 배우자궁이 삼합을 이루니 일상생활에서는 다툼 없이 화합할 만남이었다.

그리고 남자 을[63]을 여자와 맞춰보았다. 첫째 을은 여자의 성격을 받아주는 성품의 소유자이므로 성격의 조화가 양호하였다. 둘째 을은 여자에게 많아서 문제인 金오행을 하나도 갖고 있지 않을 뿐더러 이 金의 세력을 선화하는 水오행을 갖추고 있어서 여자의 생사이별 팔자를 고쳐주는 구세주였다. 셋째 을은 여자의 돈복과 자식복을 더욱 좋게 하는 오행도 구비하고 있으니 여자에겐 금상첨화였다. 궁합은 한 쪽만 좋으면 되는 게 아니라 양 쪽이 좋아야 하는 바 여자를 을에게 맞춰보니 여자는 을에게 필요한 金을 넉넉히 갖고 있으니 남자의 돈복을 좋게 해주고 자식복과 관운을 좋게 하는 짝이었다. 그래서 갑과는 결혼하지 말고 을과 결혼하라는 판정을 내려 주었다.

그런데 5년 후 올해 다시 찾아온 어머니는 딸이 파경에 직면해 있다며 걱정이 태산이었다. 진작부터 갑과의 결혼을 작정하고 있던 딸이 필자의 판단이 미심쩍어 다른 철학관에 갔더니 여자가 참으면 된다고 했고, 비뇨기과에선 갑의 성적 능력에 문제가 없다고 해서 이듬해 갑과 결혼을 했단다. 갑이 을보다 키가 크고 인물이 좋은 점도 작용했다.

그런데 갑은 신혼 초부터 성생활에 관심과 능력을 보이지 않았다. 여자는 성 불만족도 불만족이지만 밤마다 다가가도 남편이 성관계를 거부하니 여자로서 무시를 당한다는 모멸감을 참을 수 없었다. 주위의 조언에도 갑은 부부관계에 관한한 미동을 않으니 여자는 드디어 결별을 결심하기에 이르렀다.

그렇다. 밥만 먹으면 사느냐? 〈2011.10〉

31

사주 속에 다 있다

결혼 적령기를 살짝 넘긴 여자64가 궁합을 외뢰해 왔다. 그러면서 그간의 사연을 털어놓았다. 그동안 몇 번 연애를 해봤건만 모두 여성 편력이 있는 남자들이어서 헤어지곤 했단다. 누구나 넘기고 갈 웬만한 일도 못 참는 성격 탓이라고 스스로를 평가했다. 그래서 독신자의 길 혹은 수도자의 길로 갈 생각을 가슴에 품은 채 자신보다 가정이 더 불우한 청소년들을 이끌어주는 일을 하기로 작정했다. 그 직업의 길로 가기 위한 시험 준비를 하던 중인 2014년 그 직업과 관련된 남자를 만났다.

그녀는, 만나면 편안하고 가족애가 깊을 뿐만 아니라 시험 준비를 도와주는 그가 정말 마음에 들었다. 천주교 신자인 그녀는 배우자만큼은 꼭 하늘에서 점지해주는 사람을 만나고 싶다고 늘 기도해왔는데, 그를 만나게 되자 그 기도에 대한 응답이라고 받아들였다. 하지만 그가 자기에게 미온적일 땐 섭섭한 나머지 직설적으로 화를 내기도 해서, 이 남자를 놓치면 어쩌나 불안해하고 눈물까지 흘리기도 했는데, 과연 그와의 궁합은 어떤지 궁금하다고 했다. 먼저 그녀의 사주를 들여다보면 그녀가 말한 사연의 답이 다 들어 있다.

첫째, 그동안 여성 편력이 있는 남자를 만나기만 한 건 남자복(배우자복)이 없기 때문이다. 그녀에겐 남자(배우자) 코드인 관성이 없으니 남자복이 없는 것이고, 그러니 좋은 남자를 만나지 못했다.

둘째, 그런데 어째 2014년에 하늘이 점지해 준 것 같은 남자를 만났을까? 이 해는 하늘과도 합하고 땅과도 합한다, 하늘과도 통하고 땅과도 통한다고 하는 천지덕합의 시기이다. 따라서 배우자운(관성운)이 아름답게 왔고, 충으로 말미암아 파괴된 배우자 자리가 합으로 인하여 정상으로 복원되었다. 더하여 이 해에는 인간관계가 아주 원만하니 인연이 잘 닿은 때문이다. 절호의 기회였다.

셋째, 왜 남과 달리 웬만한 일도 참아 넘기지 못해 싸움을 일으키고 남자들과 헤어졌을까? 또 지금 남자가 자기에게 미온적일 때 화를 내곤 했을까? 아집이 강하고 자기중심적이고 자제력이 부족하며 남자(배우자)와는 다투는 코드를 타고난 탓이다.

넷째, 왜 독신자의 길 혹은 수도자의 길을 가고자 했을까? 남자복이 애당초 없는 데다 결혼을 한다 해도 거의 평생에 걸쳐 남편과 생사이별할 운이 오고 있음을 동물적 감각으로 인식한 나머지 자기를 보호하려는 본능에서 결혼을 포기하고자 했던 것이다.

다섯째, 가정환경이 어려운 청소년들을 돕는 직업의 길로 가려는 까닭은 무엇일까? 그녀는 아집이 세긴 하지만 본디 마음이 어질고 자비로워서 남의 아픔을 치료해주고 어려움을 덜어주려는 성격을 타고난 때문이다. 그리고 남을 가르쳐 깨우쳐 주거나 이끌어서 선도하거나 무슨 일이든 상담해주는 일에 흥미와 관심이 높은 성향을 타고난 때문이다. 청소년 선도의 길이 힘들고 어려울 뿐더러 돈이 되지 않는 길이지만 자신은 그런 일이 즐겁고 보람차고 행복하다고 느끼고 있기 때문이다. 이 길이 천부적성의 길이요, 미래의 행복을 여는 길임을 그녀는 깨달은 것이다.

이 같이 한 사람의 사주를 보면 그에 대한 정보가 다 들어 있다. 〈2015.8〉

32

재앙을 부르는 아내

예전에 방영된 SBS 〈그것이 알고 싶다〉의 '사모님의 이상한 외출' 편은 '무전유죄 유전무죄'란 말을 떠올리게 하고 국민들을 분노케 하였다. '사모님의 이상한 외출'은 2002년 발생한 여대생 청부 살해 사건의 핵심인 사모님 윤 아무개 씨(영남제분 회장의 당시 부인)가 무기징역을 선고받고도 허위진단서를 통해 형 집행정지로 풀려나 병원 특실에서 지내는 내용을 담았다.

이 청부 살해 사건은 윤 씨가 자신의 사위(판사)와 여대생 하 아무개 씨(판사의 이종사촌)와의 불륜을 의심하여 하수인을 시켜 공기총으로 하씨를 살해한 사건이다. SBS는 이어 '사모님의 이상한 외출' 후속편을 방영했는데, 이때 비로소 사모님의 전 남편이 운영하는 회사가 영남제분이란 게 알려졌고, 네티즌들이 들고일어나면서 이 회사는 불매 대상기업이 되었고, 회장 류 아무개 씨는 여대생 청부 살해 사건 후 아내 윤씨와 이혼했음에도 불구하고 온갖 비난을 받게 되었다. 류 회장에게 전아내 윤 씨는 어떤 존재여서 이런 고통을 주고 있을까?

남자의 사주에서 아내에 해당하는 코드는 재성이다. 이 재성이 양호하고 깨끗한 상태로 있으면서 좋은 작용을 하면 아내는 현모양처요 내조의 여왕이다. 그러나 이 재성이 불량하고 혼탁한 모습으로 있으면서 나쁜 작용을 하면 아내는 지아비의 얼굴에 먹칠을 하고 재앙을 불러오는 악처이다. 류 회장의 사주를 모르긴 해도 배우자 코드인 재성이 탁한 모습으로 흉작용을 해서 그런 일이 일어났다고 추정한다. 또한 사모님의 사위인 판사(지금은 변호사)에게 아내(사모님의 딸) 역시 좋은 작용을 하는 존재는 아니었을 것이다. 부잣집 딸과 결혼함에 따라 이종사촌을 죽음에 이르게 했고, 이 사건으로 구설에 올라 욕을 얻어먹었고, 판사 생활을 오래 하지 못했기 때문이다.

한편 재성은 남녀 모두에게 재물에 해당하는 코드이기도 하다. 앞에 이야기한 사건은 모두 돈과 연결돼 있다. 심지어 류 회장은 주가를 조작해 벌을 받았다. 그리고 판사는 결혼 때 지참금 7억 원을 받았다는 애기도 있다. 그 7억 원은 아내와 함께 온 재물이니 결론적으로 보면 나쁜 작용을 했다고 본다. 만약 그가 돈 많은 부잣집 딸과 결혼하지 않았다면, 7억 원을 지참금으로 갖고 오는 여자와 결혼하지 않았다면 판사 생활을 더 오래 하고 더 명성을 쌓고 더 명예를 누렸을지도 모른다.

총각들이여, 결혼 전에 내 사주에는 배우자가 어떤 모습으로 앉아 있는가를 살펴보라. 그런 다음 그에 대처할 수 있는 여자를 아내로 맞이하라. 배우자가 나쁜 작용을 하고 있다면 밖에 나가서 설치지 않고 가정에서 조용히 내조를 잘 하는 조신한 여자를 아내로 맞이하라. 배우자가 좋은 작용을 하고 있다면 밖에 나가서 열심히 일하면서 남편을 위해 헌신하는 활동형의 여자를 아내로 맞이하라. 배우자가 흉작용을 하는 팔자인지도 모른 채 오로지 돈 많은 여자를 아내로 취한다면 그대의 행복은 결코 보장 받을 수 없다. 아내의 돈이 그대의 명성과 명예를 높여주기는커녕 오히려 그대에게 망신과 재앙과 불행을 안겨준다.

〈2013.7〉

33

가수 송대관의 사주

50을 바라보는 남자65는 공무원 출신이다. 젊은 시절 권력기관에서 근무하며 잘 나갔다. 헌데 아내가 남편의 권력을 악용해 설쳐대며 저지레를 해서 이 사람 저 사람에게 해를 입혔고 그 일이 직장에 알려졌다. 그 바람에 그는 면직됐다. 아내와는 이혼했다. 이런 저런 스트레스가 겹쳐 우울증이 왔고 자살소동까지 벌였고 정신병원에 입원하기도 하였다.

50대 후반의 남자66는 아내에게 가정사에 관한 전권을 맡기고 살아왔다. 그런데 아내가 너무 나가는 바람에 사고를 치고 말았다. 그 아내는 남편 지인들의 돈을 끌어들여 부동산에 투자했으나 막차를 타는 바람에 엄청난 손해를 보았고 그 피해는 고스란히 남편의 지인들에게 돌아갔다. 그리고 그 아내가 병에 걸려 이런저런 치료를 받아야 하는 처지가 되자 그 뒷바라지를 하느라 그는 경제적으론 물론이고 정신적으로 많은 고생을 했다.

70을 바라보는 남자67는 퇴직 공무원이다. 직장을 나갈 때는 몰랐는데 퇴임해서 집에 있어보니 아내의 행동이 수상했다. 아내가 친구들과 등산가네 놀러가네 하면서 밖으로 돌더니 술을 마시고 늦게 들어오는 날이 많았다. 어느 날 아내의 휴대폰을 몰래 뒤져 보니 웬 남자와 야릇하고 은밀한 언사를 주고받는 문자가 보였다. 바람을 피우는 증거였다. 행실 나쁜 여자와 살 수 없다며 아내를 내쫓았다.

위의 세 남자는 공통점을 갖고 있다. 그것은 재다신약 사주란 점이다. 재는 재성의 준말로 재성은 남자 사주에서 배우자에 해당하는 코드이며, 신이란 자신이니 재다신약이란 '아내는 강하고 나는 약하다'는 뜻이다. 약한 내가 강한 아내를 통제하지 못하는 격이다. 그러므로 아내가 사고를 치거나 일을 저지르거나 바람을 피운다. 이들의 사주를 보면서 가수 송대관이 재다신약 사주의 주인공이 아닐까 생각해보았다.

최근 법원은 부동산 투자 명목으로 지인에게 4억여 원을 받아 가로챈 혐의로 기소된 송대관에게 집행유예 2년을, 그의 부인에게는 징역 2년의 실형을 선고했다. 평소 송대관은 가수 활동을 하면서 수익 대부분을 부인에게 맡겼고 그 부인이 주도적으로 사업을 추진했으며 가수인 남편의 인지도를 이용했다고 한다. 이에 앞서 송대관은 부인의 사업에 대출금 채무 연대보증을 섰다가 200억 원대의 빚을 떠안기도 했고, 부인이 해외원정 도박 혐의로 벌금형을 받는 바람에 이미지를 실추 당하기도 했다. 이런 점으로 볼 때 송대관은 재다신약한 남자로 추정된다.

재다신약한 남자는 아내에게 가권을 맡기고 사는 게 편하다. 하지만 아내가 너무 나서면 꼭 사고를 쳐서 남편의 얼굴에 먹칠을 하므로 아내 단속을 잘해야 한다. 재다신약한 남자는 애처가를 넘어 공처가이기 십상이다. 아내는 이런 지위를 악용해 엉뚱한 짓을 저지를 수 있으므로 그 행실을 잘 살펴야 한다. 이보다 결혼하기 전, 내 아내가 될 여자는 함부로 나서거나 설쳐대서 남편을 망신시킬 사람인지 아닌지를 점검하는 과정을 거치는 게 현명하다. 그 과정이 궁합이다. 〈2014.10〉

34

부부 쌍방과실

부부 싸움은 대개 서로의 잘못을 따지는 데서 비롯된다. 자식이 공부를 제대로 하지 않고 엇길로 나가면 남편은 아내 탓을 하고, 아내는 남편 탓을 하며 싸운다. 남편이 "엄마가 돼서 아이 교육을 어떻게 시켜서 저 모양이냐?"라고 아내를 힐책하면, 아내는 "당신은 만날 술 마시고 늦게 들어오고 애들한테 관심이나 가져 봤어? 나도 직장 다니고 애들 건사하느라 힘들다고!"라며 물러서지 않으니 부부 간에 전쟁이 발생한다. 이 다툼을 객관적으로 따져보면 그 잘못은 부부에게 똑같이 존재한다. 그런데 배우자의 일방적인 외도로 부부 사이가 파탄에 이르렀을 경우에도 쌍방에게 책임을 물을 수 있을까? 다음 예를 보자.

인생 황금기를 구가하는 한 부부가 있다. 남편은 의사로서, 아내는 약사로서 전문직 일을 하니 사회적 직위와 경제적 직위가 높다. 외양상 남의 부러움을 사는 부부다. 그런데 남편의 외도로 몇 년 전부터 부부 사이가 심각하게 나빠졌다. 아내가 여자 특유의 감각으로 남편의 외도 낌새를 채고 콜롬보 형사처럼 추적한 끝에 외도 증거를 확보했다. 이 증거를 무기로 이혼을 요구하자 남편이 두 손을 들고 항복했다. 그래서 용서했더니 남편은 처음엔 속죄하는 마음으로 아내에게 사랑을 주더니만 어느새 냉담해졌다. 아내의 말에 짜증을 내는 걸 넘어 사람을 무시하더니 각방 쓰기에 들어갔다. 그러곤 또 바람을 피웠다. 지금, 부부는 몸도 마음도 남남이 된 상태다.

그 남편[68]의 사주를 본즉 외도와 부부 불화를 타고났다. 첫째 재성이 혼잡하고 합이 많으니 색정에 탐닉하여 처첩이 많은 팔자다. 재성은 정재와 편재를 통칭하는 말로서 여자 사주에서 정재는 본남편, 편재는 애인인데 이것이 섞여 있으니 바람을 피울 수밖에 없다. 또한 합이 많아서 다정다감하고 싹싹하고 친절하니 여자가 어찌 따르지 않으랴. 둘째 재성이 혼잡한 가운데 본처인 정재는 공망(꽝)이 되어 무력한데 애인인 편재의 힘은 정재보다 더 세니 본처를 등한시하고 애인에게 더 사랑을 쏟는 형국에 이르렀다. 이러하니 본처와 지지고 볶다가 바람피우곤 이혼당하기 딱 좋은 팔자다.

부부 갈등의 문제가 아내에게는 없는가를 살피고자 그 아내[69]의 사주도 본즉 역시 문제가 있었다. 첫째 배우자 코드인 관성이 공망(꽝)된 데다 배우자를 잡아먹는 코드인 상관에게 잡아먹혀 무력한 상태이다. 이러니 좋은 인연을 만나지 못하고 남편의 사랑을 받지 못하며 부부 서로 배반할 팔자다. 둘째 지지 속에 숨어 있는 관성이 암합하니 남편이 몰래 바람을 피울 수밖에 없는 운명을 타고났다.

겉으로 보면 이 부부의 결혼 생활 파탄 책임은 명백히 남편에게 있다. 하지만 사주로 보면 그 책임이 부부 모두에게 있음을 확인할 수 있다. 쌍방과실인 셈이다. 남편은 아내에게 정을 잃어 바람을 피우고 파경을 맞이할 팔자를 타고 났고, 아내는 남편을 힘들게 하고 남편의 사랑을 얻지 못할 팔자를 타고났는데, 이런 사람끼리 만나 팔자대로 살아가고 있으니 이것이 천생연분이 아니런가. 이런 경우엔 『적천수』에 나오는 '부처인연숙세래'夫妻因緣宿世來란 말이 그대로 맞다.

35

사주를 알자, 나를 알자

자신은 배우자와 생사이별할 운명의 주인공임을 동물적 본능으로 감지하고 아예 결혼을 기피하는 청춘들이 있기도 하지만 그 반대인 젊은 이들이 오히려 더 많다. 자신이 배우자와 해로하지 못하거나 일부종사하지 못할 운명인지는 도무지 모른 채 눈앞에 보이는 조건만 따져서 결혼하려는 청춘남녀나 그 부모들을 보노라면 통탄스러울 때가 한두 번이 아니다.

30대 중반의 여자[70]는 예술가로 일하고, 그 부모는 의료 분야에 종사한다. 남부러울 게 없을 정도의 부를 지닌 부모는 의사를 사위로 맞이하고자 소원한다. 딸을 데려가는 의사가 나타나면 병원을 차려 주겠노라며 널리 사윗감을 찾는 중이다. 부모는 딸이 의사와 결혼하면 만사형통할 줄로 안다. 그야말로 '의사면 다다'라는 생각이다. 정말 그럴까?

그녀는 상부 운명을 타고났다. 사주에 배우자 코드가 없으니 애당초 좋은 배우자를 만나기 어렵고 순탄한 결혼 생활을 하기 어려운 암시를 지닌 데다 남자의 정기를 빼는 코드(인성)가 많아서 생별 혹은 사별할 팔자다. 이에 더하여 21세부터 50세까지는 남자를 잡아먹는 코드(식상)가 떼를 지어 오니 부부 이별은 명약관화하다. 옛날처럼 일찍 결혼했다면 20대에 남편을 여의고 청상과부가 되어 독수공방했음직하다. 딸이 이런 운명을 타고난 사실을 모른 채 무작정 의사 사위만 구하는 부모의 행위는 한없이 어리석다.

한편 돈만 좇아서 이런 여자를 아내로 삼는 남자가 있다면 그는 제 죽는 줄 모르고 불 속으로 뛰어드는 부나비와 다름없다.

그녀는 의사를 반려자로 맞이하는 게 중요하지 않다. 나와 음양오행이 조화를 이루면서 나의 문제(남자의 기를 빼거나 남자를 잡아먹는)를 막아주는 팔자의 남자를 반려자로 삼는 일이 급선무다. 그리고 그 남자가 의사이면 금상첨화의 효과를 볼 수 있다. 이렇게 되면 그녀는 그야말로 팔자를 고치게 된다.

40을 코앞에 둔 노처녀**71**는 약사다. 그녀는 전문직 여성이니 찾는 배우자감도 법조인·교수·회계사 등 전문직이다. 공무원은 7급 이상을 원한다. 중매를 통해 이런 조건의 남자를 더러 만났으나 아직 짝을 정하지 못했다. 자기의 사주 꼴을 모른 채 전문직과 간부 공무원 남자를 찾아 헤매는 그녀를 명리가의 눈으로 보면 한숨이 나온다.

그녀는 여자로서 갖춰야 할 두 가지 복을 참 나쁘게 타고난 여성이다. 그 하나는 남자의 정기를 빼는 여자로서 배우자복이 나쁘다는 점이다. 그녀와 결혼하는 남자는 그녀에게 정기를 빼앗겨, 하는 일이 잘 풀리지 않아서 직장의 잦은 변경, 사업의 부진 등으로 고생하거나 반거충이로 전락해 아내의 약국 문을 열고 닫아주는 셔터맨이 될 수도 있다. 혹은 이런저런 질환으로 시름시름 앓는 등 건강이 악화해서 평생 골골하거나 심하면 죽는다.

이런 위험이 평생에 걸쳐 있다. 또 하나는 무자식팔자로서 자식복이 나쁘다는 점이다. 임신과 출산에 어려움이 많아 유산·난산·사산의 우려가 크다. 보통 여자 같으면 초등학생 엄마가 돼 있을 나이인 그녀가 아직도 미혼으로서 자식을 두지 않은 것 자체가 타고난 자식복이 없는 탓이다. 그녀는 특정 직업의 신랑감을 구하는 게 중요하지 않다. 자기의 상부팔자와 무자식팔자를 고쳐 줄 남자 곧 건강하고 자식복이 좋으면서 자기와 음양오행이 조화를 이루는 남자를 찾는 게 급선무요 평생의 불행을 막는 일이다. 물론 전문직이면서 상부의 운을 막아주는 남자를 만난다면 꿩 먹고 알 먹는 격이 된다.

꿩 먹고 알 먹는 방법은 어디에 있는가? 궁합에 있다. 사주를 안다는 것은 나를 아는 것이라고 필자는 늘 말해왔다. 예술가의 부모는 돈으로 의사 사위를 살 욕심을 부리기 전에, 딸이 상부의 운명임을 먼저 깨달아야 한다. 여 약사는 전문직 남자와의 결혼을 소원하기 전에, 내가 상부의 운명으로 타고났음을 먼저 자각해야 한다. 그런 다음 나와 맞는 사람, 나의 문제를 해결해 줄 수 있는 사람을 찾아야 한다.

사주를 안다는 것은 너(상대)를 아는 것이기도 하다. 따라서 전문가를 통하면 나와 맞는 사람, 나의 문제를 해결해 줄 사람을 찾을 수 있다. 그런 다음에 비로소 의사를 찾든지 전문직을 찾든지 해야 한다. 〈2016.10〉

제3장

행복하려면 결혼하라

부부가 행복하려면 부부가 상생하고 조화를 이뤄야 한다. 부부의 상생과 조
화는 곧 음양의 상생과 조화이다. 남자는 양이고 여자는 음이다. 이 음과 양의
상생과 조화, 남자와 여자의 상생과 조화를 따지는 일이 궁합이다. 궁합은 부
부의 행복과 불행을 가늠하고 판단하는 도구이다.

철부지들이여, 때를 알아라

자연에는 봄·여름·가을·겨울이라는 때가 있다. 천지 식물들은 이때를 스스로 알아서 봄에는 잎을 내고 여름에는 꽃을 피우고 가을엔 열매를 맺고 겨울엔 쉬면서 다시 오는 봄을 기다린다. 자연의 일부인 사람에게도 저마다 생로병사 혹은 흥망성쇠를 상징하는 봄·여름·가을·겨울이라는 때가 있다. 하지만 사람들은 식물들과 달리 언제 자신에게 봄·여름·가을·겨울이란 때가 오는지를 잘 모른다. 그러므로 실수를 하고 실패를 하고 패배를 하는 것이다. 그래서 사람은 철부지다. 아하! 실수와 실패와 패배를 하지 않으려면 사람마다 오는 때를 알면 되겠구나. 그래서 사람의 때를 알기 위해 만들어낸 학문이 바로 명리학이 아닐까 생각해본다. 아무튼 명리학은 때를 아는 학문이다.

명리학을 제대로 올바로 공부하면, 사람들마다 오는 때가 봄인지 여름인지 가을인지 겨울인지를 알 수 있다. 필자는 10년 넘는 세월 동안 수많은 사람들의 명운을 살펴보면서 때의 중요성과 가치를 뼈저리게 체득했다. 실직 후 퇴직금을 털어 자영업을 시작했다가 본전도 못 건지고 폐업한 사람, 개미처럼 일해서 알뜰히 모은 돈으로 산 땅이 쓸모없는 맹지여서 땅을 치며 통곡하는 사람, 평소 신뢰해온 친구의 보증을 섰다가 빚을 떠안은 사람, 일확천금하리란 확신으로 주식이나 증권에 투자했다가 쫄딱 망한 사람, 천생연분이라 믿고 결혼했다가 파경의 질곡에서 한탄의 눈물을 흘리는 사람… 이들의 실패 원인은 하나같이 때가 아닌 때에 일을 벌인 때문이란 걸 사주 감정을 통해 확인했다. 이와 반대로 성공한 사람들이 일을 벌인 시점을 추적해본 결과, 너나없이 때가 좋은 때에 시작을 해서 인생의 승리자로 우뚝 섰음을 확인했다.

사업·매매·투자 등 큰돈이 오가는 일을 벌일 경우엔 사주 감정을 통해 미리 때를 알아낸 다음, 고냐 스톱이냐를 결정해야만 실패와 손실을 막을 수 있다. 이보다도 평생을 좌우하는 결혼 문제에서는 때가 한없이 중요하다. 본디 배우자복이 좋은데도 평생을 불행 속에서 사는 사람의 사주를 살펴보면, 운이 참 나쁜 때에 만난 상대와 결혼을 한 잘못을 저질렀다는 답이 나오곤 했다. 반면 팔자에 배우자가 없어서 좋은 배우자를 만나 살기란 낙타가 바늘구멍에 들어가기보다도 어려운데도, 배우자 덕을 톡톡히 보며 부러울 정도로 잘 사는 사람의 사주를 들여다보면, 운이 유별나게 좋은 때에 만난 상대와 결혼한 덕분이라는 해답을 얻곤 했다.

나의 인연운이 좋은 때냐 나쁜 때냐는 본인의 사주를 통해 알아낼 수 있다. 사주감정을 해봐서 인연운이 좋은 때라면 발 벗고 나서서 인연을 찾아야 하고, 인연운이 나쁜 때라면 한 발 물러서서 좋은 때가 오기를 기다려야 한다. 인연운이 좋은 때에 한 인연을 만났다면, 그 인연이 과연 나와 좋은지 나쁜지를 최종적으로 확인하기 위해선 궁합을 봐야 한다. 왜 궁합을 봐야 하는가? 배우자는 일평생 나의 행불행을 좌우하는 가장 중요한 존재이기 때문이다. 궁합은 인생 불행을 최소화하고 인생 행복을 최대화할 수 있는 방법이기 때문이다. 그래서 궁합은 명리학의 총화요 핵심이다.

내 님은 누구일까

가을이다. 남녀노소 누구나 서늘한 바람이 가슴으로 스며들면 외로움이 밀려오고 울긋불긋 물든 단풍을 바라보면 그리움이 사무친다. 이 사랑의 계절에 지독히 가을을 많이 타는 층은 미혼의 남녀들일 것이다.

'내 님은 누구일까, 어디에 계실까, 무엇을 하는 님일까, 만나보고 싶네.'

사주로 이 궁금증을 풀어보자. '어디에 계실까'와 '무엇을 하는 님일까'에 대한 해답은 사주로 구하기 어렵다. 다만 '내 님은 누구일까'와 '만나보고 싶네'라는 물음에 대해선 해답을 찾을 수 있다. 곧 사주에 자리한 배우자 코드를 보면 어떤 배우자를 만날지, 만날 수 있을지 없을지에 대한 해답을 얻을 수 있다.

명리학에서 배우자 코드는 남녀 별로 다르다. 남자의 배우자 코드는 재성이고 여자의 배우자 코드는 관성이다. 남자 사주에서는 재성의 유무, 형태, 작용력, 변화 상황 등을 보고 배우자복의 길흉을 판단한다. 사주에 재성이 있으면 아내를 얻을 수 있다고 보고, 없으면 아내를 얻기 어렵다거나 처복이 나쁘다고 본다. 재성이 있어도 맑은 형태로 있으면 처복이 좋다고 하고, 탁한 형태로 존재하면 처복이 나쁘다고 한다. 그리고 재성이 좋은 작용을 하면 처복이 좋다고 보고, 나쁜 작용을 하면 처복이 나쁘다고 본다. 재성을 정재와 편재로 나누어서 정재는 정처,

편재는 외처로 구분하는데, 남자 사주에 이 정재와 편재가 섞여 있으면 다른 여자와 바람을 피운다고 판단한다.

여자의 사주에서도 관성의 유무, 형태, 작용력, 변화 상황 등을 보고서 배우자복의 좋음과 나쁨을 판단한다. 사주에 관성이 있으면 시집을 갈 수 있다고 보고, 없으면 시집가기 어렵다거나 남편복이 나쁘다고 본다. 그리고 관성이 길작용을 하면 남편복이 좋다고 하고, 흉작용을 하면 남편복이 나쁘다고 한다. 관성을 정관과 편관으로 나누어 정관은 본남편, 편관은 정부로 구별하는데, 여자 사주에 이 정관과 편관이 뒤엉켜 있으면 다른 남자에게 외정을 준다고 판단한다.

한편 남녀 모두 이 배우자 코드가 아름다운 모습으로 오는 때에 좋은 배우자를 만날 수 있고, 나쁜 형태로 올 때는 나쁜 배우자를 만나게 된다. 배우자복이 좋을 때는 적극 나서 행운을 잡아야 하고, 나쁠 때는 흉운을 피하고 물러나 호기를 기다려야 한다.

내 님은 누구이며 만나보고 싶으면 먼저 사주를 보라. 내 팔자가 홀아비팔자요 과부팔자인 줄도 모르고 백마 탄 왕자나 유리구두 신은 신데렐라를 무작정 찾고 있는 것은 아닌지, 행운이 온 줄도 모른 채 허송세월하고 있지는 않은지, 불운이 닥쳤는데도 좋은 배우자를 찾아 헤매고 있는 것은 아닌지에 대한 답을 얻을 것이다.

먼저 나를 알아야 한다. 사주를 보면 내가 보인다.

철모르는 사람들

봄이 무르익으면 풀냄새 배어 있는 바람은 향기롭고 꾀꼬리 노래 묻어 있는 햇살은 달콤하다. 목련과 개나리는 피어났다가 이울더니 이제는 찔레꽃, 아카시아꽃, 이팝꽃, 장미꽃이 한창이다. 꽃이 피니 벌과 나비가 날아든다. 이쯤 되면 노처녀·노총각은 '황조가'를 읊조리지 않을까?

> 훨훨 나는 꾀꼬리
> 암수 다정히 노니는데
> 외로울사 이 내 몸은
> 뉘와 함께 살아볼까

아직도 짝이 없는 노처녀·노총각이라면 무작정 '황조가'나 부를 것이 아니라 자신을 먼저 살펴보시라. 왜 나에겐 짝이 없는가? 나에겐 언제 짝이 찾아올까? 라는 질문을 던지고 그 답을 찾아보길 권유한다. 요즘은 30대 중반을 넘으면 혼기를 놓친 노처녀·노총각으로 분류되는 바 내 사주의 꼴을 스캔해서 문제점을 찾아보는 노력이 필요하다. 타고난 배우자 복분이 어떤지, 반려자를 만날 기회는 언제 오는지도 모른 채 허송세월하다 노처녀·노총각이 된 예를 보자.

올해 40줄에 든 노총각**1**은 다정다감한 사회복지사이다. 그의 배우자는 명약관화하게 밖(천간)으로 드러나 있지 않고 땅(지지) 속에 묻혀 있는 모습으로 사주에 존재한다.

그런데다 그는 극처의 기운을 갖고 있으니 배우자와 생사이별의 우려가 높은 운명의 소유자다. 따라서 배우자 인연이 잘 닿지 않고 닿아도 어딘가 흠결이 있는 여자를 만나게 되며, 어느 시기엔 배우자와 이별해야 하는 아픔을 겪게 된다. 그야말로 궁합을 통해 나와 음양오행이 맞는 배우자를 찾아야 한다.

그에게는 21세부터 20년 간 배우자 운이 오고 있었지만, 이 중 26~29세와 36~39세 사이는 인연이 이뤄져도 이별수가 닥치는 시기이다. 실제 그는 27세에 인연을 만나 11년을 사귀다 37세에 헤어지는 아픔을 겪었다. 27세는 인연이 닿아도 좋은 인연이 아닌 때였고, 37세는 인연이 떠나는 때여서 끝내 결별을 맞이했다. 그가 타고난 배우자 복분을 바로 알고, 좋은 인연이 오는 때를 잘 알고 사랑을 했더라면, 타이밍을 잘 활용했더라면 이별의 고통은 겪지 않았을 텐데….

40대 초반의 올드미스**2**는 매력적이다. 하지만 배우자 코드(관성)가 너무 많아서 남편감 고르다 세월 보내고 남자(남편)로 인한 고통을 많이 겪을 여성이다. 궁합을 통해 본인과 음양오행을 이루는 남자를 만나 결혼하되, 인연운이 좋게 오는 때를 놓치지 말고 잡아야 한다. 그녀에게 인연운이 가장 좋은 때는 26, 27세였으나 놓쳤다. 이후 28~37세 사이는 배우자 코드가 과도하게 많아져 인연운이 나쁜 중에도 28,29,36,37세 땐 좋은 시기였으나 흘러 보냈다. 이후 38~47세 사이는 관살이 혼잡해져 인연운이 최악인 가운데 38, 39세는 좋은 편이었으나 또 놓쳐 버리고 50을 향해 홀로 달려가면서 재혼 자리도 마다않고 있으니 안타깝다.

그동안 이 처녀는 150번 정도 선을 봤으나 성혼에 이르지 못했다. 내 팔자 꼴을 알아 눈높이를 낮추고 인연운이 좋은 때를 꽉 잡았으면 지금은 학부모로서 행복할 텐데…

40을 코앞에 둔 노처녀[3]는 워킹우먼이다. 배우자복은 좋게 타고났다. 29세 이전까지 혼인운이 가량하니 이 기간에 결혼해야 했다. 그런데 일에 파묻히고 돈벌이에 집착하여 때를 잡지 못했다. 30세부터 10년 동안은 관살이 혼잡한 기간으로서 좋은 인연을 만나기 어려운 시기다 보니 40을 바라보는 신세가 되었다.

철모르는 사람을 철부지라고 한다. 사람마다 타고난 인연이 있고 또한 그 인연이 오는 철이 있고 가는 철이 있다. 내 인연을 잘 살펴보자. 만화방창한 철에 황조가를 읊조리지 않기 위해. 〈2015.5〉

결혼 골든타임

 여자들이 생각하는 여자의 결혼 적정 연령은 몇 세일까? 취업 포탈 파인드잡이 25세 이상 여성 1,202명을 대상으로 '결혼 적정 연령'을 조사한 결과, 서른 즈음인 29~31세에 결혼하고 싶다는 여성이 절반을 넘는다고 최근 밝혔다.

 여기서 결혼 골든타임에 대해 생각해보자. 응답 여성의 절반 이상이 원하는 29~31세는 어느 여성이든 결혼하기에 딱 좋은 나이일까? 이 연령대가 모든 여성에게 해당하는 결혼 골든타임일까? 본래 골든타임 이란 사고 사건이 일어났을 때 인명을 구조할 수 있는 초반의 금쪽같은 시간을 의미한다. 심장이 멎으면 4분 내에 심폐소생술을 시행해야 하고, 비행기에 비상 상황이 발생하면 90초 내에 승객들을 탈출시켜야 한다. 이 골든타임 개념을 인륜지대사인 결혼에 적용할 때, 여성들이 가장 희망하는 서른 즈음이 연령적으론 모두의 결혼 골든타임일 수 있겠으나 운명적으론 모두의 결혼 골든타임이 될 수 없다. 왜냐하면 여성 개개인의 운명이 다르기 때문이다.

 여성 개개인이 타고난 배우자복은 저마다 다르고, 개개인이 맞이하는 배우자운(인연운/결혼운)은 좋은 때와 나쁜 때가 저마다 다르다. 그래서 서른 즈음이 누구에게는 골든타임이 되어 행복의 문으로 들어서는 기회가 되고, 누구에게는 배드타임이 되어 불행의 구렁텅이로 추락하는 시점이 되기도 한다. 예를 보자.

올해 40세에 첫 아기를 얻은 여인4은 배우자와 이별할 상부팔자로 태어난 데다 그 가능성은 평생에 걸쳐 열려 있었다. 특히 29~34세 사이는 부부 이별 가능성이 매우 높은 최악의 시기였다. 이런 중에도 결혼 골든타임은 있었으니 1차 25~28세와 2차 35~38세였다. 그녀는 독신주의를 고집해 1차 골든타임은 놓치고 2차 골든타임 마지막 때인 38세에 4세 연상의 현재의 남편을 만나 결혼했다. 34세 이전에 결혼을 하지 않음으로써 최악의 시기를 무사히 넘긴 게 천만다행이요 만만다행이다. 더욱이 남편은 이 여인의 상부운을 막아주는 오행을 갖고 있으니 구세주이다.

올해 31세인 여성5은 배우자 코드(관성)가 너무 많아 남자(배우자)한테서 스트레스를 많이 받아 신산한 삶을 살 운명의 소유자다. 이 여성에게 결혼 골든타임은, 인연운이 나쁜 27~30세를 제외한 기간이다. 그런데 이 여성은 최악 기간인 30세에 현재 남편을 만나 31세에 결혼했고 신혼생활 한 달을 못 넘겨서 이혼을 고민 중이다. 더욱이 남편은 이 여성의 기운을 빼는 오행을 갖고 있으니 '웬수'이다. 이 여성이 비록 배우자복을 나쁘게 타고났어도 골든타임에 인연을 만났다면 인생역전의 삶을 살 수 있을 텐데…

저마다 타고난 결혼 골든타임을 놓치지 말고 잡아야 행복한 삶을 누릴 수 있다. 강조하건대 결혼 골든타임이란 결혼식을 올리는 시기가 아니라 '인연을 만나는 시기'이다. 인연 시기보다 더 중요한 점은 상대 배필이 누구냐는 것이다. 〈2015.1〉

05

사랑이 오는 때

43세 노총각[6]이 지난 5월에 비로소 장가를 갔다. 결혼이 이렇게 늦어진 것은 처음 대학에 들어갈 때 마음에 맞는 대학과 학과로 진학을 하지 못한 데서 비롯되었다. 반수생 생활을 하면서 몇 번 대학을 옮기고 학과도 바꾸는 혼선을 거듭하며 세월을 낭비했다. 그리곤 사법시험 공부를 하느라 30대 중반을 허송하였다. 그러나 종내 건강이 나빠져 사법시험을 포기하곤 건강을 회복하는 과정에서 겨우 부동산 중개사 자격증을 땄으나 어언 40세가 넘었다.

이 무렵 그의 사주를 본즉 20~30대 때에 고시에 합격할 확률은 낮았고 대신 재물운과 배우자운이 아주 좋았다. 진작 사주를 보고 인생 설계를 하지 않은 채 살아온 그의 과거가 안타까웠다. "고시는 일찌감치 포기하고 취업을 하거나 자기 사업을 했다면 돈을 많이 벌고 좋은 인연을 만나 아들딸 낳고 행복한 가정을 꾸려 왔을 텐데…"라고 해본들 무슨 소용이랴. 하지만 "배우자 인연이 좋아지는 2011년이나 2012년에 짝을 만나 결혼할 수 있으니 기회를 놓치지 말라."고 그 부모에게 조언했다.

이 말을 명심한 그 어머니가 성당에 나가더니 2011년 교인의 소개로 며느릿감을 구함에 따라 그는 올해 드디어 혼례를 올리게 된 것이다. 더욱 반가운 일은 이 부부의 궁합이 합격점을 넘는다는 점이었다. 음양오행이 적절히 조화를 이뤄 상호 보완의 관계이고, 서로 화합하며 융합하는 사이일 뿐만 아니라 부부 관계가 찰떡궁합이니 금상첨화의 만남이었다.

45세 노총각[7]도 올해 크리스마스를 며칠 앞 둔 날에 정식으로 아내를 맞이하였다. 10년 전에 그의 사주를 보곤 배우자와 생사이별하거나 배우자 인연이 바뀔 가능성이 있으니 배우자 선정을 잘 해야 한다고 그 아버지에게 이야기했더니 그 아버지는 냉소하였다. 그 아버지는 기독교 신자였다. 그런데 그동안 아들이 정혼은 하지 않은 채 몇몇 여자와 동거를 하다 헤어지곤 하는 것을 목도한 그 아버지는 이윽고 명리학을 인정하였다. 그래서 "아들은 43~46세 사이에 배우자 인연이 닿아 결혼하게 되고 재물운도 좋아지니 기회를 잡도록 하라."고 그 아버지에게 정보를 주었다. 아버지한테서 이 정보를 받고 노력을 기울인 그는 44세 때 짝을 만나 사귀더니 45세인 올해 성혼에 이르렀고 , 아버지가 아파트를 사 주었으니 재물을 얻은 셈이 되었다.

32세 남자[8]는 상처할 가능성이 높다. 대학 시절부터 여자 친구를 만날 기회가 잘 오지 않았다. 어쩌다 만나 사귀다 보면 무슨 사유로인지 여자 친구는 떠나기 일쑤였다. 그렇게 여자는 떠나고, 나이는 차고, 빨리 결혼하고 싶은 마음은 가득했다. 목 빠지게 여자를 기다렸으나 인연은 좀체 생기지 않아 걱정이 늘어졌다. 그런 그에게 "그동안 여자가 떠난 건 다 팔자 탓이다. 아내를 극하는 코드가 사주에 많기 때문이다."며 "그래도 올해는 좋은 인연을 만날 수 있으니 백방으로 노력하라."고 일렀다. 그랬더니 그는 이런저런 모임에도 열심히 나가며 짝을 찾는 노력을 다하였다. 그런데도 올 11월까지도 나타나는 여자가 없어 조바심

을 태우던 그에게 드디어 올 12월에 인연이 왔고, 목하 사귀고 있다고
했다.

　사랑은 아무 때나 오지 않고 그냥 얻어지는 게 아니다. 사랑에도 때
가 있고 노력이 필요하다. 나의 명운을 보고 사랑이 오는 때를 알고 그
때를 잡아야 사랑을 얻을 수 있다. 〈2012.12〉

06

좋은 인연이 오는 때

만혼 시대다. 2013년 한국 여성의 평균 초혼 연령은 29.6세, 남성의 평균 초혼 연령은 27.8세였다. 이는 1990년에 비해 여자는 4.8세, 남자는 4.4세 높아졌다. 통계청 자료다.

이런 추세가 자녀 결혼 문제를 걱정하는 부모들의 마음 추세에 그대로 반영된다. 대개 부모들은 딸이 30세를 넘기면 시집을 보내야 할 텐데 하는 마음에 초조해지고 아들이 33세를 지나면 저러다 짝을 만나지 못하면 어떨까 하는 마음에 안달이 난다.

평균 초혼 연령을 훌쩍 넘긴 30대 후반에서 40대 초반에 이른 자녀를 둔 부모들이 자주 필자를 찾는다. 이런 자녀들의 사주를 보면 대부분 배우자 문제를 안고 있는 경우가 많다. 대개 남자는 상처 팔자이고 여자는 상부팔자이다. 이런 남녀는 언제 결혼하느냐 보다도 누구와 결혼하느냐가 더 중요하므로 '나에게 맞는 상대'를 찾는 일이 핵심이다. 그러려면 기회를 잘 잡아야 한다. 아무리 홀아비팔자, 과부팔자라도 좋은 인연이 오는 때가 있으므로 이 때를 잡아야 한다. 이 때를 잡되 부지런히 궁합을 봐서 나와 음양오행이 조화를 이루는 사람을 선정하면 홀아비팔자, 과부팔자를 면할 수 있다.

딱히 홀아비팔자거나 과부팔자가 아닌데도 노총각이나 노처녀가 된 미혼자도 더러 있다. 이런 사람들은 대부분 좋은 인연이 왔는데도 몰라서 놓쳐버린 경우다. 본인이 다른 일에 빠져 기회를 잡지 못하기도 했고, 본인은 기회를 잘 잡았지만 부모의 반대로 놓아버리기도 하였다. 매우 안타까운 일이다.

사람마다 좋은 인연이 오는 때가 있다. 남자의 배우자 코드는 재성이므로 재성이 아름다운 모습을 갖출 때(연, 월) 좋은 인연이 온다. 여자의 배우자 코드는 관성이므로 관성이 아름다운 형태를 이룰 때(연, 월) 좋은 인연을 만난다. 그리고 남자든 여자든 본인 자리 혹은 배우자 자리가 합을 이루는 때에 좋은 인연이 찾아온다. 이렇게 좋은 인연이 오는 때를 잡으면 좋은 짝을 얻을 수 있다. 반면 사람마다 나쁜 인연이 오는 때도 있다. 이런 때 만난 상대는 나쁜 배우자이기 십상이므로 이런 때는 인연 맺기를 피해야 한다.

결혼 시기를 맞아 인연이 좋은 때를 잡고 인연이 나쁜 때를 피하기에 앞서 부모가 먼저 해줘야 할 일이 있다. 그것은 부모가 자녀의 배우자 복을 미리 점검해 주는 일이다. 자식이 최소한 성년이 되거나 대학생이 되면 내 자식이 타고난 배우자복이 어떠한지를 살펴 주라고 필자는 진심으로 권한다.

우리가 미리 예방접종을 하면 악질에 걸리지 않듯이 부모가 미리 자녀의 배우자복을 점검해서 그 길흉에 따라 대처하고, 좋은 때는 잡고, 나쁜 때는 피해 간다면 자녀의 행복한 결혼 생활을 도모할 수 있다.
〈2014.7〉

07

삼각관계가 일어날 때(관살혼잡)

　누구나 살아가는 동안 좋은 인연(남녀 인연, 배우자 인연)만 만난다면 얼마나 좋을까? 그러면 세상의 모든 남자와 여자가, 모든 남편과 아내가 서로 화합하여 조화를 이루고, 믿음과 사랑으로 살아갈 것인즉 모두가 행복할 것이요 세상은 행복의 화원이 될 것이다. 그러나 천태만상의 사람들이 사는 세상은 그렇지 못하다. 나쁜 인연을 만나 서로에게 아픔과 고통을 주고 돌아서는 연인 혹은 부부도 있고, 잘못된 만남에 종지부를 찍지 못해 평생을 갈등과 한숨과 원망 속에서 원수처럼 지내는 부부도 있고, 죽음으로 인연을 끊는 비극의 주인공도 있다.

　나쁜 인연을 만나는 사람들은 대개 하늘로부터 그런 명命을 본디 타고났다. 그래서 나쁜 인연을 만나기 마련이지만 좋은 인연운이 올 때 그 기회를 잘 잡으면 좋은 인연을 만날 수 있다. 한편 설혹 좋은 인연을 만날 명을 타고났더라도 나쁜 인연운이 올 때 그 운에 빠져버리면 나쁜 인연을 만나 평생 불행한 삶을 살 수밖에 없다.

　나쁜 인연이 오는 때가 어떤 때인가? 여자의 경우를 보자. 여자 사주에서 남편은 관성이다. 관성은 정관과 편관(살殺이라고도 한다)으로 나눠지는데 정관은 본남편, 편관은 외간 남자에 해당한다.

　정관과 편관이 섞여 와서 관살이 혼잡(혼탁)할 때나 관성이 태과할 때는 나쁜 인연이 닥친다. 관살이 혼잡해져서 삼각관계가 발생한 예를 보자.

올해 1월, 20대 후반의 청순한 아가씨[9]가 찾아왔다.

"남자가 많아서 걱정입니다. 어떤 남자를 골라야 할지 모르겠어요."

오래 전부터 사귀는 남자가 있었는데 지난 해 몇 명이 더 생겨 삼각관계, 사각 관계에 빠져 고민 중이라고 했다. 아가씨의 사주를 본즉 2013년은 나쁜 인연이 오는 때 곧 관살혼잡의 운이었다. 이럴 땐 자칫하면 남자에게 봉변을 당하니 조심해야 한다고 상기시키자 지난해 남자한테 성추행을 당했다고 털어놓았다.

2012년 겨울, 여대생[10]이 방문했다. 교사 임용고시를 앞두고 있는 바 시험운이 어떠냐고 물었다. 시험운을 자세히 설명해주자 그 여대생은 다시 물었다.

"올해 공부하느라 힘들었는데 더 힘든 건 남자들 때문이었어요. 저는 관심이 없는데 이 남자 저 남자 수없이 접근해왔어요. 지금도 골치가 아파요. 왜 이렇죠?"

그 여대생에게 2012년은 관살이 혼잡해지는 때였다. 접근을 넘어 돌진해오는 남자들을, 공부와 시험을 위해 뿌리친 건 잘한 일이라고 격려해주었다.

30대 초반의 여교사[11]에게 2012년은 삼각관계가 발생하는 흉한 해였다. 주위의 소개로 집안과 경제력이 좋은 금융계 남자를 만나 결혼까지 염두에 두고 교제 중이었는데 난데없이 그 남자의 과거 여자가 나타나 판을 깨버렸다. 이후 여러 가지 조건이 마음에 드는 전문직 남자를 만나 결혼을 약속하고 날까지 잡았으나 역시 그 남자의 과거 여자가 나타나는 바람에 뜻을 이루지 못했다. 2012년은 여교사에게 관살이 혼잡해지는 때이니 남자운이 나빴던 것이다.

관살이 혼잡해지는 때가 오면, 미혼 여성은 악연이 오는 때인 줄 알고 그 인연을 피하고, 기혼 여성은 내가 바람이 나거나 혹은 남편이 바람을 피우는 때인 줄 알고 남자 조심하거나 혹은 남편 감독을 잘 해야 한다. 〈2014.7〉

08

인연이 깨어지는 때

올 추석에도 노처녀들은 집안사람들로부터 딱 듣기 싫은 말을 또 들었을 것이다.

"올가을엔 시집가야지",

"사귀는 사람은 있나?",

"어떤 스타일을 좋아하지?",

"내가 중신해줄까?"

집안사람들의 관심과 염려는 고맙지만 노처녀 본인으로서는 엄청난 스트레스다. 결혼 적령기에 든 여성이라면 향후 이런 스트레스에 시달리지 않기 위해서라도 내 배우자복이 어떤지를 사전에 파악해 둘 필요가 있다. 즉 내 팔자에 배우자가 있긴 있는지, 좋은 사람을 만날 수 있는지, 배우자와 생사이별할 팔자는 아닌지, 좋은 인연은 언제 오는지 등등을 미리 알아두고 잘 대처하면 보다 행복한 삶을 살 수 있다. 자신의 배우자복을 미리 파악하는 것은 좋은 아내, 좋은 며느리, 좋은 어머니가 되기 위해 미리 신부 수업을 받는 것보다 몇 만 배 더 중요하고, 시집갈 밑천을 미리 준비하고 혼수품을 미리 장만하는 것보다 몇 천 배 더 중요하다.

설령 내 배우자복을 미리 알지 못했더라도 결혼 적령기에 즈음하여 이런저런 인연이 생겼을 때는 그 사람과의 궁합을 보면 좋은 배필감인지 나쁜 배필감인지를 가려낼 수 있다. 인연이 생겨서 궁합을 보려는데 남자의 사주를 모를 때는 어떻게 해야 할까? 인연이 생긴 그 해, 그 달, 본인의 배우자운을 살펴보면 대략적인 해답이 나온다. 내 배우자운이 나쁜 때이면 상대는 나와 맞지 않는 악연이고, 내 배우자운이 좋은 때이면 상대는 나와 맞는 선연일 확률이 높다.

남자(배우자)운이 좋은 때인지 나쁜 때인지는 본인의 배우자 코드인 관성의 동향을 보면 간파할 수 있다. 좋은 때이면 적극 나서고 나쁜 때이면 좋은 때가 올 때까지 기다려야 한다. 배우자운이 나쁜 때인 줄을 모른 채 나섰다가 현명한 선택을 못하거나 낭패를 본 예를 보자.

33세 처녀**12**에게 2012년과 2013년은 남자운이 나쁜 해이다. 왜 나쁘냐 하면 관성(남자)을 잡아먹는 코드인 식상의 세력이 막강해져서 관성이 무력해지는 때이기 때문이다. 만약 궁합이 맞지 않는 사람과 결혼한 처지라면 생별 혹은 사별할 시기이고, 미혼 상태라면 교제 중인 남자와 헤어지거나 인연이 잘 닿지 않는 시기이다. 실제로 2012년에는 교제 중이던 남자와 결별했고, 올 2013년에는 어머니의 주선으로 다섯 명의 남자와 '가상의 맞선'을 보았으나 자기 마음에 드는 남자가 없었다. '가상의 맞선'이란 궁합을 의미한다. 그 어머니는 몇 년 전부터 어디서 중매가 들어올 때마다 필자에게 의뢰해 궁합을 봤었다. 그래서 올해도 다섯 명의 남자와의 궁합을 본즉 네 명은 문제 있는 남자요 맞지 않는 짝이었으나 한 남자와의 궁합은 양호하였다. 필자가 그 남자는 "상호보완의 만남이니 꼭 잡으라."고 했고, 그 남자도 "좋다."고 했으나 그 처녀는 "내 스타일이 아니다."라며 거부했다. 그 처녀는 남자(남편)와 이별 혹은 사별할 때이니, 곧 남자운이 나쁜 때이니 좋은 복(선연)을 받아들이지 못하는 결과를 낳았다.

31세 처녀[13]는 2년 전부터 결혼정보업체를 통해 50회 정도 맞선을 봤으나 하탕만 쳤다. 그러다 올해 7세 연상의 이혼남인 의사와 선을 봤고, 서로 끌림이 좋아 결혼 날까지 잡았다. 그런데 의사의 어머니가 예단비로 수억 원을 요구하는 바람에 혼사는 깨졌고, 이로 인하여 처녀는 크게 상심하여 마음의 병까지 얻었다. 왜 혼사가 깨졌을까? 이 처녀에게 올 2013년은 본디 무력한 관성(남자)의 힘이 완전히 고갈되는 해이기 때문이다. 만약 궁합이 맞지 않는 사람과 결혼한 기혼자라면 올해는 생별 혹은 사별할 시기이고, 미혼 상태라면 교제 중인 남자와 헤어지거나 인연이 잘 닿지 않는 시기이다.

이 처녀의 사주에서 관성에 해당하는 火의 세력은 0이고 목생화木生火로 이를 돕는 木의 세력은 3이다. 이런 경우를 목다화멸木多火滅이라고 한다. 곧 아궁이에 나무를 너무 많이 넣어 불이 꺼지는 상황이다. 이런 상황에서 2013년은 木의 세력이 더욱 왕성해지고 목다화멸 상태가 극에 달하는 때, 곧 관성에 해당하는 불이 깡그리 꺼지는 때이니 악연을 만났던 것이다. 명목상으로 보면 남자 쪽에서 수억 원의 예단비를 요구하는 문제로 파혼이 된 것이지만, 명리학으로 보면 올해 이 아가씨는 남자(남편)와 생별 혹은 사별하는 때를 맞았으니 파혼사유가 생기면서 혼사가 깨진 것이다.

이같이 나쁜 인연이 오는 때(연, 월)는 남자 찾기에 나서지 말고 가만히 앉아 있거나 혹은 한 발 뒤로 물러나 때를 기다려야 낭패를 보지 않는다. 때도 때이지만 위 두 여성의 남자(남편)복은 태생적으로 나쁘다. 〈2013.9〉

09

10년 동안 찾지 못한 짝

사십을 코앞에 둔 노총각**14**의 아버지가 최근 방문했다. 사실 이 노총각의 사주는 이미 10년 전에 본 바 있다. 당시 그 아버지가 아들의 명운에 관하여 정식으로 감정을 의뢰한 게 아니라 좋은 배필이 있으면 소개시켜 달라는 차원이었다. 그래서 그 아버지에게 아들의 운명에 대하여 자세히는 말하지 않고 '아들은 자기와 조화를 이루는 여자를 배우자로 선정해야 한다. 그렇지 않으면 문제가 생긴다'는 정도의 언질만 주었다. 그 아버지도 정식으로 감정을 의뢰한 상태가 아니라서 왜, 무엇 때문에 그래야 하는지 등에 대해 자세히 묻지도 않았지만, '문제가 생긴다'는 말을 대수롭지 않게 여겨서 그냥 지나가는 말로 넘겼던 같다.

이 노총각은 명문대를 나왔고 다니는 직장도 신의 직장이라는 공기업체이며 키가 훤칠하고 인물도 수려하다. 어디를 내놓아도 손색없는 신랑감이다. 그런데 아직까지도 그에게 시집오겠다는 여자가 없다. 결혼상담소와 중매쟁이를 통해 선을 60번 정도 봤다. 상대 여성은 교사, 변호사, 부잣집 딸 등 다 내로라 하는 자격을 갖춘 규수였다. 첫 만남 후 노총각 자신이 이런저런 이유로 두 번째 만남을 신청하지 않은 경우도 있지만 대개 여성 쪽에서 두 번째 만남을 거부하고 어쩌다 두 번의 만남이 이어져도 더 이상의 진척이 없었다. 이런 세월이 10년이었다. 왜 이럴까. 이 노총각은 전형적인 홀아비팔자다. 사주에 배우자가 없다.

평소 여자와의 인연이 잘 닿지 않고 닿아도 곧 헤어진다. 좋은 조건의 여성을 만나기가 어렵다. 결혼을 하면 배우자를 매우 힘들게 하며 생사이별을 피할 수 없다. 독신으로 살면 딱이다. 그렇다고 신부 혹은 승려의 길로 가거나 홀아비로 살 수는 없지 않은가. 그래서 꼭 결혼하겠다면 먼저 본인이 본인의 운명을 알고 수용해야 한다.

노총각은 의지가 굳세고 독립심이 강하지만 아집이 많고 독단적이며 절제력이 약하여 참을성이 없다. 그래서 배우자를 힘들게 하는 극처 팔자에 상처 팔자다. 이 점을 인정한 다음 배우자운이 좋게 오는 때를 잡아서, 선을 보기에 앞서 궁합을 먼저 봐서, 세속의 조건은 뒤로 한 채 나와 음양오행이 맞는 여자를 배우자로 잡아야 한다. 이래야만 아내와 생사이별을 거듭 겪어야 하는 불행을 막을 수 있다.

이런 사실을 그 아버지가 진작 파악하고 아들에게도 알려 줘서 대처해야만 했다. 그 아버지는 가톨릭 신자였다. 사주를 무시한 채, 궁합을 우습게 여긴 채, 필자의 조언을 경시한 채 10년 동안 며느릿감을 물색한 아버지의 노력과 정성이 무위가 되었으니 얼마나 고단하고 속이 탔을까. 10년을 허송세월하다 이제야 찾아온 아버지가 남도 아닌 지인이어서 답답해 보였지만 뒤늦게라도 방법을 모색하러 왔으니 그나마 다행이라고 여겼다. 명리학을 우습게보지 마시라.

10

올드미스의 후회

혼기에 이른 여성들은 결혼은 언제 하면 좋을지, 어떤 신랑감을 만날 수 있을지, 부부끼리 잘 살 수 있을지, 혼자 살 팔자는 아닌지 등등에 대한 의문을 갖게 된다. 이런 의문에 대한 답은, 배우자 코드에 해당하는 관성이 사주 속에 어떤 형태를 취하고 있는가를 살펴보면 찾아낼 수 있다. 관성이 아예 없으면 인연이 잘 닿지 않아 결혼하기 어렵고, 관성 하나가 맑은 모습으로 제 자리에 있으면 훌륭한 배우자를 만나 행복하게 살고, 관성이 혼탁한 상태로 많이 있으면 배우자에게 정신적·육체적으로 고통을 받거나 외간 남자와 놀아난다고 판단한다. 그리고 남자를 잡아먹는 코드(식상)가 많거나 남자의 기를 빼는 코드(인성)가 많으면 과부팔자라고 보면 틀림없다.

계사년 설 연휴 다음날, 얼굴도 밝고 옷차림도 밝은 여성**15**이 찾아왔다. 40을 코앞에 두고 있는 연령이었으나 미혼이라는 직감이 들었다. 그래서 사주 명조를 작성한 후 먼저 관성의 동태를 살펴봤다. 정관 2개가 양호한 상태로 자리하고 있었다. 현량한 배우자를 만날 수 있는 복을 타고났다. 남자를 잡아먹거나 남자의 정기를 빼는 코드의 세력이 강하지 않으니 이별의 우려도 없었다. 다만 호불호가 분명하고 맺고 끊는 것이 명쾌한 강단성이 있는 성격이며 자기주장이 강하여 배우자 권리를 뺏을 수 있다는 점 곧 내주장할 수 있는 점이 단점이라면 단점이었다.

이것은 결혼 후의 이야기일 뿐, 관성의 동향으로 보면 벌써 결혼하고도 남을 운이고, 느낌으론 미혼 같아서 질문을 던졌다.

"결혼은 하셨습니까?"

"미혼입니다."

"배우자복이 좋은데 아직 결혼 안 하셨다니 이해할 수 없네요. 눈이 높으신가요, 일에 묻혀 사는가요?"

"저와 맞는 사람을 만나지 못했습니다."

이쯤하고 자식복, 재물복, 관운, 건강 등을 설명해주고 앞으로 전개되는 미래에 대한 전망도 펼쳐보여 주었다. 그리고 다시 당면 과제인 결혼 문제에 대해 더 정밀히 관찰하였다. 결혼운(인연운)은 21세 때부터 30세까지 10년 간 양호하게 왔고, 31세부터 10년 동안에도 예쁘게 오고 있는데 결혼을 하지 않았다니 납득이 가지 않았다. 다시 물었다.

"20대 때부터 좋은 인연이 왔는데 왜 결혼 안 하셨어요?"

그때서야 이 여성은 지난 이야기를 털어놓았다. 27세 때 어느 철학관에 갔더니 37세까지는 배우자와 헤어질 운이니 절대 결혼하지 말고 38세 이후에 결혼하라고 하더란다.

"여태껏 남자와의 만남이 많았으나 38세 이전에 만나는 남자는 내 인연이 아니다 라고 믿으며 내치기만 했어요. 지금 생각하니 그때 철학관에서 들은 말이 뇌리에 각인돼서 그랬던 것 같습니다."

아뿔싸! 탄식이 나왔다. 엉터리 술사가 내뱉은 말이 한 여성의 혼인 길을 막았구나. 제때 결혼했으면 초등학생 자녀를 둔 엄마가 됐을 여자를 노처녀로 만들고 말았구나. 운명을 아무한테나 물으면 위험하다.
〈2013.2〉

11

이유 있는 노처녀

통계청이 발표한 자료에 따르면 2011년 한국 남녀의 평균 초혼 연령은 남자가 31.9세, 여자는 29.1세인 것으로 나타났다. 그래서 부모들은 아들이 30세 되기까진 장가보내기에 여유를 보이다가도 31세로 넘어가면 늘어지게 걱정을 하게 되고, 딸은 28세가 될 때까진 시집보내기에 느긋해하다가 29세에 이르면 답답해하고 30세를 넘기면서부터는 안달을 하는 게 주위의 풍경이다. 사회분위기가 이러니 아들들도 30세를 넘어 31세에 들면 결혼문제를 심각하게 걱정하고 딸들도 28세를 넘어 29세에 이르면 결혼문제를 중대하게 걱정한다.

여기서 지적하고 싶은 게 있다. 그건 결혼문제에 관한 미혼 남녀와 부모의 관점이다. 결혼문제를 걱정할 때, 결혼 적령기는 신경을 쓰면서 왜 배우자복이나 배우자 인연에 관하여는 고민을 하지 않느냐는 것이다. 주위를 둘러보라. 봄이 오면 절로 꽃이 피고 꽃이 피면 절로 나비가 날아드는 자연의 섭리처럼, 결혼 적령기에 들면 누구나 배우자 인연을 만나고 배우자 인연이 생기면 누구나 절로 백년가약을 맺게 되던가. 배우자 인연이란 예금해 놓은 돈을 언제나 내 맘대로 쓸 수 있는 체크카드와 같은 게 아니요, 전화로 부르면 당장 달려오는 콜택시와 같은 게 아니다. 물론 이미 배우잣감을 찜해놓은 남녀는 결혼 적령기에 맞춰 식만 올리면 되겠지만, 그렇지 못한 남녀는 결혼 적령기를 맞아 배우잣감을 찾는다고 쉽사리 찾아지지 않는 게 인간사요 세상사가 아니던가.

꽃은 봄에만 피지 않고 여름에도 피고 가을에도 피고 겨울에도 핀다. 사람이 타고난 배우자복은 저마다 다르고, 사람에게 찾아오는 배우자운도 저마다 다르다. 그러므로 결혼 적령기에 즈음하여 배필을 찾는다고 허둥대지 말고, 그 이전에 내가 타고난 배우자복은 어떠한지 그리고 배우자운은 언제 오는지를 미리 아는 노력이 필요하다.

다음은 모두 평균 초혼 연령을 3~5세 넘겨 부모뿐만 아니라 주위에 걱정을 끼치고 있는 노처녀들이다. 이들은 저마다 배우자 문제를 안고 있는데도 진작 알지 못한(않은) 채 이 지경에 이르렀다.

35세의 여자**16**는 의사다. 아직 혼자인 것은 배우자 코드(관성)가 꽝이 됐기 때문이다. 이 여의사에겐 관성 2개가 있으나 꽝(공망)이 된 바람에 그 힘이 무력하고 그 기운이 미약하므로 인연이 잘 닿지 않는다. 좋은 남편을 만나기도 어렵다. 인연을 만나려면 이 문제를 해결해주는(꽝을 다시 꽝으로 만드는) 해나 월에 남자를 만나는 게 중요하다. 좋은 남편을 얻으려면 그 문제를 해결해주는 남자를 만나는 게 중요하다. 그 아버지의 부탁으로 그런 남자를 찾아줬건만 내 안의 이유(문제)는 무시한 채 이런저런 이유로 고개를 젓는다. 의사로서 환자의 환부는 찾아내지만 본인의 남편 코드가 꽝이 된 건 모르니 안타깝다.

33세의 여자**17**는 서른 즈음부터 결혼 상대를 찾았으나 나타나지 않는다. 사주에 남자가 없는 무관사주 탓이다. 그러면 배우자복이 좋게 오는 때를 잡아 나와 음양오행이 맞는 사람을 선택해야 한다. 본인은 그걸 모르니 그 외삼촌이 전문가인 필자에게 의뢰했고, 필자가 나서서 그런 남자를 찾아줬건만 첫인상이 싫다며 외면해버렸다. 본인과 음양오행이 맞는 사람인지 아닌지가 가장 우선이고 외모· 직업· 학력 등은 그다음이라고 일러줘도 쇠귀에 경 읽기다. 더욱 어처구니없는 일은 어느 스님이 이름이 나빠서 결혼이 늦어진다고 해서 몇 년 전 개명을 했다는 것이다. 소가 웃을 일이다. 개명이 아니라 내 안의 이유에 귀 기울여야 한다.

34세 처녀18는 글로벌 기업체의 연구원이다. 서른 전부터 부모가 나서서 혼처를 구하고 있으나 아직도 찾지 못했다. 인물도 빼어나고 현모양처 형이고 직장도 좋은데 왜 짝을 만날 수 없을까? 남자들이 모두 눈이 삔 때문이라는 게 부모의 생각이다. 그렇지 않다. 첫째 이 처녀는 사주에 관성이 없는 무관사주의 주인공이다. 여자 사주에서 관성은 남편 코드다. 무관사주의 여자는 배우자 인연이 잘 닿지 않고, 무언가 미흡한 남자와 결혼하기 쉽고, 결혼 후엔 남편으로 인하여 고통을 받을 가능성이 크다. 둘째 이 처녀에게 관성이 전무하지는 않고 어딘가에 2개가 숨어 있는데 그 중 하나가 무덤 속에 있다. 이를 부성입묘라 한다. 남편이 비명횡사한다는 암시다. 셋째 이 처녀는 남자를 잡아먹는 코드(식상)를 다량 보유하고 있을 뿐더러 남편을 해치는 운을 57세까지 맞이하고 있다. 미인이라고 다 남편복이 좋고 현모양처라고 다 남편복이 좋던가.

33세 처녀19는 교사다. 사귀는 남자도 없고 결혼에도 관심 없다. 이 처녀도 무관사주에다 식상을 대량 보유하고 있는 상부팔자의 임자다. 43세까지 상부 운을 맞이한다. 이를 모른 채 속을 태우기만 하던 어머니가 뒤늦게나마 올 3월 필자를 찾은 건 천만다행이다. 이 처녀에겐 지난해와 올해가 인연을 만날 절호의 찬스다. 지난해 모르고 놓쳤으니 할 수 없지만 올핸 기회를 꼭 잡으라고 당부했다. 올해 놓치면 10년을 기다려야 한다는 겁도 주었다. 이 아가씨는 부잣집 맏딸이다. 올드미스가 골드미스라 한들 돈복이 배우자복보다 더 크고 중요하랴.

천지만물, 세상만사에는 다 때가 있다. 나의 때를 알자. 천지인간, 사람마다 다 타고난 복분이 있다. 나의 배우자복을 알자. 그 답은 사주에 있다. 집안 좋고 학벌 좋고 인물 좋고 직장 좋은들 배우자복을 뛰어넘을 수 있으랴.〈2013.3〉

이유 있는 노총각

이 세상에 이유 없는 무덤은 없다고 한다. 오랫동안 많은 사람의 인생살이, 특히 인생 중 가장 중요한 결혼 생활을 들여다보면서, 이 중에서도 불행하게 살아온 사람들을 보면서 '이유 없는 무덤은 없다'는 말을 되새기곤 한다. 배우자와 사별한 사람, 이혼한 사람, 별거하는 사람, 두세 번 결혼한 사람 등등 어떤 형태로든 부부 관계가 파탄난 사람에게는 다 그 이유가 있음을 확인한다. 부부 관계가 파탄에 이른 원인이 자기에게는 없고 배우자에게 있는 것으로 남을 탓하는 사람들이 많지만 실제로 보면 근본 원인은 본인에게 있음을 목도한다. 본인들은 모르지만 음양오행가의 눈에는 그 이유가 훤히 보인다. 그 이유는 사주에 다 들어있다.

노총각이나 노처녀의 경우도 마찬가지다. 그 이유는 다 사주에 있다. 이유 없는 노총각도 없고, 이유 없는 노처녀도 없다. 혼기를 놓쳐 '시집'의 '시'자만 꺼내도 히스테리를 일으키는 노처녀나 '장가'의 '장'자만 말해도 짜증을 내며 '내가 알아서 한다'는 노총각에게는 다 그런 이유가 있다. 이유 있는 노처녀의 모습은 「이유 있는 올드미스」란 글에서 다뤘으니 여기선 이유 있는 노총각의 모습을 보자.

38세의 노총각[20]은 의사다. 직업으로 보면 최고의 신랑감이다. 그런데 왜 장가를 못 갔을까? 의사이긴 하나 키가 160센티로 작다는 핸디

캡 때문이라고 본인과 부모는 생각한다. 아니다. 근본원인은 그의 사주에 있다. 그는 재다신약 사주의 주인이다. 신약하니 나는 나약하고 우유부단한데, 재다하니 재성은 많다는 의미의 사자성어가 재다신약이다. 남자 사주에서 재성은 여자(아내)에 해당하는 코드이다. 그에게 있는 여자 코드는 3개이다. (지지 속에 숨어 있는 것까지 합하면 6개이다.) 사주에 존재하는 어느 코드이든 3개 이상이면 너무 많다고 한다. 이를 태과라고 한다. 우주자연의 법칙이 그렇고 세상만사의 이치가 그렇듯 무엇이든 많다고 좋은 게 아니다. 어떤 코드이든 골고루 있으면서 조화와 균형을 이뤄야 사주가 아름답다. 사주가 아름다우면 인생이 아름답다.

남자한테 여자 코드가 3개 있다고 해서 "여자가 셋이나 있다."며 "장가를 세 번 가는 팔자."라고 단언하는 건 옳지 않다. 이는 단순하고 단편적이고 단세포적인 판단이다. 여자 코드가 3개로서 태과할 경우, 이 의사처럼 재다신약할 경우에 일어나는 문제점은 여럿이다.

첫째 여자한테 빠지면 헤어나지 못한 채 거미줄에 걸린 거미 신세가 되거나, 둘째 아낫감을 고르고 고르다 못해 노총각이 되거나, 셋째 장고 끝에 악수 둔다는 말처럼 여자를 너무 고른 끝에 악처를 얻거나, 넷째 아내에게 가권을 넘겨주고(빼앗기고) 공처가로 살거나, 다섯째 아내가 일을 저질러서 관재구설을 당하거나, 여섯째 아내를 두고 바람을 피우다 걸려 파경을 부르거나, 일곱째 이런저런 일로 부부인연이 바뀌어 여러 번 결혼하거나, 여덟째 재물에 집착하여 탐욕을 부리다 망신을 당하거나, 아홉째 자식문제로 고심하든가 근심걱정을 안겨주는 문제아를 얻거나 등등으로 문제가 다분하다.

재다신약이라도 그 유형은 다양하고 오는 운에 따라 변화가 일어나므로 재다신약한 남자한테 위의 문제점이 무조건 모두 발생한다고 볼 수는 없다. 이 의사의 경우에는 위의 문제가 거의 일어날 듯하다. 현재 그에게 드러난 사안을 봐도 적잖다.

첫째 본인이 근무하는 병원의 간호사에게 필이 꽂혀 가슴을 태우고 있건만 아직도 다가가지는 못하고 있다. 여자의 늪에 빠지면 헤어나지 못하는 경우이다.

둘째 여기저기서 중매가 들어오건만 이 조건 저 조건 따지느라 이태까지 마땅한 여자를 만나지 못했다. 부모가 바라는 며느릿감의 조건은 까다로워서 여자가 남자보다 나이는 꽤 적어야 하고 키는 더 커야 하고 혼수품으론 아파트를 장만해오길 바란다. 이 조건에 맞추다 보니 맞는 여자가 없었고, 마음에 두고 있는 간호사마저도 이 조건에 부합하지 않으니 접근해 볼 용기를 못 내고 있었던 것이다. 너무 고르다 노총각이 된 경우다.

셋째 40이 가깝도록 장가를 못 가 자식을 두지 못했다. 자식문제로 고심하는 경우다. 그의 사주구조와 운의 흐름을 보면 위에 적시한 나머지 문제에 노출 될 가능성은 높다.

자, 이런데도 부모는 오직 아들이 의사라는 특장점 하나로 세속의 조건을 내걸고, 키가 작다는 핸디캡은 덮기만 하고, 아들이 타고난 배우자 문제(명리의 조건)는 고려하지 않고 있으니, 그 의사도 그 부모를 따라가고 있으니, 이 의사가 어느 세월에 장가를 갈지 걱정이다. 그가 장가 가기란 백년하청이란 느낌이 들고 자칫하다간 장고 끝에 악수를 두지 않을까 염려스럽다.

45세의 남자[21]는 대기업의 기술직 간부다. 직업 좋고 수입 좋지만 아직 독신이다. 그에게도 여자(재성)가 너무 많다. 그것도 본처(정재)와 소실(편재)이 섞여 있어서 여자관계가 복잡하다. 앞에서 보았듯이 재성이 태과한 남자이므로 배우잣감을 선정하는 조건이 매우 까다롭다. 남들이 이해하기 어려운, 객관적이지 않은 잣대와 조건을 내세우니 신붓감을 고르다 허송세월하기 십상이다. 그렇게 그는 30대를 허송하다 40대에 들어 부모의 의뢰로 중매시장에 나온 노총각이다.

중매시장에서도 그가 내세우는 조건이 깐깐해서 배필을 찾지 못하다가 올해엔 결혼상담소에서 그와 멋진 조화를 이루는(필자가 보건대 궁합이 맞는) 30대 후반의 신붓감을 찾아줬으나 나이가 많다고 거절했다. 여자의 나이만 따지고 자기가 지닌 배우자 문제(명리의 조건)는 도외시한 결과다. 찬밥 더운밥을 따질 때인가? 내 배우자복이 나쁜지는 왜 모르는가? 눈높이를 낮추고 배우자의 조건을 완화하지 않는 한 독신 신세를 면치 못한다는 걸 알아야 한다. 장고 끝에 악수를 둬서 악처를 만날 수 있고, 딴 여자에게 한눈을 팔다 가정불화를 초래할 수 있다는 걸 인식해야 한다.

35세의 남자[22]는 30세는 넘었으나 40세까진 한참 멀었으니 좀 느긋한 노총각이다. 일류대학을 나온 수재이다. 공기업에 근무한다. 인물 좋고 집안 좋다. 공부를 하느라 연애를 하지 못한 탓에 혼기에 이르러서도 결혼을 못했다는 게 부모의 견해다. 그럴까? 그는 재성이 없는 무재의 남자다. 사주에 여자가 없으니 여자가 잘 생기지 않는다. 그가 공부를 뒤로 하고 여자를 찾아 나섰다 하더라도 여자는 좀체 생기지 않았을 것이며, 설혹 여자가 생겼다 하더라도 곧 떠나가는 일이 있었을 것이다. 그에게 여자가 없는 건 공부 때문이 아니라 타고난 배우자복 때문이다. 설상가상으로 그는 거의 평생에 걸쳐 배우자와 이별할 운을 맞이하고 있다.

이걸 모른 채, 이걸 알아도 무시한 채 부모는 아들의 학벌과 직장과 집안에 버금가는 며느릿감을 찾고 있으니 그지없이 안타깝다. 두루미에게 음식을 줄 때는 항아리에 담아줘야 하고, 여우에게 음식을 줄 때는 접시에 담아줘야 한다. 그 반대가 되면 두루미와 여우는 음식을 먹지 못한다. 그는 상처 팔자다. 평생에 걸쳐 그렇다. 본인과 음양오행이 조화를 이루는 아내를 맞이하지 않는 한 부부해로는 불가하다.

이유 없는 노총각도 없고 이유 없는 노처녀도 없다. 노총각과 노처녀는 먼저 나(사주)를 알고 배우자 찾기에 나서야 한다.〈2015.7〉

13

독신은 정답이 아니다

30대 중반의 남자[23]는 노총각이다. 사귀는 여자가 있어 보이지도 않고 장가 갈 생각은 추호도 않고 있으니 어머니의 애간장은 탄다. 어머니가 "사귀는 여자가 있으면 집에 데려와 봐라."고 하거나 "장가 좀 가라."하거나 "중신이 들어왔는데 선 한 번 볼래?"하는 등등의 말만 꺼내면 이 노총각은 화를 불같이 낸다. 결혼할 생각도 없고 혼자 살 것이니 일체 간섭을 말라고 한다. 다 큰 아들이 부모한테 얹혀사는 꼴불견이지만 사지육신이 멀쩡하고 직장도 있는 아들이 여자하고 무슨 원수가 졌는지 장가를 안 가겠다니 어머니는 밤마다 한숨이다.

40대 초반의 여자[24]는 결혼을 포기했다. 언니도 시집가고 동생도 시집갔지만 본인은 결혼 생각이 없다. 처녀귀신으로 늙어갈 딸을 보다 못한 어머니가 나서 선을 보라고 하면 못 이긴 척 나가긴 하지만 결혼에 뜻은 없다. 걸핏하면 선을 보라거나 툭하면 남자 좀 사귀라는 어머니의 잔소리가 싫어 아예 따로 방을 얻어 나와 산다.

혼자 살겠다는 위의 두 사람의 공통점은 첫째 배우자와 이별할 팔자라는 점이고 둘째 결혼은 하지 않겠다고 스스로 선언한 자발적 독신주의자란 점이다. 두 사람은 일찍이 어디 가서 사주를 본 적도 없는데 왜 결혼을 안 하려 할까? 바로 동물적인 감각 때문이다. 필자는 그 사주를 보고 이 총각은 홀아비팔자요, 이 노처녀는 과부팔자인 것을 알아냈지만 두 사람은 동물적인 감각으로 자신이 홀아비팔자 혹은 과부팔자라는 것을 알아차린 것이다. 이마도 '결혼을 해봤자 배우자와 사별하거나 생별하곤 구차한 꼴로 살 텐데 결혼을 왜 해? 아예 혼자 사는 게 편하지'라는 생각을 품고 있을 것이다. 물론 이들이 궁합이 잘 맞는 사람과 결혼하면 생사이별 없이 잘 살 가능성은 많다. 하지만 이들은 동물적 감각으로 아예 결혼을 포기함으로써 미래의 생사이별이란 불행을 예방한 것이니 어쩌면 현명한 처사다.

지난 2월 통계청이 발표한 '혼인 상태 생명표' 자료에 따르면 2010년 남자 출생아 가운데 20.9%, 여자 출생아 가운데 15.1%가 미혼인 상태로 생을 마감할 것이란 전망이다. 즉 남자는 5명 중 1명이, 여자는 6.5명 중 1명이 결혼을 못해보고 사망한다는 말이다. 미혼 상태에서 사망할 확률은 갈수록 늘어나는 바 남자는 2000년 15.1%에서 2010년 20.9%로 여자는 같은 기간에 9.1%에서 15.1%로 증가했다. 이같이 시집도 장가도 못 가보고 죽을 확률이 상승한 것은 결혼 시기가 늦어지고 독신을 선택하는 사람이 늘어나는 때문이란 게 통계청의 설명이다.

위의 노총각과 노처녀처럼 동물적 감각에 의한 자발적 독신자는 그렇다 치더라도 시대의 흐름에 따라 시집가기와 장가가기를 포기하는 것이 과연 좋은 선택일까? 아니다. 이 세상천지는 모두 음과 양으로 이뤄져 있다. 하늘과 땅, 태양과 달, 낮과 밤, 동動과 정靜, 강과 약 등등. 이 음과 양이 조화를 이루어야 천지만물이 생성된다. 낮만 있는 세상, 강자만 있는 세상이 온전한가. 하물며 음인 여자와 양인 남자로 태어난 인간이 음양의 조화를 이루지 못한 채 죽는다면 불행한 일이지 결코 행복한 일은 아니다. 〈2013.3〉

14

미혼 사유

너도 나도 늦게 결혼하는 만혼 시대라고 하지만 자녀가 나이 서른을 넘으면 부모의 걱정은 늘어진다. '우리 큰아들 빨리 장가보내야 할 텐데', '우리 큰딸 빨리 치워야 하는데'라며 주위 사람들에게 중매를 부탁하기도 하고 혼인중매업소에 의뢰를 하기도 한다, 드디어 자녀가 나이 서른을 넘어 마흔이 가까워 오면 부모의 가슴은 새카맣게 탄다. 이쯤 되면 정말로 팔자에 배우자복이 없어서 그런지 하고 자녀의 사주를 문의하는 부모들의 발걸음이 잦아진다. 결혼 적령기를 지나서도 미혼 상태로 있는 남녀를 보면 그 사주에 답이 분명히 있는 바 그 경우를 크게 세 유형으로 나눠 볼 수 있다.

첫째는 사주에 배우자 코드가 없는 경우다. 남자의 배우자 코드는 관성이고 여자의 배우자 코드는 재성인데, 이것이 사주에 나타나 있지 않은 사람은 배우자 인연이 잘 닿지 않는다. 어쩌다 인연이 닿는다 해도 좋은 배우자를 만나기 어렵고 결혼 후에도 배우자로 인한 불행이 따른다.

30대 중반의 간호사[25]는 관성이 없는 무관사주로 태어났고, 40대 초반의 자영업 남자[26]는 재성이 없는 무재사주로 태어난 탓에 아직 혼자다.

둘째는 사주에 배우자 코드가 너무 많은 경우다. 관성과 재성은 한 개가 있되 맑고 강한 상태로 있어야 배우자복이 좋다. 이것이 여러 개 있으면서 탁한 상태로 있으면 '풍요 속의 빈곤' 격이고 과유불급 격으로서 오히려 배우자복이 없다. 40을 넘긴 여류 예술가[27]는 사주에 관성이 3개로 많은 데다 관성의 운이 계속 왔다. 그래서 이날 이때까지 남자의 접근과 유혹이 끊이지 않지만 정작 정혼할 남자는 만나지 못했다. 올해 40이 된 직장인 남자[28]의 사주에는 재성이 3개가 있다. 여자에게 인기가 있어서 따르는 여자가 많았으나 결혼할 여자는 찾지 못해 노총각이 되었다.

셋째는 아예 결혼을 않고 혼자 살겠다는 여자의 경우(혼자 살겠다는 남자는 드문 편이지만)다. 40을 눈앞에 둔 여교사[29]는 일찌감치 20대부터 결혼을 포기했다. 그녀의 배우자복을 보면, 무관사주인 데다 숨어 있는 관성은 무덤 속에 들어 있고(부성입묘), 남편을 들들 볶으니(과생) 이별할 가능성이 높은 과부팔자다. 40대 초반의 여교사[30]도 이날 이때까지 결혼에는 뜻을 두지 않고 혼자 살아왔다. 그녀의 배우자복을 보면, 배우자 코드가 하나 있지만 이를 잡아먹는 코드(식상)가 떼를 지어 호시탐탐 노리고 있으니 꼼짝없이 남편과 이별할 과부팔자다. 두 여교사는 이 걸 어떻게 알았을까?

본능이다. 이들은 결혼해봤자 이별의 아픔을 겪을 것이란 불행을 동물적 감각으로 미리 예견하고 이를 막으려는 본능에서 무조건 결혼하지 않고 혼자 살겠다는 의지를 보인 것임에 틀림없다. 이런 독신녀를 보면 동물적 감각이 있구나 하고 감탄이 나온다.

노총각 혹은 노처녀가 된 데에는 분명히 어떤 이유가 있다. 그 이유는 사주 속에 있다. 〈2013.6〉

15

독신녀의 방어 본능

#1. 40세를 넘은 여자 간호사**31**는 미혼이다. 심성이 좋은 데다 인물도 빠지지 않고 직장도 나쁘지 않건만 여태 결혼을 하지 않았다. 그야말로 결혼을 '못한' 게 아니라 자기 의지로 '하지' 않았다. 20대부터 여기저기서 중매가 들어오고 좋은 혼처가 났건만 맞선조차도 한번 보지 않았다. 그 이유는 '시집가기 싫다'거나 '혼자 살겠다'는 것이다. 왜 그럴까? 그의 사주에 남자가 있으나 무력하다. 그런데다 남자를 잡아먹는 인자(식신)가 가득하니 과부팔자다. 더욱이 앞으로 펼쳐지는 운에서도 남자의 정기를 빼는 운(인선 운)이 계속 오니 자신과 음양오행이 조화를 이루는 배우자를 만나 결혼하지 않는 한 배우자와 해로하기도 어렵고 일부종사하기도 어렵다.

#2. 40세에 이른 여류 예술가**32**도 미혼이다. 이목구비가 뚜렷하고 청순가련형이어서 누구나 호감을 가지는 인물이지만 남자가 없다. 연애라곤 해 본 적이 없는 모태솔로다. 혼기에 들었을 때 부모는 물론 주위에서 결혼을 독려하며 좋은 신랑감이 있으니 만나보라고 수없이 권해도 '결혼 생각이 없다', '독신으로 살겠다'며 버텨 왔다. 그의 사주에는 남자가 있지만 무덤 속에 들어 있으니(부성입묘) 배우자가 비명횡사하기 쉽고, 배우자를 잡아먹는 인자가 당을 이루고 있을 뿐더러 평생에 걸쳐 배우자를 잡아먹는 운이 오고 있으니 배우자와 생사이별할 팔자다.

위의 두 여자는 자신의 운명을 모를 뿐더러 어느 사주명리가로부터 '당신은 남자를 잡아먹는 팔자요'라는 말을 들었거나 '당신의 남편은 비명횡사할 수 있네요'라는 말을 들은 적도 없는데도 그들은 왜 스스로 독신주의자가 되었을까?

위 물음에 대한 공통 답은 본능이다. 참 놀랍게도 과부팔자, 상부팔자, 무관사주로 태어난 여자는 본능적으로 자기 운명을 감지해 독신으로 지내려 한다. 결혼을 거부한다. 스스로 불행을 겪지 않으려는 자기 방어 본능, 살아남으려는 생존본능을 자기도 모르게 발현하고 있는 것이다. 남편과 불화하다 헤어진 이혼녀, 남편이 죽고 홀로 남은 과부, 그래서 홀로 아이들을 키우며 사는 편모, 그러다 다시 결혼해 사는 재혼녀가 되기 싫어서 자기방어를 하는 본능행위가 결혼거부로 나타난다고 본다.

한편 과부팔자, 상부팔자, 무관사주로 태어난 여자는 나로 인하여 내 남편이 나와 헤어져 이혼남이 되는 일, 나로 인하여 내 남편이 죽는 일, 그래서 아이들이 애비 없는 자식으로 자라는 일, 그래서 친정 부모형제와 시집 부모형제가 한숨과 눈물을 짓는 일 등등의 불행을 미리 막으려는 방어본능과 함께 이들에게 그런 불행을 안겨 주지 않으려는 이타심과 배려로 독신주의를 고수하는 것이라고도 본다.

아무리 권유해도 시집가기를 포기한 채 독신을 고집하는 노처녀가 있다면 방어본능 내지 생존본능으로 결혼을 거부하는 것이라고 이해해 줘야 한다. 그런데도 시집을 보내려 한다면 반드시 본인과 음양오행이 조화를 이루는 남자를 찾아 인연을 맺어 주어야 한다. 〈2015.2〉

16

결혼으로 인생역전을 꿈꾸다

우리나라 13세 이상 남녀 중 41%가 결혼을 하지 않아도 괜찮다고 여긴다. '결혼은 해도 좋고 하지 않아도 좋다'라고 말하는 38.9%와 '결혼은 하지 않는 것이 좋다'거나 '하지 말아야 한다'고 생각하는 2.0%를 합한 수치다. 이 같이 결혼을 필수라고 여기지 않는 연령대는 30대가 53%로 가장 높고, 특히 미혼여성의 57.9%는 결혼에 대한 소극적 혹은 부정적 생각을 갖고 있다. 최근 통계청이 발표한 '2014년 사회 조사 결과'다.

20대~30대 결혼 적령기 여성들의 이 같은 소극적 결혼관은 향후 저출산을 더욱 심화시킬 수 있다고 전문가들은 우려한다. 젊은 여성들의 결혼과 출산 기피는 청년실업, 비정규직 등 고용 불안, 전월세 값 등 주거 문제, 보육의 어려움, 사교육비 등 사회경제적 문제에 기인한다는 게 전문가들의 분석이다.

이러한 우려와는 달리, 음양오행가인 필자는 음양 측면에서 젊은이들의 소극적 혹은 부정적 결혼관에 대해 걱정을 해본다. 이 세상은 모두 음과 양으로 이뤄져 있다. 낮과 밤, 해와 달, 명과 암, 동과 정, 흑과 백 등등. 음과 양은 서로 대립하고 의존하면서 사물을 만들고 성립시키며, 서로 순환하고 전화轉化하면서 존립한다. 음과 양이 조화를 이뤄 상성相性하여야 상생하면서 오래오래 존재한다. 사람에 있어서도 마찬가지다. 남자와 여자는 양과 음이다. 양인 남자와 음인 여자가 서로 만나 상성을 이뤄야 상생하며 길이길이 존재한다. 양인 남자와 음인 여자와의 만남이 곧 결혼이다. 남자가 혼자 사는 삶은 밤은 없고 낮만 있는 세상에 사는 것과 같고, 여자가 혼자 사는 삶은 낮은 없고 밤만 있는 세상에 사는 것과 같다.

결혼은 곧 성생활이다. 섹스는 양과 음의 만남이다. 음양이 만나야 남녀 모두 건강하다. 수많은 과학자들이 섹스는 건강에 좋다는 연구 결과를 발표했다. 섹스는 유방암 위험을 줄여준다, 심장에 좋은 운동이다, 전립선암을 예방한다, 요실금을 예방한다, 혈압을 낮춰준다 등등으로.

결혼(성생활)은 건강만 좋게 하는 게 아니다. 누누이 말해 왔지만 남녀가 음양오행이 조화를 이루는 사람들끼리 만나 결혼하면 나쁜 운명을 좋은 운명으로 바꿀 수 있다. 남녀의 음양오행이 조화를 이루는지 여부를 살피는 일이 궁합이다. 궁합을 통해서 결혼을 하면 누구라도 인생역전을 도모할 수 있다. 빈털터리라도 장차 부자가 될 수 있고, 비정규직이라도 나중에 사업가가 될 수 있다.

젊은 여성들이여, 결혼을 막는 사회 경제적 문제로 너무 쫄지 말라. 양은 양으로만 있지 않고 음을 만나고, 음은 음으로만 있지 않고 양을 만나서 하나가 아닌 둘이 되면 사회 경제적 문제를 뛰어넘을 수 있다. 인생역전을 꿈꾸며 결혼하라. 〈2015.2〉

17

행복하려면 결혼하라

서울 시민 10명 중 3명은 결혼을 '필수'가 아닌 '선택'으로 생각한다는 소식이 들린다. 최근 서울시에 따르면 만 13세 이상 서울 시민의 34.1%는 '결혼은 해도 좋고 하지 않아도 좋은 선택 사항'이라고 응답했다고 한다.

이 소식을 들으니 우울했다. 남자와 여자, 밤과 낮, 뜨거움과 차가움, 밝음과 어둠 등등 이 세상은 모두 음과 양으로 구성되어 있고, 이 음과 양은 조화를 이루어야 최선이라고 믿는 음양오행 연구자로서는 우울해질 수밖에 없는 소식이다. 결혼이란 양인 남자는 음인 여자와 만나 살고, 음인 여자는 양인 남자를 만나 사는 것이며, 이것이 곧 음양오행의 조화이거늘 이를 무시한다는 것은 천지우주의 법칙을 무시하는 것이란 안타까움 때문이었다.

결혼은 선택 사항이라고 생각하는 이유가 무엇인지는 서울시가 밝히지 않았지만, 이유가 어떠하든 양은 양으로만 있고 음은 음으로만 있을 때보다는 양은 음을 만나고 음은 양을 만나서 조화를 이루고 사는 것이 천지우주의 순리라고 믿는다. 이 순리를 거부한 채 음으로 태어나 음으로만 살고, 양으로 태어나 양으로만 사는 사람들도 존중하지만 그들이 과연 행복할까라는 의문이 든다.

그런데 이런 우울한 소식이 나온 지 며칠이 지나지 않아 '결혼하면 행복해진다'는 뉴스가 보인다. 요약하면 이렇다.

〈'행복하려면 결혼하라. 인간을 행복하게 만드는 것은 고액 연봉이나 종교가 아니라 결혼이다.' 결혼이 종교적 믿음, 6자리 수의 연봉, 그리고 자녀를 갖는 것에 비해 인간을 행복하게 만드는 데 더 중요한 요소라는 사실이 영국 통계청 연구 결과를 통해 나타났다. 6자리 수의 연봉은 연간 10만 파운드나 10만 달러가 넘는 고액 연봉을 뜻한다.

영국 통계청은 인간의 행복을 위해서는 결혼이 소득에 비해 20배 중요하며, 내 집을 갖는 것에 비해 13배나 중요한 것으로 타나났다고 전했다. 연구 결과는 또한 자녀를 갖는 것은 한 인간의 삶을 보다 가치 있게 만들지만 일상의 행복에는 거의 행복을 미치지 못한다는 사실도 시사하고 있다. 영국 통계청의 분석은 영국 국민 16만 5천 명을 대상으로 한 설문조사를 통해 이뤄졌다.〉

결혼을 하자. 행복하기 위하여 결혼을 하자. 음은 음으로만 살고, 양은 양으로만 사는 것보다는 음은 양과, 양은 음과 만나 사는 것이 행복하다는 영국 통계청의 연구 결과를 믿자. 음과 양이 만나 살더라도 이 음과 양이 조화를 이뤄야만 진정 행복하다. 음과 양의 조화 여부를 보는 것이 바로 궁합이다. 〈2013.6〉

18

상생을 위한 별거

애당초 결혼을 않고 홀로 살아가는 독신 여성들의 사주를 보다가 아, 이 여성들은 자신의 앞날을 내다보는 통찰력을 지녔구나, 하고 무릎을 친 적이 더러 있다. 그들은 다음과 같다.

60세를 바라보는 여성 갑은 예술인으로서 독신이다. 결혼은 생각해본 적도 없고 한 적도 없다.

의료계에 종사하는 여성 을은 40세를 바라보는 올드미스다. 20대부터 중매가 들어왔건만 혼자 산다며 선도 보지 않은 채 처녀로 늙어가니 그야말로 천연기념물이다.

예술인으로 활동하는 여성 병도 40세를 눈앞에 두고 있지만 연애 한 번 해본 적이 없다. 시집은 절대 가지 않는다는 철저한 독신주의자다. 이들은 모두 식신 코드 혹은 상관 코드가 과도하게 많은 사주의 주인공들이다. 식신과 상관을 합하여 식상이라고 부르는데, 이것이 과도하게 많으면 곧 태과하면 남편복이 흉하다. 왜냐하면 식상은 배우자에 해당하는 코드인 관성을 제극하는 코드이기 때문이다. 그래서 식상이 태과한 여자는 남자를 잡아먹는 형국이니 남편과 생사이별할 팔자요 과부팔자이다. 그러므로 자신과 음양오행이 조화를 이루는 남자를 만나지 않는 한 생사이별하거나 과부가 되는 것은 명약관화하다.

그런데 명리학을 공부하지도 않았는데 어떻게 미래에 닥칠 위기와 불행을 미리 알아서 아예 결혼을 포기한 것일까? 그것은 예지력을 담당하는 인자인 식상을 많이 지니고 있으므로, 다시 말해 통찰력을 타고났으므로 가능한 일이다. 이들은 결혼 자체를 하지 않음으로써 미래의 불행을 막는 소극적 방법을 썼지만, 결혼은 하되 궁합을 통해 반쪽을 찾아 결혼하는 적극적 방법을 써도 미래의 불행을 막을 수 있다.

필자는 후자의 방법을 권한다. 그런데 배우자와 생사이별할 팔자를 타고난 여성이 전문가를 통해 궁합도 보지 않은 채 결혼은 했는데, 위기가 닥치면 어떻게 하면 좋을까? 정면으로 부딪히면 사별 혹은 이혼할 처지이건만 별거를 통해 위기를 넘기고 있는 두 부부가 있다.

50대 의사는 10년 넘게 아내와 주말부부로 지낸다. 집에서 직장까지는 1시간 정도의 거리지만 떨어져 산다. 남들에겐 주말부부라고 하지만 실제론 주말은커녕 한 달에 한 번도 집(아내 곁)에 잘 가지 않는다. 그 아내33는 배우자 코드인 관성의 힘을 빼는 인성이 태과한 여자 곧 남자의 정기를 빼는 여자이므로 남편을 죽음으로 몰아넣을 수 있는 팔자의 주인공이다. 그런데 이 부부는 이 위기를 동물적 감각으로 간파하고 일부러 굳이 주말부부로 지냄으로써 예방해냈다.

40대 중반의 사업가는 3년 전부터 집을 나와 따로 살고 있다. 아내가 말을 함부로 하고 말을 많이 하는 게 싫다. 아내와의 잠자리도 싫다. 아내와 합의를 하고 별거에 들어갔다. 그 아내34는 상관이 태과하여 남자를 잡아먹는 여자이자 인성이 태과하여 남자의 정기를 빼는 여자이므로 남편을 사지로 몰아넣는 팔자의 주인공이다. 남편은 아내의 잔소리가 싫다는 이유로, 아내는 남편의 바람이 역겹다는 이유로 별거를 했다. 하지만 남편은 아내로 인하여 죽지 않기 위해서, 아내는 남편을 잡아먹지 않으려는 동물적 감각으로 별거함으로써 사별의 위기를 예방하고 있다.

이렇듯 문제를 안고 있는 부부는 주말부부로 지내거나 별거를 함으로써, 부부 사별 혹은 이혼이라는 최악의 사태를 차단했으니 그 자녀들을 위해선 현명한 선택을 한 셈이 된다. 〈2014.10〉

19

1년만 참으세요

을미년 초, 50대 초반의 남자**35**가 찾아와 부부 문제에 대한 상담을 의뢰했다. 부부 각자의 배우자복과 배우자운 그리고 부부 궁합을 중심으로 두 사람의 사주를 살폈다.

먼저 남자를 보니 정직하고 성실하고 근면한 바른생활 남자였다. 하지만 너무 꼼꼼하고 곧이곧대로여서 배우자를 피곤하게도 하고, 아집이 강하여서 배우자를 힘들게도 하여 배우자가 가출을 할 암시를 띠고 있었다. 그리고 정처 코드인 정재와 애첩 코드인 편재가 혼재하여 외정을 품을 가능성이 있지만 설혹 그래도 정처를 더 사랑할 것이로되 2005년부터 10년 동안은 부인에게 마음이 멀어질 기미가 보였다. "여자들한테 인기가 많네요"하자 남자는 공직자여서 한눈팔지 않는다고 했다. 막 50줄에 든 부인도 공직자인데 서로 근무처가 달라서 주말부부로 지낸다고 했다.

다음으로 그 부인**36**의 사주를 보니 털털한 남성 기질이었다. 배우자는 자기한테 스트레스를 주고, 의처증을 품을 수 있으며 본인도 외정을 줄 소지를 안고 있는 운명의 소유자였다. 그리고 운을 보니 부인은 2014년에 직장 문제나 배우자를 포함한 남자 때문에 몹시 힘들고 괴로움을 겪었을 것이란 유추가 나왔다. 남편은 "지난해 아내가 정말 그랬습니다."라고 했다. 직장 동료들의 음해로 구설에 시달렸고, 이 때문에 대입 수험생 자녀를 알뜰히 돌보지 않은 채 친구와 어울려 이곳저곳 쏘다녔고, 이런 일 때문에 남편한테 호되게 질책을 받았다고 했다. 부인은 2015년에도 직장 문제, 남자(남편) 문제로 고통을 겪거나 심신이 아플 수 있으니 잘 대해 주라고 남편에게 조언했다.

그런데 남편은 이혼하고 싶다고 했다. "아무리 그래도 엄마가 고 3학년 자식을 돌보지 않은 채 놀러 다녀야 되겠습니까? 이제 아이들이 모두 대학에 들어갔으니 아내와 갈라설 생각입니다. 아이들 잘 건사하고 시부모 잘 모시는 여자와 재혼하고 싶습니다." 남편은 어딘가에 다른 여자를 숨겨 두고 있는 듯한 느낌, 그리고 부인에 대한 의처증을 갖고 있는 듯한 느낌을 받았다. 지난해 부인이 직장에서 받은 스트레스는 고려 않은 채 고3 자녀를 소홀히 했다는 이유로 이혼을 하겠다? 잘 납득이 가지 않았다.

아무튼 남편은 타고난 복과 운대로 길을 가려 한다. 정처 외의 여자에게 정을 주기 쉬운 기간이 2015년까지이니 목하 본처와는 이혼하고 다른 여자와의 재혼을 계획하고 있지 않은가. 또한 부인도 타고난 복과 운대로 목하 남편에게 스트레스(질책, 이혼 요구 등)를 받고 있지 않은가.

"1년만 참으십시오. 내년엔 딴 마음 안 먹고 본부인을 끔찍이 위하게 되고, 부인도 내년에 제 자리로 돌아올 것입니다. 1년만 기다립시오."

그리고 필자는 덧붙여 당부했다.

"부인은 지난해와 올해는 나이로 봐도 갱년기 우울증에 걸릴 시기이고, 운으로 봐도 심신이 극도로 쇠약해지는 때여서 친구의 도움을 갈망합니다. 친구와 어울려 지내도록 도와주십시오. 부인에겐 친구가 약입니다." 〈2015.1〉

20

재벌가의 불행한 결혼

 TV 드라마의 단골 소재는 잘 생긴 재벌 2~3세 남자와 인물 좋은 서민층 여자와의 사랑이야기다. 지난 3월 끝난 드라마 '내 딸 서영이'가 그렇고 2011년 1월 종영된 드라마 '시크릿 가든'이 그러했다. 시청률을 보면 '시크릿 가든'이 35.2%이고 '내 딸 서영이'는 47.6%여서 가히 '국민 드라마'로 꼽힌다. 그러나 연속극은 연속극일 뿐, 현실과는 거리가 멀다. 재벌은 재벌끼리 혼맥을 이루거나, 권력과 혼인을 하거나, 절세미인 스타와 인연을 맺는다. 세간의 이목과 관심을 끌고 부러움을 샀던 이 결합이 행복을 보장해 주지만은 않았다. 먼저 재벌가와 결혼했다가 이혼으로 끝난 여자 스타들을 보자.

 펄시스터즈 멤버 가수 배인순은 1976년 전 동아그룹 최원석 회장과 결혼했으나 22년 만에 갈라섰다. 그리고 미스코리아 출신 아나운서로서 국민의 사랑을 받았던 장은영도 27세의 나이 차를 극복하고 1999년 역시 최 회장과 혼인했으나 11년 만에 남남으로 돌아서 국민들의 가슴을 아프게 했다. 이에 앞서 1962년 최 회장과 처음 결혼한 스타는 육체파 배우로 이름을 날렸던 김혜정이었는데, 그 또한 이혼으로 파경을 맞았다.

 조각미인으로 불리는 배우 황신혜는 1987년 제화 재벌인 에스콰이어 회장의 아들과 결혼했지만 8개월 만에 이혼했다. 이후 재혼했으나 또

다시 이혼하는 아픔을 겪었다. 국민배우 고현정은 1995년 신세계 그룹 이명희 회장의 아들이자 이건희 삼성그룹 회장의 외손자인 신세계 부회장 정용진과 결혼했다. 서민들이 '부자가 아니면 미인을 얻을 수 없다'는 생각을 갖게 한 부富와 미美의 만남으로 만인의 선망을 받았으나 고현정은 2003년 이혼이란 불행과 마주하고 말았다.

미스코리아 출신의 아나운서인 한성주는 1999년 애경그룹 장영신 회장의 셋째 아들과 결혼했건만 10개월 만에 이혼했다. 이후 최근엔 동영상 스캔들에 휩싸여 고통을 겪고 있다. 역시 미스코리아 출신의 배우 오현경도 2002년 휴먼컴 홍승표 회장과 혼례를 올렸지만 4년 만에 이혼하는 아픔을 맛보았다.

다음으로 재벌과 권력과의 혼인이 불행으로 끝난 경우를 보자. 신동방그룹의 딸(신정화)은 노태우 전 대통령의 아들(재헌)과 1990년 결혼했으나 올 5월 재판을 통해 이혼했다. 최태원 SK그룹 회장은 1988년 노전 대통령의 딸(소영)과 결혼했으나 지난해 별거설과 이혼설이 나돌아 행복하지는 않다는 소문을 낳았다.

그리고 재벌과 재벌과의 만남이 해피엔딩이 아닌 경우는, 1998년 삼성 이건희 회장의 장남(재용)과 임창욱 대상그룹 명예회장의 장녀(세령)의 결혼이다. 무엇하나 모자랄 것 없어 보이던 이들은 11년 만에 결혼 생활에 종지부를 찍었다. 앞에 열거한 이들이 파경을 맞은 것은 권력·부·미모만 중시한 때문이 아닐까?

만약 결혼 전에 서로의 타고난 성품·조행·배우자복·자식복 그리고 미래를 살피고 두 사람의 음양오행의 조화를 보았다면 결혼 생활이 불행으로 끝나지 않았을 것이라고 장담해본다. 〈2013.6〉

21

이건희 회장 맏딸의 이혼

2014년 가을에 씁쓸한 소식이 들렸다. 이건희 삼성그룹 회장의 맏딸인 이부진 호텔신라 사장이 이혼한다는 소식이었다. 내용인즉 이 사장이 남편인 임우재 삼성전기 부사장을 상대로 법원에 이혼 조정 신청을 내고 친권자를 자기로 지정해 달라는 신청도 냈다고 한다. 청명한 가을 하늘처럼 맑고 깨끗한 소식이 들리면 더욱 좋으련만, 시들어가는 풀숲에서 숨어 우는 벌레의 울음처럼 슬픈 소식을 들으니 안타깝다.

이들 부부는 1999년 8월 세간의 주목을 받으며 결혼했다. 당시 여자는 우리나라 최고 재벌의 딸이고, 남자는 삼성의 평직원에 불과했으나 그런 신분을 초월한 결혼을 했으므로 세상 사람들은 '세기의 사랑'이라며 박수를 보내기도 했고, '남자 신데렐라 스토리'라며 재벌의 사위가 된 남자를 선망하기도 하였다.

그런데 이를 어쩌나! '세기의 사랑'은 15년 만에 파경을 맞이하고 말았으니. 두 사람은 그동안 성격 차로 갈등을 빚어온 것으로 알려졌다고 언론은 보도한다. '이혼=성격 차이'. 이혼의 공식(?)이 되었다. 두 사람도 이 공식에 맞을 수도 있겠지만 다른 사유가 많을 것이다.

필자가 보건대 두 사람은 반드시 사주와 궁합에 문제가 있다고 유추한다. 사주로 보면, 어느 한쪽이든 양쪽 다든 배우자와 갈등하고 불화하며 이별할 팔자를 근본적으로 타고났거나 그런 운에 봉착한 때문이라고 추론한다. 궁합으로 보면, 두 사람이 상극상충의 만남이거나 서로의 음양오행이 부조화하고 불균형을 이루는 설상가상의 만남으로서 애당초 잘못 만난 때문이라고 추단한다.

만약 두 사람이 사전에 궁합을 보았더라면, 아무데서나 함부로 보지 않고 정통명리학에 기반한 정통궁합법으로 궁합을 보았더라면 오늘 같은 불행은 없었을 것이 아닌가. 아니 재벌가나 명문가는 몰래 사주와 궁합을 본다고 하는데, 그랬는데도 오늘의 사태에 직면했다면 아마도 엉터리 철학관에 가서 봤을 것임에 틀림없다.

아무튼 안타깝다. 당사자의 아픔, 양가 부모 형제의 아픔, 두 사람의 슬하에 있다가 엄마 쪽으로 가야 할 초등학교 1년생인 외아들의 아픔 등등을 헤아리면 가슴이 아프다. 이건희 회장의 장남인 이재용 삼성전자 부회장도 2009년 대상그룹 맏딸 임세령 씨와 이혼했고, 막내딸 이윤형 씨는 2005년 미국 유학중 26세 꽃다운 나이에 스스로 목숨을 끊었다. 이로 보면 1남 3녀를 둔 이 회장의 자식복은 참 나쁘다. 이를 두고 세상 사람들은 자식복은 돈으로도 어떻게 할 수 없다고들 말할 것이다.

아니다. 미리 자식들의 사주를 보고, 궁합을 보고, 연년세세 운세를 보았다면 피흉추길로 화를 막고 복을 맞이할 수 있었다고 필자는 장담한다. 〈2014.10〉

22

혼전계약서보다 궁합

인기리에 방영된 KBS2 주말드라마 '가족끼리 왜 이래'에서 병원장 사모님인 허양금이 무남독녀의 예비 신랑인 의사 차강재를 불러 혼전계약서를 내미는 모습이 그려졌다. 허양금은 차강재에게 "만약에 이혼이라도 하게 될 경우를 대비해 재산권, 양육권 깨끗하게 정리해놓자는 거다."고 말한다. 이에 분노한 차강재는 "죄송하지만 못하겠다. 미리 이혼을 염두에 두고 하는 결혼은 생각해본 적도 없고 생각하고 싶지도 않다."며 자리를 뜬다.

최근 우리나라 드라마에 혼전계약서 이야기가 심심찮게 등장한다. 혼전계약서는 아직 우리에겐 낯설지만 미국의 부유층과 할리우드 스타들 사이엔 일반적이라고 한다. 헤지펀드업계의 제왕 조지 소로스는 25년 동안 함께 살았으며 자녀 2명을 둔 두 번째 부인과 이혼하면서 위자료 8천만 달러를 지급했으나, 20세기 최고 경영자로 불리는 잭 웰치는 13년 동안 부부로 살았으며, 아이도 없는 부인과 이혼할 때 재산 분할로 1억 8천만 달러를 줬다고 한다. 조지 소르소가 잭 웰치보다 더 부자이고 결혼 생활도 길고 자녀까지 둔 부인과 이혼하면서 잭 웰치보다 적은 위자료를 준 것은 혼전계약서를 유리하게 쓴 때문이란다. 1968년 10월, 미국 케네디 대통령의 미망인 재클린이 그리스의 선박왕 아리스토텔레스 오나시스와 결혼할 때 혼전계약서를 썼고, 어린 한국계 여자를 세 번째 아내로 맞이한 니콜라스 케이지도 혼전 계약서를 작성했으며, 톰 크루즈도 케이티 홈즈와 결혼할 때 혼전계약서를 썼다고 한다.

이런 미국의 현상으로 볼 때, 혼전계약서란 두 남녀가 결혼 전에 주고받는 이혼에 관한 계약서이다. 더 노골적으로 말하면 이혼을 할 경우에 대비해 재산 분할 금액과 방법을 사전에 정하는 문서이다. 아주 계산적이다. 그래서 '결혼은 영원한 사랑을 맹세하는 것이므로 이혼은 있을 수 없다'라고 생각하는 사람들에겐 거부감을 준다.

하지만 최근 결혼정보업체가 예비부부를 대상으로 설문조사를 했더니 70%가량이 혼전계약서가 필요하다고 응답했다는 결과에서 보듯이 혼전계약서에 대한 인식은 긍정적이다. 그래서 긍정론자들은 상대방에 대해 사랑이 있을 때 혼전계약서를 준비해 두는 것이 상대를 위한 배려라고 말하기도 하고, 혼전계약서는 서로에 대한 약속을 확인하고 만약에 발생할 수 있는 분쟁에 대비해 미리 작성하는 안전장치라고 생각해야 한다고도 말한다. 이혼을 전제로 한 재산문제 뿐만 아니라 혼인 기간 중 부부가 지켜야 할 규칙, 자녀 양육, 가사 분담, 양가 어른 부양 등에 관한 사항을 문서화해두면 서로 책임과 의무를 다 하려는 자극이 된다고도 한다. 법이 정한 대로 특유재산(결혼 전의 재산이나 결혼이후 부모한테서 물려받은 재산)은 재산 분할에서 제외하되 결혼 이후의 재산은 반반씩 나눈다는 내용의 혼전계약서는 좋은 결혼선물이라고 말하는 법률전문가도 있다.

그런데 필자는 혼전계약서를 쓰기 전에, 혼인을 결심하기 전에 궁합을 보라고 권하고 싶다. 궁합을 보면 해로할지, 이별할지 사별할지, 부자로 살지, 가난뱅이로 살지를 미리 알 수 있기 때문이다. 〈2014.3〉

23

해로동혈 偕老同穴

 # 한 달 차이로 승천한 부부 남자 갑과 여자 을은 부부였다. 둘 다 첫 결혼에 실패한 후 만나 부부가 되었다. 두 사람의 금슬은 매우 좋았다. 서로 이해하고 서로 공감하면서 조화를 이루었다. 갑에게는 전처와의 사이에 딸 하나가 있었고 을에겐 아이가 없었는데 두 사람은 딸 하나를 늦둥이로 낳았다. 늦둥이는 아주 총명한 귀염둥이로서 두 사람의 관계를 더욱 돈독하게 만들어주었다.

그러던 중 을이 암에 걸려 병원에 입원했다. 갑은 열부가 났다는 소리를 들을 만큼 부인을 극진히 간호했고, 암에 좋다는 민간약과 민간 요법도 동원했다. 그 덕분인지 을은 건강한 몸으로 퇴원해 사회 활동을 왕성히 했다. 그렇게 20년을 지내던 을은 또 다른 암에 걸렸다. 밑 빠진 독에 물 붓기 식으로 들어가는 치료비를 감당 못한 갑은 애지중지하던 미술품까지 팔아 치료비를 댔으나 끝내 을은 하늘나라로 갔다.

그리고 정확히 한 달 후 갑도 하늘나라로 갔다. 갑은 반려자를 잃은 슬픔과 외로움을 달래려 새벽 등산을 갔다가 쓰러져 아내 곁으로 간 것이다. 둘 다 70세 전에 세상을 하직하였다. 10년 전의 일이다.

 # 하루 차이로 승천한 부부 2014년 2월 미국서 일어난 일이다. 소꿉 친구로 만나 평생을 함께한 90대 미국인 부부가 딱 하루 차이로 숨을 거뒀다. 뉴저지 주의 마이클(94)과 올림피아(95) 부부는 어릴 적부터 소

꿉친구로 함께 자랐다. 두 사람은 학생 때부터 연인으로 지냈지만 마이클이 2차 세계대전에 참전하면서 한동안 떨어져 있게 됐다. 마이클이 돌아오기를 기다려 당시로서는 늦은 20대 후반에 부부의 연을 맺은 이들은 67년간 행복한 결혼 생활을 이어 왔다. 이들은 결혼 이후 한 블록 이상을 떨어져 지낸 적이 없었다.

그러나 3년 전 남편 마이클이 대장암 진단을 받으면서 위기가 닥쳤다. 하지만 뜻밖에 폐렴에 걸린 올림피아가 2월 2일 새벽 갑작스럽게 먼저 세상을 떠났다. 당시 마이클은 불과 몇 마일 떨어진 병원에 있었지만 가족들은 말기 암 환자인 그가 충격을 받을 것을 우려해 일부러 올림피아의 죽음을 알리지 않았다.

그런데 놀랍게도 하루 뒤인 3일 오후 마이클도 숨을 거뒀다. 마이클은 임종 전 올림피아를 찾으며 "어젯밤 함께 눈을 감는 꿈을 꾸었다."는 말을 했다고 한다.

위에서 본 두 부부의 공통점은 원앙 부부로서 해로동혈했다는 점이다. 해로동혈이란 함께 늙어 한 무덤에 묻힌다는 뜻으로 생로병사를 같이하는 부부의 사랑을 일컫는 바, 주례사에 자주 쓰이는 말이다. 앞의 두 부부의 사주는 모르지만 아마 음양오행이 조화를 이루는 상생의 만남이고 배우자궁이 합을 이루는 부부 상화相和의 만남이 아닐까.

〈2014.2〉

24

황혼이혼을 막는 법

노인들에게 반가운 소식이 들린다. 자녀보다 배우자를 우선하는 상속법 개정안을 법무부가 마련했다는 소식이다. 개정안을 보면, 사망 배우자가 남긴 재산의 절반을 생존 배우자가 먼저 받고, 나머지 절반은 기존 방식대로 배우자가 자녀보다 50%만 더 분배받는 방안이다. 이 안이 국회를 통과하면 새 상속법은 내년부터 시행되니 노인들에겐 희소식이 아닐 수 없다.

좀 더 자세히 알아보자. 개정안에 따르면 사망한 배우자가 남긴 재산에서 50%를 뚝 떼서 생존 배우자에게 먼저 주게 된다. 그리고 나머지 50%는 기존 비율과 똑같이 배우자는 1.5, 자녀는 각각 1:1 비율로 배분 받게 된다. 만약 10억 원의 유산이 있고 유가족은 배우자와 자녀 2명이라고 할 때 기존대로라면 1.5:1:1로 해서 배우자는 4억 285만 원 정도, 자녀는 각각 2억 8,570만 원 정도씩을 받으니 배우자는 자녀보다 2억 원 가량을 더 받는 셈이다. 그런데 법이 바뀌면 배우자는 자녀보다 무려 6억 원 정도를 더 받게 된다. 바뀔 법에 따르면 배우자는 50% 곧 5억 원을 먼저 받는다. 그리고 나머지 5억 원에서 1.5:1:1로 나눠 갖게 되는데 배우자는 1.5비율인 2억 원 정도를 받고 자녀는 1의 비율인 1억 4,290만 원씩을 받는다. 결국 배우자는 총 7억 원 정도를 받는 셈이 된다.

상속법이 왜 이렇게 바뀌게 되는가. 시대의 변화 때문이다. 예전에는 자녀들이 부모를 끝까지 부양하고 부모는 자녀에게 의지해 살 수 있는 풍습이 있었지만, 이제는 예전보다 더욱 고령화 사회가 되었지만 자녀들이 부모를 부양하지 않는 시대로 변하였다. 그리고 평균 수명이 늘어나는 상황에서 경제력이 부족한 노령의 배우자를 젊은 자녀보다 먼저 배려해야 한다는 사회적 정의도 상속법 개정에 영향을 미쳤다.

특히 현행 상속법은 자식이 많을수록 배우자의 상속분은 줄어드는 맹점을 안고 있다. 자녀가 1명이면 배우자 상속분은 5분의 3, 자녀 상속분은 5분의 2가 된다. 그런데 자녀가 2명이면 배우자 상속분은 7분의 3으로, 자녀가 3명이면 9분의 3으로 대폭 축소된다. 이런 상황이니 남편이 죽기 직전 황혼이혼을 해서라도 아내 몫을 챙겨야 하지 않느냐는 우스개가 절로 나온다. 이혼을 할 경우 재산 분할을 하면 최소한 재산의 50%는 챙길 수 있는 게 요즘 추세이기 때문이다. 그런데 법이 바뀌면 배우자의 상속 몫이 늘어나니 황혼이혼을 방지하는 효과도 볼 수 있다는 얘기도 나온다.

필자는 늘 궁합을 중시해왔다. 부부는 한 가정의 행복을 좌우하기 때문이다. 부부가 진정한 반쪽끼리 만나 행복하게 살면 그 자녀가 행복하고 온 가정이 행복하다. 가정이 행복하면 사회, 국가, 인류가 행복하다. 한 사람의 운명을 좌우하는 자는 배우자이다. 자식은 그 다음이다. 그러므로 생존 배우자에게 사망 배우자의 유산을 자식보다 더 많이 주는 상속법 개정은 음양오행 측면에서도 올바르다. 〈2014.2〉

25

행복한 재출발

부잣집 맏며느리 스타일의 여인37이 방문했다. 궁합을 보고 싶다고 했다. 초혼이 아니라 재혼이라 했다. 지천명의 나이지만 나이보다 젊어 보였다. 겉은 멀쩡한 여인의 속에 무슨 사연이 있는 걸까? 사주를 펼쳐 보았다.

일부종사와 부부해로가 절대적으로 어려운 여자 곧 남편을 잡아먹는 여자, 남자의 정기를 빼는 여자, 남자관계가 복잡한 여자의 사주팔자 는 보는 순간 그 모습이 한눈에 확 들어온다. 그 여인은 그 정도는 아 니지만 문제를 다분히 지니고 있었다. 그 여인은 어떤 일로든 남편한테 서 정신적 육체적으로 고통과 스트레스를 받고, 본인 또한 남편에게 정 신적 육체적 고통과 스트레스를 주는 팔자의 주인이었다. 따라서 부부 해로는 어려워 보였다. 그 까닭은 과격하면서 남편을 존중하지 않고 우 습게 여기는 편관 성격의 소유자이고, 배우자궁에도 본인을 힘들게 하 는 나쁜 남자(편관)가 자리하고 있기 때문이었다. 이런 여자는 팔자대로 자신을 힘들게 하는 남자를 만나기 쉬우므로 배우자운이 나쁜 때에 만 나는 사람은 악연일 수 있으므로 피하고, 배우자운이 좋은 때의 인연을 취하는 노력을 기울여야 한다. 그리고 미리 남자의 신상에 대한 정보를 자세히 파악하고 궁합까지 봐서 인생의 동반자로 삼을지 말지를 판단 해야 한다. 요컨대 악연의 배우자를 만날 수 있는 팔자의 주인공은, 이 악연을 피하는 노력을 열심히 해야만 한다.

그런데 그 여인은 그렇게 하지 않았다. 관살혼잡으로 배우자운 혹은 결혼운이 나쁘게 펼쳐지는 기간(10년 대운)에, 그리고 배우자궁의 편관이 대운 및 세운과 만나 지지고 볶는(인사신寅巳申 삼형三刑) 해에 한 남자를 만났는데, 나이가 꽉 찬 처지라서 궁합은커녕 상대 남자를 상세히 알아보지도 않은 채 이듬해 서둘러 결혼을 했다. 살아보니 남편이 국가기관 근무 중 사고를 당해서 연금 수급자로 생활하는 것은 좋으나 때때로 정신질환까지 치료 받아야 하는 병자였다. 무엇보다 대화가 통하지 않고 정상적인 부부관계도 어려운 남자였다.

그리하여 그 여인은 남편을 은근히 무시하고 업신여기게 되면서 마음의 대화는 물론 몸의 대화조차 단절된 나날을 보냈다. 그러던 중 어느 날 50대 후반의 남편이 고희의 돌싱녀와 마음이 맞아 즐겁게 사귀고 있다는 이야기를 해주면서 이혼하자는 말을 먼저 꺼냈다. 울고 싶은 데 뺨 때린 격이어서 흔쾌히 응했다. 그 해가 계사년 51세 때였다.

이런 중에 그 여인은 한 남자를 알게 됐다. 그 남자**38**는 결혼생활 10년도 채우지 못하고 파경을 맞은 돌싱남이라고 했다. 그 남자의 사주를 본즉 배우자복이 나쁜 남자였다. 배우자가 사통하여 의처증에 시달릴 수 있으며 본인 또한 이 여자 저 여자에게 외정을 줄 수 있는 바람둥이였다. 왜 그러냐 하면 본처(정재)와 애첩(편재)이 혼재하고, 합이 3개 이상으로 많아 사교성이 좋으니 여자를 잘 유혹하고, 본처는 몰래 연애(장간 간합)를 하는 형국이기 때문이다. 필자가 "이 남자는 혹시 바람을 피워대다 아내와 헤어진 게 아닙니까?"하고 물었더니 그 여인은 "이 남자의 말로는 부인이 먼저 바람을 피워서 자신도 외도를 했다고 했지만 믿을 수는 없지요."라고 말했다. 아무튼 이런 남자와 같은 팔자를 타고 난 남자도 배우자운이 나쁜 해에 만난 인연은 피하고, 배우자운이 좋은 해에 만난 인연이라도 미리 상대를 조목조목 따지고 살펴서 아내로 맞이하는 노력을 해야 하고, 본인 또한 바람 조심을 해야 한다. 그렇지만 그 남자는 여자관계가 복잡해진 임신년 29세에 만난 여자와 결혼을 하고, 부부는 맞바람을 피우고 끝내 갈라섰다.

그리하여 첫 결혼에 실패한 후 만나 바야흐로 결혼할 생각을 하는 이혼남과 이혼녀의 궁합은 어떠할까?

"아! 애당초 이 여자와 이 남자가 만나서 혼인을 했더라면 얼마나 좋았을까."

두 사람의 궁합을 본 소감은 감탄이었다. 두 사람은 음양오행이 조화를 이뤄 상생 보완 관계이고, 배우자궁이 삼합(인오술寅午戌)을 이뤄 더 없이 좋은 사이이고, 속궁합도 찰떡궁합이어서 환상적인 만남이었다. 천생연분을 왜 진작 만나지 못했을까? 타고난 운명 때문이었다. 둘 다 앞서 말한 고난을 겪을 운이 닥쳐와 그러했던 것이다. 그러나 다행히 인생 호전이 되는 때를 만나 좋은 인연을 만났으니 이 또한 운명이 아닌가. 행복한 재출발에 박수를 보낸다. 〈2012.7〉

26

부부 불화 세습

　2012년이 저물어 가는 무렵, 지인이 질녀의 궁합을 의뢰하였다. 그 부모가 이혼하는 바람에 어릴 적부터 돌봐 온 조카딸이라고 했다. 그런 조카딸이 서른이 넘으면서 남자가 생겼다기에 반갑긴 하지만 행여 두 사람 사이에 문제는 있는지 없는지 검증하기 위해 궁합을 보려 한다고 했다. 두 남녀의 생년월일시를 받아 적었다. 먼저 여자**39**의 사주를 보기로 하였다. 그 부모가 결혼 생활에 파국을 맞아 자식들에게 여러모로 상처를 주었을 것이나 부모의 불행이 자식에게 이어지지 않기를 바라는 간절한 마음, 그러므로 여자의 배우자복이 좋기를 바라는 애절한 마음이 앞섰으므로 여자의 사주를 먼저 보기로 한 것이었다.

　그런데 애절하고 간절한 기대는 무너졌다. 안타깝게도 여자에게는 배우자복이 없었다. 왜냐하면 첫째, 여자의 사주에는 배우자 코드인 관성이 없기 때문이다. 관성이 없는 무관사주이면 인연이 잘 닿지 않고 설혹 닿아도 오래가지 못한다. 그리고 운이 와서 만나게 되면 어딘가 결함이 있는 사람, 가령 흔히들 따지는 결혼 조건에 부합하지 않고 미달하거나, 음주·도박·바람 등으로 애를 먹이거나, 생활력이 없고 무능하거나 한 사람을 배우자로 만나기 쉽다.

　둘째, 여자의 사주에는 관성이 없다고 했지만 아주 없는 것은 아니고 있긴 있되 묘 속에 들어 있기 때문에 배우자 복이 없다는 것이다. 12지지 중 진술축미^{辰戌丑未}를 4묘라고 하는데 여자의 사주에서 배우자 코드가 이 속에 숨어 있으면 '배우자가 묘 속에 들어 있다'(관성입묘)라고 한다. 이럴 땐 남편이 먼저 죽거나 비명횡사하거나 무기력해진다.

셋째, 여자는 본디 관성이 없는 데다 배우자를 잡아먹는 코드(식상)가 왕성하여 배우자와 생사 이별할 가능성이 농후한 팔자를 갖고 있기 때문에 배우자복이 없다고 한 것이다. 넷째 여자는 배우자궁이 충이 되어 있으므로 배우자와 다투고 싸우고 갈등하고 불화하다가 파경하기 쉬운 사주의 주인이므로 배우자복이 없다는 것이다. 이 여자는 자신과 음양오행이 조화를 이루고 배우자 운을 좋게 해주고 배우자 불화 코드를 풀어주는 남자를 만나지 않는 한 배우자와 해로하기는 어렵다. 배우자와 생사이별할 가능성이 높은 시기는 35세부터 40세까지였다.

그러면 그 남자⁴⁰가 이 여자의 문제를 해결해 줄 수 있기를 기대하며 조심스레 남자의 사주를 펼쳐 보았다. 기대는 깨어졌다. 남자는 배우자 궁에 배우자를 잡아먹는 코드(겁재)를 갖고 있어서 배우자와 생사이별할 가능성이 높았다. 무엇보다 여자는 오행 중 土가 5개로 많아서 문제인데 남자에게는 이를 더욱 악화시키는 火 2개와 土 4개가 있으니 엎친 데 덮친 격의 만남이었다. 그리고 남자는 여자의 배우자 불화 코드를 풀어주지 못하니 화합하지 못할 것이고, 성 조화(속궁합)도 이루지 못하니 두 사람은 나쁜 만남이었다.

결국 결혼 불가 판단을 내리고 다른 사람을 찾아보라는 답을 주었다. 부모가 이혼해서 가정이 파탄났는데 이 남자와 결혼하면 똑같은 불행을 세습한다고 경고하며 결혼을 간곡히 만류하였다.

27

부부의 행복을 위하여!

우리나라 초·중·고·대학생들은 학교에서보다 가정에서 더 큰 행복을 느끼는 것으로 나타났다.

이는 한국청소년학회가 우리나라 초·중·고·대학생 985명을 대상으로 행복 수준을 조사한 결과이다. 이 학회가 학생들의 행복지수를 5단계로 나눠 1~5점으로 점수를 매겨보니 가정에서 행복을 느낀다는 응답이 4.12점으로 가장 높았고, 여가 생활에서 행복을 느낀다는 4.04점으로 그다음이었으며, 학생들이 가정 이외에 가장 많은 시간을 보내는 학교에서 행복을 느끼는 정도가 3.75점으로 비교적 낮았다.

가정에서 행복할 때를 묻는 질문에는 '가족과 함께할 때'라는 응답이 59.3%로 가장 높았다. 이어 '가정이 화목할 때'(13.4%), '부모님한테서 인정받을 때'(6.6%) '휴식 및 여가 시간을 가질 때'(6.4%), '용돈 받을 때'(4.7%) 순으로 나타났다.

이 조사 결과는 새로울 것도 없고 유별날 것도 없이 당연하다. 당연한 사실이지만 가정의 중요성을 다시금 생각해보고자 이 조사 결과를 들추는 것이다. 가족과 함께 해서 행복하고, 가족이 화목해서 행복하고, 부모님이 나를 인정해서 행복하려면 먼저 가정이 행복해야 한다. 가정이 행복하려면 부부가 행복해야 한다. 부부의 행복은 한 가정, 한 사회, 한 국가, 그리고 인류가 행복할 수 있는 기본 요건이다.

부부가 행복하려면 부부가 상생하고 조화를 이뤄야 한다. 부부의 상생과 조화는 곧 음양의 상생과 조화이다. 남자는 양이고 여자는 음이다. 이 음과 양의 상생과 조화, 남자와 여자의 상생과 조화를 따지는 일이 궁합이다. 궁합은 부부의 행복과 불행을 가늠하고 판단하는 도구이다. 그래서 궁합은 평생을 좌우한다고 필자는 늘 강조한다.

새해가 밝았다. 올해 짝을 찾아 가정을 이루려는 청춘남녀들은 궁합이란 검증 시스템을 통해 두 사람의 음양오행이 상생하고 조화를 이루는지 확인해보기를 권한다. 서로 상생하고 조화를 이루는 만남이 아니라면 좋은 짝을 더 찾아보고, 상생 조화도가 높다면 확신과 자신을 갖고 동반자가 되어 행복하기를 바란다. 그리고 지금 불화하고 있는 부부가 올해부터는 서로가 마음을 맞춰 잘 살고 행복한 가정을 꾸리고자 한다면 부부의 음양오행 조화도가 어느 정도이며 어떤 문제가 있는지를 살펴서 개선해 나가도록 노력할 것을 권한다.

부부의 행복이 가정의 행복이고 가정의 행복이 자녀들의 행복과 직결되므로, 부부의 관계 개선과 자녀들의 행복을 위해 부부의 문제를 치유하는 일에 공을 들이라는 말씀을 드린다. 음양오행가가 새해에 드리는 당부이다. 〈2007.1〉

제4장

명리로 본 박근혜

그가 혼밥을 먹거나, 소통을 잘 하지 않거나, 대면보고를 받지 않는 것은 부모
를 비명에 잃은 후 닥쳐온 트라우마를 비롯한 어떤 정신질환 문제 때문이라는
추론도 해본다. 또한 상식과 사리에 어긋나는 인식과 언행. 그리고 '혼군'으로서
의 행위를 보면 역시 그는 어떤 정신질환 문제를 안고 있어 보인다. 이 추론은
명리에서 나온 것이다.

여자 대통령의 남자복

일러두기: 박근혜 대통령의 생년월일은 1952년 2월 2일로 널리 알려져 있으나 생시는 정확히 알려진 바가 없다. 그의 생시를 추정하는 여러 설이 있으나 필자는 그의 성격 그리고 그의 과거와 현재와 가장 맞는 축시(01시 30분~03시 30분)를 그의 생시로 보았다. 따라서 그와 관련한 글은 모두 축시생을 전제로 썼다.

박근혜 대통령이 지난 6월 25일 국회법 개정안에 대한 거부권을 행사하고 '배신의 정치'운운하며 새누리당 유승민 원내대표를 '찍어내는' 발언을 하는 바람에 정국이 혼란스럽고 온 나라가 시끄럽다. 요 앞서 박대통령은 메르스(중동호흡기증후군) 사태로 국민들로부터 원성을 많이 들었고 지난해 세월호 사고로 국민들의 신뢰를 크게 잃은 바 있다. 여기서 문답을 해보자.

"그는 왜 국민들의 신뢰를 잃었을까?"

"대통령으로서 국사를 잘 다스리지 못하고 국민을 잘 지켜주지 못한 때문이지."

"국사를 잘 다스리지 못했다? 국민을 잘 지켜주지 못했다? 그건 다 아는 일인데 그걸 왜 못했을까?"

"그거야 대통령으로서의 자질과 능력이 부족한 때문이지."

자질과 능력? 이 문제를 명리학으로 풀어보자. 어느 조직과 집단이든 그 우두머리가 되려면 관성 코드를 타고나야 한다. 관성은 원칙·도덕·명예·정의·의리·합리·공정·관리·통솔 등을 상징하는 코드이다. 이

걸 갖춰야 그 조직과 집단에서 지도력·통솔력·리더십·카리스마를 발휘할 수 있다. 이걸 갖춰야 원칙과 공정과 합리를 바탕으로 그 조직과 집단을 잘 이끌어 갈 수 있다. 특히 공직의 리더들이 갖춰야 할 자질과 능력이 바로 이 관성이다. 관성은 다시 정관과 편관으로 나눠진다. 정관은 부드럽고 연한 조직에 맞는 관이고, 편관은 거칠고 딱딱한 험한 조직에 맞는 관이다.

그러면 박 대통령은 관성을 갖추고 있는가? 있다. 그런데 왜 잘못해서 욕을 먹는가? 관성의 흐름이 나쁜 때문이다. 이제 그가 지닌 관성의 동태를 살펴보자.

첫째 그는 두 개의 관성을 지녔다. 하나는 정관, 다른 하나는 편관이다. 사주에는 정관이든 편관이든 하나만 있어야 관성의 자태가 아름답다. 관성의 자태가 아름다워야 관성의 기능과 성능을 잘 발휘한다. 하지만 그에게는 정관과 편관이 섞여서 어지러운 관살혼잡 상태로 있으므로 관성의 자태가 아름답지 못하다. 관성의 자태가 아름답지 못하면 원칙·정의·공정합리를 제대로 지키지 못할 수 있고 리더십을 잘 발휘하지 못할 수 있다. 그런데 사주 내부에서 거관유살 작용이 일어나면서 정관은 가고 편관만 남아 관복이 훨씬 아름다워졌다. 이렇게 관성이 맑아지면서 편관의 기세가 강해지자 그는 카리스마와 리더십을 발휘하고, 국회의원이 되고 대통령이 되는 영광을 얻었다.

그러나 운에서 변화가 일어나 다시 관살혼잡 상태로 돌아가면 관성이 본래의 성능과 기능을 발휘하지 못하고, 원칙·정의·공정·합리를 지키지 못하고, 지도력과 통솔력을 잃고, 무능과 무책임으로 치달을 수 있다. 이렇게 관살혼잡 상태로 되돌아 간 때가 바로 2014년과 2015년이다. 관살혼잡의 운을 맞자 그는 지도력과 통솔력을 잃었고, 세월호와 메르스사태를 잘 관리하지 못하는 불행을 낳았다. 그리고 이 때는 7대운(2013년 3월~2022년 2월)에 속하는 시기인데, 7대운은 관성의 기둥인 재성이 쟁합을 하는 바람에 제 기능을 못하고 편관도 상충 작용으로 제 기능을 못하는 시기인즉 취임하자마자 그의 관운은 나빠진 환경에 놓였다. 또한 7대운이 동상이몽을 의미하는 천동지충의 시기인 점도 그의 국정운영에 나쁘게 작용했다. 한편 그의 편관은 투합 상태로 존재하므로 업무·직무·권력을 둘러싼 시비와 다툼이 일어날 소지를 안고 있다. 쟁합과 투합은 딴짓이요 다툼이다.

둘째 그는 남편복이 나쁘다. 관살혼잡한 운명의 주인공이기 때문이다. 정관은 본남편 코드이고 편관은 애인 코드인데 이게 뒤섞여 어지러운 모양새다. 어떻게 되겠는가? 좋은 남자를 만날 수 없다. 나쁜 남자를 만난다. 그리고 고집이 세다. 남자를 존중하지 않고 무시하는 성향을 보인다. 남자(남편)에게 스트레스를 받을 수도 있고 줄 수도 있다. 결혼생활은 결코 평탄치 않다. 일부종사와 부부해로도 어렵다. 앞에서 본대로 거관유살의 작용이 일어나 편관 하나만 남아 남편복이 좋아지기도 하지만, 운의 흐름에 따라 다시 관살혼잡의 상태로 돌아가면 남편복은 흉흉해진다.

비로 22세부터 41세까지 20년 동안은 관살이 태과해지거나 관살혼잡 상태로 돌아가는 기간으로서 남편복이 최악인 시기였다. 만약 이 시기에 결혼했다면 부부관계에 파탄이 났을 것이다. 명리로 보건대 결혼을 하지 않고 독신으로 지내온 것은 참 잘한 일이요 천만다행인 일이다. 물론 이 기간이라도 궁합 전문가의 조언을 따라서 결혼을 했다면 불행을 줄일 수는 있었겠고, 42세 이후에 결혼했다면 이전보다 불행을 훨씬 더 줄일 수 있었겠다. 한편 그의 편관(남편)은 투합을 하고 있으므로 남편이 한눈팔 수 있다는 암시도 준다.

셋째 그는 남자복이 나쁘다. 관살이 혼잡한 운명의 주인공이기 때문이다. 여자 사주에서 관성은 배우자를 뜻하지만 범위를 넓혀서 보면 남자를 의미한다. 여기서 남자란 그와 가까운 자리에 있는 사람(비서실장·문고리 3인방·총리·장관·새누리당 대표 및 원내대표 등등)을 지칭한다. 본디 남자복이 나쁜 데다 2013년부터 10년 동안(7대운)은 편관이 상충하므로 남자와 갈등·불화·반목·충돌·분리할 가능성이 높은 기간이다. 여기에 더하여 2014년과 2015년은 관살이 혼잡해지는 해이니 남자복은 극도로 나빠질 수밖에 없는 운명이었다.

대통령의 남자복이 나쁘면 그 피해는 본인에게는 물론 나라와 국민에게 고스란히 돌아오기 마련이다. 돌이켜보라. 비서실장 문제, 총리 인사 실패 문제, 문고리3인방 문제, 능력 발휘 못하는 장관 문제, 유승민 원내대표와의 갈등 문제 등으로 의당히 본인도 고통을 겪었을 테지만 나라가 얼마나 흔들리고 국민들이 얼마나 힘들게 살고 있는가를.

한 가정에선 가장의 복과 운이 좋아야 가정이 편안하고 가족이 행복하며, 한 국가에선 지도자의 복과 운이 좋아야 나라가 안녕하고 국민이 행복하다. 〈2015.6〉

왜 저보고 '그년'이라고 하셨어요?

#1. 박근혜 대통령은 지난 10월 22일 청와대에서 여야 대표 · 원내대표와 5자회동을 가졌다. 이날 회동이 끝난 뒤 회의장 입구에서 이종걸 새정치민주연합 원내대표와 악수를 하면서 "아까 보니까 인상도 좋으시고 말씀도 잘하시는데, 왜 예전에 저보고 '그년'이라고 하셨어요?"라고 말했다. 이어 "근데 오늘 말씀처럼 하시면 인기 많으시고 잘 되실 거예요. 인물도 훤하시고, 그런데 왜 이년 그년 이러셨어요?"라고 지난 일을 한 번 더 지적했다. 이에 이 원내대표는 당황한 표정으로 "그 때는 죄송했습니다. 사과드립니다."라고 말했다.

3년 전인 2012년 8월. 당시 박 대통령은 새누리당 대선 경선 후보였고, 이 원내대표는 민주통합당 최고위원이었는데, 이 원내대표는 자신의 트위터에 새누리당 돈 공천 파문을 비판하면서 "공천헌금이 아니라 공천장사입니다. 장사의 수지계산은 직원의 몫이 아니라 주인에게 돌아가지요."라면서 "그들의 주인은 박근혜 의원인데 그년 서슬이 파래서 사과도 하지 않고 얼렁뚱땅…"이라는 글을 올려 논란이 일었다. 파장이 커지자 이 원내대표는 '그년'은 '그녀는'의 오타라며 사과했다.

박 대통령이 3년 전 일을 꺼내 뼈 있게 한 발언을 두고 이런저런 말이 나왔다. '자기 집에 초대한 손님한테 과거사를 들먹여 은근히 반격한 것이 과연 주인다운 언행이냐', '장삼이사도 아닌 대통령으로서는 협량하다', '5자회동이 아무런 성과를 거두지 못한 걸 보면 기껏 그 말 하려고 5자회동을 연 게 아니냐'는 등등.

#2. 유승민 새누리당 의원의 부친이자 13·14대 국회의원을 지낸 유수호 전 의원이 지난 7일 별세했다. 망자와 상주의 위상이 큰지라 빈소에는 조화와 조기가 넘쳐났다. 그런데 박 대통령의 조화가 보이지 않자 그런 박 대통령을 두고 여러 말이 나왔다. 유 의원은 새누리당 원내대표이던 지난 7월 국회법 개정을 둘러싸고 박 대통령과 충돌하다 박 대통령이 '배신의 정치'운운하며 공격하자 원내대표 자리에서 불명예 퇴진한 바 있는데, 이와 엮어서 하는 말들이었다. '치졸해 보인다', '상갓집은 전통적으로 화해의 장이었는데 이를 활용할 줄 모르는 것 같다', '편협하고 협량해 보인다', '세상사와 무관한 구름 위에 있는 여성 같다'는 등등.

박 대통령의 언행을 정치적으로 그리고 액면대로만 해석하면 위와 같은 말들이 나온다. 그런데 그의 사주를 알면, 그래서 그 성격을 알면 그의 언행을 이해할 수 있다. 그는 土일생이다. 土일생은 신뢰와 의리를 중요시한다. 이에 따라 사람에 대한 호불호가 분명하다. 한 번 좋은 사람은 계속 좋아하고 한 번 미운 사람은 계속 미워한다. 속이 깊지만 먹은 마음도 있다. 은혜를 갚기 위해서든 앙갚음을 위해서든 과거지사를 쉽사리 잊지 않는다. 그는 대통령이기 이전에 土일생이므로, 타고난 성격은 고치기 어려우므로, 성격대로 과거 욕먹었던 말을 꺼내 농담조로 되갚아주고, 한 번 싫으면 끝까지 싫으니 조화를 보내지 않았던 것이다.

성격은 운명에 지대한 영향을 미친다.

그 성격을 아는 일이 사주를 아는 일이다. 〈2015.11〉

최태민을 만난 죄

필자는 늘 말한다.

"만사에는 때가 있다. 때가 좋으면 나아가고, 때가 나쁘면 물러나야 한다. 때를 아는 학문이 명리학이다."

만사를 도모하는 인간은 때를 잘 선택해야 한다. 만사 중에서도 '때의 선택'을 가장 잘 해서 도모해야 할 일이 무엇인가? 그것은 배우자를 찾는 일, 배우자를 선정하는 일이다. 배우자는 나의 반쪽이요, 내 인생의 반려자요. 일생의 희로애락을 같이하는 동반자이므로 인생에서 배우자 찾기보다 더 중요한 일이 어디 있으랴. 그래서 필자는 미혼 남녀와 그 부모에게 "인연운이 좋은 때에 만나는 이성은 가까이 하고, 인연운이 나쁜 때에 만나는 이성은 피해야 한다."라고 강조한 후 인연운이 좋게 오는 때와 나쁘게 오는 때를 꼭꼭 찍어 준다. 물론 이 '때'보다는 만나는 '사람'이 누구냐가 더 중요하지만, 그 사람이 누구냐를 따지기 전에 때를 보면 대개 그 때의 길흉에 따라 인연의 길흉을 예단할 수 있으므로 길운의 인연은 잡고 흉운의 인연은 피하라고 말한다.

평생의 동반자인 배우자뿐만 아니라 사회생활을 함께 하는 친구, 사업을 함께하는 동업자 내지 협업자도 잘 만나야 한다. 친구·동업자·협업자를 만나 관계를 맺는 일에도 때가 매우 중요하다. 인연운이 좋게 오는 때에 만나면 대개 좋은 사람이고 인연운이 나쁜 때에 만나면 거의 나쁜 사람이다. 이같이 '인연운의 길흉에 따라 인간관계의 길흉이 결정된다'는 논리는 배우자·친구·동업자·협업자뿐만 아니라 모든 인연맺기에 적용된다. 이 논리로 박근혜 대통령의 경우를 보자.

박근혜-최순실 게이트로 온 나라가 들끓고 있다. 이 문제의 뿌리는 최태민 씨이다. 박 대통령이 최 씨를 처음 만나 인연을 맺은 때는 1975년이다. 일 년 전 흉탄을 맞고 돌아가신 어머니의 죽음을 슬퍼하며 각계에서 온 위로의 편지로 마음을 달래던 그의 눈에 띈 편지가 있었다. 최 씨의 편지였다. 이 편지를 읽어 본 그가 최 씨를 청와대로 불렀고 최 씨는 3시간이 넘는 대화 끝에 그의 신뢰를 얻는 데 성공했다고 한다.

1975년이 어떤 때인가? 박 대통령에게는 인연운이 아주 나쁜 때이다. 「여자 대통령의 남자복」이란 글에서 말한 바와 같이 그는 본디 남자복(배우자복)이 나쁘다. 본남편에 해당하는 코드인 정관과 본남편 외의 남자에 해당하는 코드인 편관이 섞여 있는 이른바 관살혼잡 사주의 주인공이기 때문이다. 다행히 거관유살의 작용으로 혼탁 상태가 풀리기는 풀렸지만 완전히 맑고 깨끗해진 것은 아니다. 이렇게 관살혼잡한 마당에 20대인 3대운(1973년 3월~1983년 2월)에 편관운이 또 와서 관살혼잡 상태가 심해지고, 또다시 1975년에 정관운이 와서 관살혼잡 상태는 극에 달하였다. 설상가상. 최악의 시기이다.

이럴 때 어떤 일이 벌어지는가? 첫째 관살은 나를 제압하는 코드이므로 심신이 쇠약하고 만사에 의욕이 없다. 둘째 관살은 남자 코드이므로 남자 운이 극도로 나쁘다. 나쁜 남자를 만나기 쉽다. 자칫하면 봉변을 당한다. 스스로가 남자의 늪에 빠져 헤어나지 못할 수도 있다. 이런 때는 남자를 조심해야 한다. 남자와의 접촉이 많은 곳에는 가지 말아야 한다. 밤늦게 다니지 말고 어두운 길은 피해야 한다. 가능하다면 아예 집밖에도 나가지 말아야 한다. 그렇긴 한데 남자운이 지독히 나쁜 때여서 집에 박혀 있어도 몰래 침입한 나쁜 남자한테 봉변을 당할 수도 있다. 이런 운이 오는 여성들에게 늘 필자는 남자를 조심하라고, 행동을 조신하게 하라고 당부하고 당부한다.

그런데 1975년에 그는 어떻게 했는가. 그는 최씨를 만났고, 최 씨는 대한구국선교단을 발족해 총재를 맡고 당시 영애이던 그를 명예총재로 추대한다. 동업자 관계가 된다. 1975년부터 1979년까지 최 씨가 그를 등에 업거나 내세우는 방법을 비롯해 각종 악행으로 저지른 비리 혐의는 총 44건이다. 최 씨로 인하여 그는 '최 씨와 내연관계이다', '최 씨의 아이를 낳았다'는 의혹을 받기도 했다.

최 씨는 나쁜 남자였다. 사이비 교주 혹은 주술사로 불리는 남자, 수십 명의 여자를 농락하고 6명의 아내를 둬 여자관계가 복잡한 여자, 7개의 이름을 사용해야 할 만큼 과거행적을 지우기에 바빴던 남자, 불법으로 재산을 축적한 남자였다.

이렇게 나쁜 남자를 그는 왜 만났을까? 나쁜 인연운이 오는 때를 피하지 못한 때문이다. 앞에서 본대로 그에게 1975년은 남자운이 극도로 나쁜 때이건만 그걸 모르고 최 씨를 만났고, 오늘날까지 그 악연의 굴레에서 벗어나지 못하고 있다. 1975년 최 씨와 맺은 개인 인연이 그 개인에게만 영향을 미친 게 아니라 그의 남매에게도 커다란 불행을 던져주었고 급기야는 대한민국이란 한 국가와 국민들에게도 엄청난 불행을 안겨 주었다. 아버지인 대통령이 나서도 끊지 못한 인연, 국가기관인 중앙정보부가 나서도 끊지 못한 인연이 한 가족, 한 조직, 한 사회, 한 국가를 망치는 결과를 낳았다. 대통령을 만들어 주겠다는 최 씨의 말에 확신을 가진 그가 최 씨를 교주처럼 모시고 따랐는지는 모르겠으되 그렇게 대통령이 되었다 해도 그 끝은 나빴으니 최 씨는 나쁜 남자다.

　한 나라의 여성 대통령이 한 국가를 불행에 빠트린 원인을 명리로 추적해 보면, 그가 남자 운이 나쁜 때에 나쁜 남자를 만나 '몸과 영혼을 통제당한' 때문이라는 게 사주에 나와 있으니 명리는 실로 오묘하지 않은가. 〈2016.11.12〉

'우주의 기운'이 사라졌도다

박근혜 대통령이 위기에 직면했다. 그에 대한 지지율은 11일 현재 2주 연속 5%대를 고수하고 있다. 역대 대통령 최저치다. 그의 국정수행 능력에 대해서는 90%가 부정적이다. 취임 후 최고치다. 지난 12일 광화문광장에 모인 100만 명의 국민들은 촛불을 들고 그의 하야를 요구하는 함성을 외쳤다. 이런 사태를 부른 건 '박근혜-최순실게이트'다. 결자해지를 해야 하건만 그는 아직도 명쾌한 해답을 내놓지 못하고 있다.

그는 왜 이 지경에 몰렸을까? 명리학으로 그 원인을 찾아보자.

첫째 관성이 취임 다음달부터 10년 동안 깨어져 흔들리고 있는 중이므로 그의 권력은 불안정하다. 그는 2013년 2월 취임했고, 묘하게도 그의 7대운은 2013년 3월부터 시작해서 2022년 2월까지 이어진다(대운이란 10년 주기로 보는 운이다) 본래 그는 벼슬·권능·권위·직위·직책·리더십·지도력·명예 등을 상징하는 코드인 관성을 2개 타고났다. 하나는 정관이고 다른 하나는 편관인데, 이게 섞여 있으니 탁하다. 이른바 관살혼잡이다. 하지만 거관유살의 작용으로 편관만 남아 관성이 맑아져서 관복이 길하다. 그리하여 관운이 맑은 5대운과 6대운에 국회의원이 되고 대통령이 된다.

그런데 7대운에 들어 관성(편관)이 충을 맞았다. 충이란 충돌·충격·격발·변동·요동 등을 의미한다. 관성이 충을 맞았으니 관성에 지진이 일어난 셈이다. 그 여진은 10년 동안 계속된다. 그러므로 10년 동안 대통령으로서의 지도력에 균열이 생기고, 리더십에 구멍이 뚫리고, 업무를 정상으로 수행하기 어렵고, 편법과 위법을 저지를 수 있고, 명예에 곰팡이가 스는 환경이 조성된 것이다. 그리고 7대운은 천동지충 기간이다. 하늘은 한 마음이나 땅은 딴 마음이니 동상이몽의 시기이다. 뜻한 일을 성취하기 어렵거나 구설이 발생한다. 취임 후의 선거 후유증(국정원 대선 개입 의혹), 인사난맥, 세월호사고, 메르스사태 등으로 흔들린 그의 지위와 위상을 떠올려 보라.

둘째 2016년에 들어 관성(편관)이 또다시 충을 받은 때문에 그의 권좌가 흔들린다. 대운에 지진이 일어나 여진이 계속되고 있는 마당에 7.5 규모의 지진이 또 터졌으니 관성은 박살이 났다. 대통령으로서의 능력을 발휘하기 어렵고, 업무를 올바로 수행하기 어렵다. 대통령으로서의 권능은 추락하고, 권위는 사라지고, 명예는 땅에 떨어졌다.

셋째 2016년은 인성운으로 본디 대길한 해이다. 그에게 인성운은 절대 필요한 운이다. 그런데 이 인성이 공망 상태로 변하면서 그는 몰락했다. 인성은 선조·귀인·부모·스승·어른·선배·후원자·조력자 등 나를 돌봐주고 도와주고 보살펴주는 존재이다. 자식에겐 부모, 학생에겐 스승, 상인에겐 고객, 정치인에겐 지지자요 여론이다. 공망은 텅 비어서 없다, 꽝이 됐다, 유명무실하다는 뜻이다. 자. 정치인인 그에게 올해 인성 운이 왔건만 꽝이 되었으니 어떻게 되겠는가? 그가 즐겨 말하던 '우주의 기운'이 없어졌다. 그를 따르던 지지자가 사라졌다. 여론이 나빠지고 민심이 떠났다. 그의 지지율은 5%로 급락했다. 국민들은 퇴진을 외치는 촛불을 들었다. 지난 4월 대선 때 그의 인기는 시들해져

친박 마케팅도 빛을 잃었다. 인성은 부모이기도 한데 그가 18년 동안 정치인으로 성공한 수 있었던 건 그의 후광으로 빛나는 부모 덕이었다. 그런데 올해는 인성의 공망으로 부모의 후광도 사라져버렸다.

올해 앞으로 운은 어떤가? 11월은 오기에 해당하는 겁재운으로서 아집이 강해지는 시기니 앙앙불락하겠고, 11월과 12월은 관을 상하게 하는 식상운으로서 관운이 나쁜 시기이니 권좌가 불안하겠다. 〈2016.11.16〉

05

12월 9일에 탄핵하라

앞의 글 「우주의 기운이 사라졌도다」에서 박 대통령의 11월 운과 12월 운에 대해서 다음과 같이 말했다.

〈11월은 오기에 해당하는 겁재운으로서 아집이 강해지는 시기니 앙앙불락하겠고, 12월은 관을 상하게 하는 식상운으로서 관운이 나쁜 시기이니 권좌가 불안하겠다.〉

실제로 박 대통령이 앙앙불락하는 모습은 11월 20일에 절정을 이루었다. 이날 검찰이 박대통령을 직권남용과 공무상 비밀누설 등 범죄 혐의 피의자로 입건하자 그는 오히려 고개를 꼿꼿이 세운 채 역공의 자세를 취했다. 청와대 대변인을 통해 "객관적 증거는 무시한 채 상상과 추측을 거듭해서 지은 사상누각일 뿐"이라고 검찰에 반박했다. 대통령이 자기 통치 하의 검찰을 못 믿겠다는 건 자기부정이다. 박 대통령은 또 변호사를 통해 "앞으로 검찰의 직접 조사 요청에는 일절 응하지 않겠다."고 버텼다. 이는 박근혜-최순실게이트와 관련한 2차 대국민 사과에서 "검찰 조사에 성실히 임하겠다."고 한 말을 완전히 뒤집는 자세다. 그리고 대변인을 통해 "차라리 탄핵하라."는 말로 역습했다.

박대통령의 11월은 겁재운이다. 겁재는 형제·친구·동료·동지 등에 해당하는 코드이다. 이게 좋은 작용을 하면 이들의 도움을 받으며, 내 뜻과 의지가 강해지면서 오기가 생긴다. 그에게 11월은 겁재가 좋은 작용을 하는 시기이니 오기가 생겨 오기를 부렸다. 그가 민심에 못 미치는 대국민 사과를 한 게 그렇고, 청와대 홈페이지에 '오보·괴담 반격' 코너를 만든 게 그렇고, 촛불 시위에 맞서 하야 반대 세력을 결집하는 게 그렇다.

특히 그 오기가 왜 20일에 절정을 이뤘을까. 그에게 20일은 인성운이다. 인성은 선조·부모·스승·어른·선배·후원자·조력자 등 나를 돌봐주고 도와주고 보살펴주는 존재이다. 인성이 좋은 작용을 하면 이들의 도움이 발생해서 나는 강해지며 자신감이 붙고 의욕이 솟는다. 20일은 이 인성이 그에게 좋은 작용을 하는 때이니 조언을 해준 조력자가 생겨 자신감이 더욱 높아지면서 오기가 치솟자 "검찰은 못 믿겠다, 차라리 탄핵하라."고 나섰다는 풀이가 가능하다.

앞의 글 「우주의 기운이 사라졌도다」에서 그에게 12월은 권좌가 불안한 시기라고 말했던 바, 그게 현실로 다가왔다. 야권은 그를 탄핵하기로 결정했고, 그게 12월에 이뤄질 것임이 확실해졌다. 탄핵안이 국회에서 의결되면 그 순간부터 대통령은 국정에서 손을 떼야 하므로 그의 권좌가 불안하다는 전망은 현실이 되겠다.

여기서 궁금한 점은 대통령으로서의 그의 직무가 정지되는 시점이 언제냐이다. 언론은 국회가 탄핵안 처리를 12월 2일이나 12월 9일에 할 것이라고 전망했다. 필자는 12월 7일 이후에 하라고 권한다. 12월 7일 이전은 그에게 좋은 비겁운이 와서 유리한 시기이고, 12월 7일 이후는 그에게 나쁜 식신운이 와서 불리한 시기이니까 그에게 불리한(국민에게 유리한) 12월 7일 이후에 탄핵하라는 것이다.

무슨 말인가. 명리학 달력 곧 사주팔자 달력은 우리가 일상생활에서 쓰는 일반 달력과는 달라서, 매월의 시작점이 그 달 1일이 아니라 그 달 절기가 시작되는 날이다. 일반 달력으로는 올해 12월이 12월 1일 00 시부터 시작되지만, 사주팔자 달력으로는 올해 12월은 동지가 오는 시점인 12월 7일 01시 40분부터 시작된다. 따라서 사주팔자 달력으로 12월 2일은 동지(12월 7일)가 오기 전으로서 11월 운(좋은 비겁운)이 작동하는 기간이므로 그에게 유리하고, 12월 9일은 동지(12월 7일)가 온 후로서 12월 운(나쁜 식신운)운이 작동하는 시기이므로 그에게 불리하다(국민에게 유리하다)는 말이다.

만약 그에게 유리한 11월 운이 여전히 존재하는 시기인 12월 2일에 탄핵한다면 탄핵안이 정족수 미달 등의 이유로 부결될 수도 있지만, 이미 12월 운이 와서 활동 중인 12월 9일에 탄핵한다면 관을 박탈하는 식신의 작용으로 탄핵안은 의결될 수 있다. 식신은 편관을 제압하는 코드이므로 12월 운에서 식신이 활약하면 그의 사주에 있는 편관은 힘을 못 쓴다. 식신은 관을 탈취하고 깨부수는 일을 하는 행동대장이므로 식신이 일어나 움직여야 나쁜 대통령이 쓰고 있는 관(직위)을 벗길 수 있다.

국회는 12월 9일에 나쁜 대통령을 탄핵하라. 그러면 성공하리라. 〈2016.11.23〉

06

박수칠 때 떠나라

앞의 글 「우주의 기운이 사라졌도다」에서 박근혜 대통령에게 〈12월은 관을 상하게 하는 식상운으로서 관운이 나쁜 시기이니 권좌가 불안하겠다.〉고 썼다. 이걸 더 자세히 설명하면서 그의 12월 운을 더 살펴보자.

식상은 식신과 상관을 합해서 부르는 용어이다. 식신과 상관은 크게 보면 그 기능이 비슷하다. 그 중 나쁜 기능 두 가지를 보면 하나는 나의 정기를 빼는 설기작용이고, 다른 하나는 관성을 깨부수거나 제압하는 파관 혹은 제관작용이다. '관을 상하게 한다'는 상관傷官이란 명리학 용어가 나온 연유가 여기에 있다.

식상이 설기작용을 하면 본인의 심신이 약해진다. 마음이 나약해져서 만사에 의욕이 없고 무력하고 의기소침해진다. 능동적이지 않고 수동적이다. 몸에서는 병이 생긴다. 박 대통령의 12월이 바로 식상이 설기작용을 하는 나쁜 때다. 식상 중에서 식신이 설기작용을 하는데, 식신은 상관보다도 설기하는 힘이 더 크다. 그래서 의욕을 상실하는 정도가 크고 몸이 아픈 정도도 크다.

한편 식상이 제관작용을 하면 사주의 주체에 따라 여러 가지 나쁜 사안이 발행한다. 남녀 누구든 관운을 본다면 견책·감봉을 당하거나 좌천하거나 퇴직 혹은 실직하는 등의 일을 겪는다. 박 대통령의 12월이 바로 식상이 제관작용을 하는 나쁜 때다. 식상 중에서도 식신이 제관작용을 하는데, 이 점이 중요하다. 박 대통령에겐 벼슬을 의미하는 관성이 2개, 곧 편관 1개와 정관이 1개 있다. 이게 섞여 있으니 사주가 혼탁하다. 하지만 정관을 바로 잡아먹는 상관이 2개 있어서 정관은 없어지고 편관만 남아서 (거관유살) 사주가 맑아졌다. 그런데 남은 편관이 올해 충을 받아서 벼슬자리가 요동치는 상황이건만 12월 운에서 편관을 바로 잡아먹는 식신운이 또 오니 벼슬자리를 유지하기 힘들다.

  12월에 일어날 설기작용과 제관작용을 종합해서 살펴보면 박 대통령은 12월에 대통령 자리에서 물러날 가능성이 매우 높다. 첫째 제관작용으로 보면 탄핵안 가결에 따른 강제 퇴진이다. 국회서 탄핵안이 통과되면 그는 대통령 직위는 유지하되 국정에서 손 떼야 한다. 허수아비다. 둘째 설기작용으로 보면 자진 퇴진이다. 그는 심신이 쇠약해져서 더 버틸 용기와 자신이 없어진다. 이런 상황에서 국민들은 하야하라고 함성을 지르고, 특검과 국정조사는 목을 조인다. 주위에서 도와주는 사람도 없다. 견디다 못해 제풀에 죽은 그가 "깨끗이 물러나겠다."고 항복하는 경우다. 내년은 제쳐두고 올해 운만 볼 때 12월은 그가 떠나야 할 때다. 그에게 이형기 시 '낙화' 한 구절을 들려주고 싶다.

  가야할 때가 언제인가를
  분명히 알고 가는 이의
  뒷모습은 얼마나 아름다운가

〈2016.11.29〉

07

잘한다. 박지원!

오늘은 7일, 절기로 대설, 눈이 많이 내린다는 날이다. 실제로 오늘 눈이 오는 곳이 많겠다는 일기예보도 나왔다. 요 며칠간 필자는 오늘이 오기를 애타게 기다렸다. 눈 소식을 기다린 게 아니고 12월이 오길 기다렸다. 무슨 말인가? 달력으로 보면 12월은 12월 1일에 시작되지만, 절기로 시간을 따지는 명리학으로 보면 12월(운)은 12월 7일에 시작되기 때문이다.

그 12월을 왜 기다렸는가? 박근혜 대통령의 퇴진을 확인하기 위해서였다. 지난달 정치권에서 박 대통령 탄핵을 12월 2일에 하느냐 12월 9일에 하느냐는 말이 나왔을 당시, 필자는 박 대통령의 관운이 나빠지는 때가 오는 12월 7일 이후 곧 12월 9일에 탄핵안을 표결해야만 성공한다고 장담한 바 있었다. 또한 12월은 박 대통령이 자진퇴진이든 강제퇴진이든 그 자리서 물러날 때라고도 큰소리쳤다. 그러고도 하루하루 시시각각으로 변하는 시국을 지켜보면서 이 장담이 빗나가면 어쩌나 하며 조바심을 태우기도 하였다.

#11월 29일: 박 대통령이 '대통령직 임기 단축을 포함한 진퇴문제를 국회 결정에 맡기겠다'는 3차 담화를 발표했다. 탄핵 캐스팅보트를 쥐고 있는 새누리당이 이 말에 현혹돼 출렁거렸다. 필자의 가슴도 출렁거렸다.

#12월 1일: 새누리당은 의원총회를 열고 '박 대통령 내년 4월 퇴진, 6월 조기대선'을 당론으로 결정했다. 저러면 12월에 물러날 수 없는데 하는 걱정이 왔다. 한편 국민의당 박지원 비상대책위원장은 '9일 탄핵 표결 고수'를 주장했다. 잘한다, 박지원! 당신이 최고야! 박수를 보냈다. 이에 앞서, 탄핵안 표결 시기를 두고 더불어민주당과 정의당이 '2일 표결'을 주장할 적에는 '어, 어, 저 날에 표결하면 탄핵안이 통과되지 않는데, 박대통령은 물러나지 못하는데' 했던 우려와 상심이 가시어 기분이 좋았다.

#12월 2일: 야 3당은 '2일 탄핵 발의, 9일 탄핵 표결'을 합의했다. 새누리당의 당론대로 박 대통령이 내년 4월 사퇴를 약속해도 야당은 9일에 탄핵 표결을 강행한다는 뉴스는 가슴을 뻥 뚫어주었다.

#12월 3일: 경향 각지의 촛불집회에 사상최대인 232만 명이 참여했다. 필자도 이날 대구집회에 참가했다. 새누리당 비주류는 '박 대통령이 4월 퇴진 입장 밝혀도 탄핵에 참여한다'고 밝혔다. 역사의 그날, 희망의 그날이 오고 있구나 라는 믿음에 유쾌했다.

#12월 6일: 박 대통령은 새누리당 투톱을 만난 자리에서 '탄핵안을 담담히 받아들이겠다'고 밝혔다. '오냐. 그러면 그렇지' 쾌재를 불렀다. 새누리당은 '탄핵안에 자유투표로 표결하기로 했다'고 밝혔다. '얼씨구 잘한다, 절씨구 잘한다' 어깨춤이 나왔다.

이같이 탄핵시계가 돌아가는 모습을 보면 9일 탄핵안은 통과된다. 명리로 풀어봐도 그렇다. 그 이유는, 박 대통령이 첫째로 관운이 깨지는 대운(10년 단위의 운) 흉운에 들었고, 둘째로 또다시 관운이 깨지고 지지기반이 무너지는 세운 흉운에 직면했고, 셋째로 관운이 무너지고 심신도 무너지는 12월 흉운을 만났고, 넷째로 길신(천을귀인·대극귀신)이 오기도 하지만 조객·월살·천살 등 흉살이 오는 9일 흉기를 만나는 때문이다. 이렇게 대운·세운·월운이 흉흉한데 어찌 그 자리를 지키랴! 〈2017.12.7〉

08

피눈물이 난다니요?

명리의 예측은 맞았다. 12월 9일 국회 표결에 붙여진 박근혜 대통령 탄핵소추안은 78%의 찬성률로 가결되었다. 이 찬성률은 탄핵 전 실시한 한 여론조사기관의 여론조사에서 타나난 탄핵찬성 응답률과 일치한다. 국회를 통과한 탄핵안은 헌법재판소로 넘어갔고, 국민의 관심은 헌법재판소에 뜨겁게 몰려 있다. 과연 헌법재판소는 국회 탄핵안을 어떻게 심판할까? 받아들여 박대통령을 파면하는 결정을 할까, 기각하여 박대통령은 살리는 결정을 할까? 그 최종 결정은 언제쯤 내릴까?

그동안 언론보도를 보면 헌법재판소가 탄핵안을 받아들일 것이란 전망이 우세하다. 따라서 박대통령 파면은 기정사실로 보고, 다만 그가 그 머리에 맞지 않은 관(대통령직)을 언제 벗게 될까 하는 퇴진 가능 시기를 명리로 살펴보자. 가장 가까운 시기로 보면 2017년 1월이다.

2017년 1월은 헌법재판소의 탄핵심판에 따른 강제퇴진 보다는 자진퇴진 가능성이 높은 시기이다. 헌법재판소가 탄핵사유로 적시된 헌법 및 법률 위반 13개와 사건관련자 50여 명을 모두 심리한다니 1월 중 최종 결정을 못 내릴 것이란 판단에서 강제퇴진 가능성은 낮다고 본 것이다. 강제퇴진보다 자진퇴진 가능성이 높다고 본 이유는, 앞의 글「우주의 기운이 사라졌도다」에서 본 바와 같이 그의 대운이 흉한 데다 연운과 월운이 흉하기 때문이다.

2017년 1월 현재의 연운은 2017년 운이 아닌 2016년 운으로 봐야한다. 명리학은 입춘이 되어야 해가 바뀌는 것으로 보는데, 2017년 입춘은 2월 4일에 시작되므로 2017년 2월 3일까지의 연운은 2016년 운으로 봐야 한다. 앞의 글 「우주의 기운이 사라졌도다」에서 본대로 2016년 연운은 관운이 좌불안석이고 지지기반이 붕괴되는 흉기이다.

2017년 1월은 상관이란 코드가 흉한 작용을 하므로 관운과 건강이 나쁜 시기이다. 그는 탄핵을 당한 후 "피눈물이 난다는 말이 무슨 말인지 알겠다."고 했다는데 1월에도 피눈물을 계속 흘리며 가슴을 칠 것이다. 심신이 무너져 건강이 매우 나빠질 것이다. 뿐이랴. 특검과 국정조사로 그는 물론 그와 관련된 피의자들의 범법행위가 백일하에 드러나면 그의 심신은 더욱 쇠약해진다. 특검과 국정조사의 목조르기에 더하여 자진퇴진 혹은 즉각퇴진을 외치는 야권의 공격, 언론의 공격, 촛불의 공격이 맹위를 떨치면 그의 심신은 극도로 쇠진해진다. 어쩌면 피눈물을 흘리다 못해 극단의 생각까지 할지도 모른다. 그래서 그 무거운, 제 머리에 맞지 않는 그 관을 스스로 내려놓으려 할 것이다.

또한 그에게 1월은 관운이 상하는 시기이니 본인이 필설을 잘못 발설하든가 그와 관련 있는 사람들이 필설을 잘못 발설하여 관재구설에 시달릴 소지가 많다. 온갖 비난과 욕을 먹고 명예가 땅에 떨어지는 꼴을 당할 조짐이 크다. 그래서 내 몸이라도 챙기려고, 욕이라도 덜 먹으려고 그 어울리지 않은 왕관을 스스로 벗으려 할 것이다. 그렇게 하지 않으면 그는 그 무게에 짓눌려 몸과 마음을 크게 다쳐 나중에 크게 고생하리라. 아니, 그 벗기 전에, 내 눈에 흐르는 피눈물을 닦기 전에, 국민들이 흘리는 피눈물을 볼 줄 알았으면 좋겠다. 〈2016.12.14〉

09

옹고집 부리는 혼군

#옹고집: 박근혜-최순실 게이트가 터지자 박근혜 대통령의 성격 혹은 심리를 분석해내는 전문가들의 이야기도 들리고, 평소 가까이서 보며 느꼈던 그의 성격 혹은 심리를 털어놓는 측근들의 이야기도 들린다. 이에 가세하여 음양오행가인 필자는 명리학으로 그의 성격을 분석하고자 한다. 명리학은 한 사람의 생년월일시 곧 사주팔자를 보고 그 사람의 성격(심리)를 찾아낸다. 그래서 명리학은 심리학이라고 필자는 늘 말해왔다.

명리학으로 성격을 분석하는 방법에는 일간오행으로 보는 법, 격국으로 보는 법, 주요 통변성으로 보는 법 등이 있다. 먼저 격국으로 보면 그는 겁재격이다. 독립적이고 자립적이며 의지가 강한 한편 아집이 세다. 또한 정재격이기도 하다. 정직하고 성실하고 근면하다. 재물에 대한 애착이 강하다. 꼼꼼하고 치밀한 모습도 보인다. 이런 모습은 지지에 숨어 있는 여러 천간이 합을 하고 있는 때문이기도 하다. 수첩공주라는 별명이 이런 성격에서 나왔다.

다음 주요 통변성으로 보면 정관과 편관이란 관성이 두 개 있으므로 정의·공정·합리를 추구하며 지도력·리더십·카리스마를 발휘한다. 그런데 이런 기질은 기본 기질이므로 운의 흐름과 상황에 따라 변화한다. 가령 본디 정직하게 태어났으나 성장환경 및 교육환경과 운의 흐름에 따라 정직하지 못한 태도를 보이기도 하고, 본디 정의와 합리를 추구하나 성장환경 및 교육환경과 운의 흐름에 따라 불의와 타협하거나 비합리로 빠질 수도 있다.

다음으로 일간 오행으로 성격을 보자. 일간 오행이란 그 사람이 태어난 날의 천간 오행을 말하는데, 일간 오행은 木·火·土·金·水 등 5개다. 그가 무인戊寅일에 태어났고 戊는 土이므로 그의 일간 오행은 土이다. 따라서 그는 이 土의 성질을 타고났다. 土는 흙이요 땅이요 대지요 산이다. 土로 태어난 사람은 대개 신의와 신용을 소중히 생각한다. 고정관념이 강하고 과거지사에 대한 집착이 강하다. 믿으면 확고하게 믿고 믿음이 없으면 눈길도 주지 않는다. 그래서 사람과 일에 대한 호불호가 편향적이다.

돌이켜보라. 그가 그랬다. 한 번 믿고 따른 최태민 씨를 이날 이때까지 떠받들어 왔다. 오죽했으면 미국 외교관은 '최태민이 그의 몸과 영혼을 통제했다'고 했을까. 그리고 그는 한 번 신임한 문고리 3인방을 끝까지 신임했고, 한 번 믿은 정윤회 씨와 최순실 씨를 끝까지 믿었고, 한 번 신뢰한 조윤선 장관을 두 번이나 기용했고, 한 번 마음에 든 우병우 수석을 계속 곁에 두었다. 그리고 그의 눈 밖에 난 유승민 의원을 악착같이 밀어냈고, '2012년 대선 국정원 댓글 여론 개입' 수사로 자기 목에 정의의 칼을 들이대는 채동욱 검찰총장을 교묘한 방법으로 쫓아냈다. 土일생인 그는 본디 중도와 중용을 추구하며 남을 포용하고 관용하는 좋은 성품을 타고났으나 살아오는 동안의 성장환경, 교육환경, 생활환경, 직업환경의 변화로 이런 장점의 성품이 퇴색한 것으로 보인다. 안타깝다.

土일생은 대개 언행이 신중하여 행동이 느긋하고 미루기를 잘하는 편이다. 입이 무거운 편이서 심중의 뜻을 분명하게 밖으로 표현하지 않는다. 土일생인 그가 그랬다. 말이 짧다. 무슨 일에 관한 결정이 늦다. 속마음을 잘 드러내지 않는다. 일례로 무슨 분명한 이유도 말하지 않은 채 경북대학교를 비롯한 5개 국립대학교의 총장 임명을 거부한(미룬) 게 본보기다. 일반 개인이 행동을 느리게 하고 결정을 미적미적 미루면 그 관련자 몇 명만 답답해하면 그만이지만, 정확한 판단과 신속한 결정을 내려야 할 일국의 대통령이 이런 행동을 보이면 온 국민이 답답하고 온 나라가 답답하다. 이런 면에서 보면 그는 대통령 자격이 없다. 土일생의 기질 중 나쁜 것은 버리고 좋은 것만 함양해야 하건만 그러질 못한 것 같다.

土일생은 대개 남 앞에 나서거나 무슨 일에 앞장서는 것을 좋아하지 않는다. 그가 그렇다고 한다. 공식업무가 없을 땐 관저에서 TV를 보며 혼자 밥을 먹는다고 한다. 함께 밥을 먹는 건은 대화요 소통이거늘 가장 많은 사람과 가장 많이 소통해야 할 대통령이 혼밥을 먹는 건 대통령으로서 자격이 없다. 대개 土일생은 속마음을 감춘 채 표현을 잘 하지 않은 게 흠이므로 교육과 훈련을 통해 남 앞에 나를 드러내 보여주고 내 뜻과 마음을 펼쳐 보이는 노력을 해야 한다. 그래야 사회생활을 원활히 할 수 있건만 그는 그러지를 못했다. 대통령으로서의 자질을 함양하지 못했다. 土일생의 단점을 보완하지 못한 것 같다.

그리고 그의 일간은 약한 편이므로 그는 주체가 약한 사람이다. 겉으로 강해 보여도 속은 여리다. 土는 산이요 대지로서 요지부동이니 土일생인 그가 고집이 세 보이지만 옹고집일 뿐이다. 곧 옹고집이 무너지리라.

#혼군: 한편 그가 혼밥을 먹거나, 불통하거나 대면보고를 받지 않는 것은 타고난 성격 문제보다도 부모를 비명에 잃은 후 닥쳐온 트라우마를 비롯한 어떤 정신질환 문제 때문이라는 추론도 해본다. 또한 상식과 사리에 어긋나는 그의 인식과 언행을 보면, '혼군'으로 치닫는 걸 보면, 그는 어떤 정신질환 문제를 안고 있어 보인다. 이 추론은 명리에서 나온 것이다.

오행 중 木은 정신신경과 관계가 있는 바, 사주에 木이 없거나 쇠약한 상태로 있거나 혹은 너무 많은 상태로 있는 사람은 정신신경 질환을 앓을 가능성이 높다. 그에게 1973년부터 1993년까지 20년 동안은 木의 기운이 극성을 부리고(칠살편관이 칼춤을 추고) 본디 미약한 주체는 더더욱 미약해지는 기간이었다. 이 기간에 부모를 잃었고 칩거생활을 하기도 하였다. 따라서 세상과 담을 쌓은 채, 세상 사람들과 교류와 소통을 활발히 하지 않은 채, 자기만의 세계 살던 이 기간에 정신신경 계통의 질환을 앓았으리라고 본다.

그런데도 제때 제대로 치료를 받지 않아서 그 증상이 남은 탓에 소통 부재, 불통, 혼밥먹기, 상식과 사리에 벗어난 사고와 인식, 비정상의 언행, '혼군' 그대로의 형태를 보이는 게 아닐까 하고 추론하는 것이다. 항정신성 의약품이 왜 청와대로 들어갔고, '세월호 7시간'의 미스터리가 왜 생겼을까? 〈2016.12.21〉

10

3월 5일 전에 파면하라

새해가 밝았다. 새해를 맞아 저마다 갖는 관심사는 가지각색일 것이다. 이런 가운데서도 대한민국 국민이라면 함께 갖는 공통 관심사는 있을 것이다. 그 중 하나가 박근혜 대통령을 탄핵심판하는 일이 아닐까한다. 최근 한국지방신문협회가 실시한 여론조사 결과를 보면, 국회가 소추한 박 대통령 탄핵심판 청구를 헌법재판소가 인용해야 한다는 응답이 74.8%에 달했다. 박 대통령이 물러나기를 간절히 바라는 열망을 담은 이런 여론이, 헌법재판소의 판결에 영향을 미치기도 하겠지만 그동안 나온 전문가들의 예측을 종합해보면 박 대통령은 헌법재판소의 판결로 파면을 당한다는 판단이 절대적이다. 박 대통령의 파면을 기정사실이라고 전제하면, 헌법재판소가 최종 선고를 내리는 시기가 언제이냐가 중요 관심사가 된다.

앞의 글 「피눈물이 난다니요?」에서 박 대통령의 병신년의 운세로 볼 때, 2017년 1월(명리학 달력으로는 2017년 1월은 병신년/2016년 운에 속한다)에 그 자리에서 물러날 가능성이 높다고 말했다. 그러면 정유년(2017년)운세로 보면 그는 언제 그 자리에서 쫓겨나는가? 명리학 달력으로 정유년(2017년)은 2017년 2월 4일 입춘 때부터 시작된다. 명리학 달력으로는 한 해가 바뀌는 시점이 입춘일이다.

먼저 그의 정유년 전반적 운세를 보자. 타고난 명命 중에 건강히 존재하던 관성(구체적으로 말하면 일지에 자리한 편관)이 대운(2013년 3월~2022년 2월)을 맞아 깨어져 관운이 나빠졌다. 또한 그동안 관성을 지탱해주던 든든한 버팀목인 재성이 대운을 맞아 잘난 체 하는 나 자신과 불화하고 갈등(쟁합)하는 바람에 그 힘을 잃어 관운이 나빠졌다. 이렇게 관운이 쇠약해진 마당에서 정유년을 맞이하자 명 중에서 진작 무력해진 관성(월지에 자리한 정관)이 충격을 받아 깨어지면서 관운이 더욱 쇠약해진다. 그리고 정유년은 그의 관복에 해당하는 木의 기세를 제압하는 金의 기운(酉)이 앞뒤 3년 중 최고로 강해질 때이니 관운이 더더욱 쇠잔해진다. 따라서 대체적으로 그의 정유년 관운은 매우 나쁘다.

한편 지난해 무너진 그의 지지층이 올해 되살아날 가망은 없다. 인기와 지지에 해당하는 코드인 인성이 올해도 꽝(공망)이 되기 때문이다. 다만 주위의 도움(지인에 해당하는 코드인 겁재가 합을 이룸)이 생기는 시기이니 친박 세력의 지지로 그가 용기와 힘은 낼 수 있겠다.

정유년 운이 이렇다면 정유년 중 언제 그가 쫓겨날까란 문제로 가보자. 근자의 보도를 보면 헌법재판소의 탄핵 결정 시기는 '2월 말 또는 3월 초'가 유력하다는 게 정치권과 법조계의 관측이란다. '2말3초'는 명리로 봤을 때도 그에게 불리한(국민에게 유리한) 시기이다. 운명의 시계 바늘이 국민의 편으로 참 잘 돌아간다는 느낌이 든다. 2월 말이면 그의 2월 운이 작동하는 기간(2월 4일~3월 4일)이다. 이 기간에 관운을 도와주는 재성(편재) 운이 오긴 오는데 어쩌나, 이 재성이 간합을 한다. 간합은 평소 제 할 일만 착실히 하던 사람이 난데없이 한 눈을 팔고 딴짓을 하는 양상을 이르는데, 관의 기둥이 되는 재성이 간합을 하면서 제 기능을 하지 못하니 이미 추락한 관운이 다시 살아날 기미를 보이지 않는다. 그래서 '2말'이 좋다는 것이다.

그런데 '3초'가 고민이다. '3초'가 3월 5일 전이면 좋겠으나 이후이면 좀 걱정스럽다. 3월 5일 전이면 2월 운이 작동하는 기간이고, 앞에서 본 바와 같이 재성이 간합하는 바람에 관운을 돕지 못하는 기간이니 좋다는 것이다. 하지만 3월 5일 이후이면 2월 운은 가버리고 3월 운이 작동하는 기간(3월 5일~4월 3일)이다. 이 기간에는 관운을 도와주는 재성(정재) 운이 오며 2월 운처럼 간합을 하지 않은 채 제 할 일을 하므로 그나마 그의 관운은 조금 꿈틀대며 회복하는 조짐을 보인다. 그래서 3월 5일 이후이면 걱정스럽다는 것이다.

이렇게 재생관^{財生官}의 이치로 관성을 보좌하는 재성의 동향, 그 재성의 동향에 따른 관성의 기세로 2월 운과 3월 운을 비교해보면, 3월 운보다 2월 운이 그에게 불리하니 국민에게는 유리하다. 그의 파면을 바라는 74.8%의 국민 편에서 말한다면 헌법재판소는 3월 5일 전에 그를 심판하라. 〈2107.1.4〉

11

하얀 장갑 속의 검은 손

박근혜-최순실 게이트에는 퀴퀴한 돈 냄새가 진동한다. 삼성·SK등 53개 기업이 미르재단과 K스포츠재단에 출연한 돈은 무려 774억 원이고, 이 배후에는 박 대통령의 검은 손이 있다는 소식이다. 이 두 재단을 만든 최순실 씨를 위해 박 대통령은 기업 총수들과 독대하고, 그들의 민원을 듣고, 자금을 모으는 몫을 한 혐의가 슬슬 사실로 드러난다. 그리고 미르·K스포츠재단은 박 대통령의 노후를 위해, 박 대통령의 지시에 따라 만든 것이란 정황도 나온다.

또한 삼성그룹이 최 씨 일가의 승마 관련 사업에 지원(약속)한 돈은 무려 220억 원이고, 이 배후에는 박 대통령의 검은 손이 있다는 소식이다. 박 대통령의 지시에 따라 국민연금이 삼성물산-제일모직 합병에 찬성, 이재용 삼성전자 부회장의 경영권 승계를 도와줬고, 삼성은 그 대가로 최 씨 측을 지원했다는 의혹이 차츰 사실로 드러난다. 특검은 박 대통령의 이런 행위가 뇌물죄에 해당한다고 판단, 박 대통령의 검은 손에 쇠고랑을 채울 태세다.

박 대통령한테서 왜 검은 돈 냄새가 풀풀 나고, 그는 왜 뇌물죄에 걸렸나? 명리로 보면 답이 보인다. 먼저 그의 돈복과 재물관을 보자. 그는 시주 천간에 정재를 두었으니 정재격 사주로 태어났고, 정재는 재물을 상징하는 코드이니 알뜰하면서도 돈에 관한 집착이 강하다. 그는 또 돈이 마르지 않는 식신생재격 사주의 특질을 지녔으니 '재물이 끊임없이 나온다'는 화수분을 품고 있는 부자다.

뿐이랴. 그에게는 검은 돈도 있다. 월지축과 시지축 속에 숨어 있는 정재가 검은 돈이다. 진·술·축·미 4개의 지지를 사묘라 하고, 축은 그 하나이며, 묘는 무덤과 창고를 의미하는데, 이 축 속에 정재가 숨어 있다. 이는 그의 돈이 어두컴컴한 창고나 무덤 속에 숨어 있는 형국이니 그 돈은 묘중재^{墓中財}, 고중재^{庫中財}, 검은 돈, 음성적인 돈, 비밀금고의 돈, 한번 들어가면 나오지 않는 돈이다.

이 고중재의 존재로 보건대, 그는 아버지와 관련된 재산이나 최 씨와 연결된 재물 혹은 최 씨 아버지 최태민 씨와 연관된 재물을 어딘가 꽁꽁 감춰뒀을 수 있다. 정재는 본디 깨끗한 돈이다. 그런데 그런 정재가 햇볕이 들지 않는 무덤 혹은 창고에 들어 있은즉 겉으론 깨끗한 돈을 추구하는 것 같지만 속으로는 검은 돈을 노리는 검은 마음과 검은 손을 감추고 있는 상황이다. '하얀 장갑 낀 검은 손'이 그의 재물관이다.

'하얀 장갑 낀 검은 손'의 모습을 더 보자. 천간은 하늘이고 지지는 땅이다. 천간에 존재하는 코드는 하늘에 있는 것이니 누구나 알아볼 수 있는 명명백백한 존재이고, 지지에 존재하는 코드는 땅 속에 숨어 있는 것이니 아무도 알아볼 수 없는 비밀스러운 존재이다. 그의 재물 모습을 보자. 그의 시주 천간에 정재가 있으니, 곧 하늘에 있으니 명명백백하고, 정재는 깨끗한 돈이니 그는 '십 원 한 푼 받은 게 없는 깨끗한 사람'의 모습으로만 보이는 건 당연하다. 그리고 월지와 시지에 정재가 있긴 있으나 땅 속에 감춰져 있고, 본인은 깨끗한 척하고, 아무도 그 속마음을 모르니 '깨끗한 대통령'의 모습으로만 보이는 건 당연하다. 너나없이 하얀 장갑만 볼 뿐 그 속에 감춰진 검은 손은 보지 못했음을 어찌 탓하랴. 열 길 물속은 알아도 천 길 마음속은 모른다고 하지 않은가. 하지만 명리는 그 천 길 마음속을 읽고, 그 고중재의 존재를 본다.

그는 고중재를 갖고 있으므로 꿍꿍이셈을 한다. 뒤로 돈을 챙긴다. 그리고 인색하다. 곳간을 좀체 열지 않는다. 지갑을 잘 열지 않는다. 그와 돈에 얽힌 이야기에는 짜다는 말이 많은 게 그 증좌다.

자. 이제 그가 뇌물죄에 딱 걸린 까닭을 명리로 풀어보자.

첫째 고중재 존재다. 고중재가 존재하므로 그는 검은 돈을 먹으려고 암암리에 재벌한테 검은 손을 뻗쳤고, 최 씨를 은밀한 하수인으로 이용했고, 그러다 뇌물죄에 걸렸다고 본다.

둘째 고중재의 다툼이다. 창고에 든 재물(정재)이 얌전히 있는 게 아니라 싸움을 벌이고 있다. 곧 정재의 쟁합이다. 쟁합은 다툼이요, 그 다툼이 재물(재성)의 다툼이니 돈과 관련해 암투를 벌이다가 언젠가는 탈이 난다는 암시를 준다. 한편 정재 쟁합을 벌이는 상대는 비견이요, 비견은 형제자매 혹은 형제자매처럼 지내는 사이를 상징하는 코드이니, 형제자매들과 암암리에 재산다툼을 벌이거나 형제자매 같은 사람들과 재물싸움을 한다는 암시를 던진다. 그의 제부 신동욱 씨가 6억원(10·26이후 박정희 전 대통령의 관저 금고에 있던 돈. 당시 권력자 전두환 씨가 영애 박근혜에게 이 돈을 주었다. 당시 서울 아파트 300채 값이라고 한다.) 문제를 계속 물고 늘어지고 있고, 2007년 그의 동생 근령-지만 씨 사이에 일어난 육영재단 운영권 분쟁이 둘의 싸움이 아니라 그를 등에 업은 최태민 씨 일가와 근령 씨와의 싸움이란 의혹이 그 증거다.

셋째 시간時干 정재의 쟁합이다. 시주 천간(시간)에 자리한 정재가 7대운(2013년 3월~2022년 2월)을 맞아 쟁합하는 양상을 보인다. 재물 코드인 정재가 쟁합하니 재물과 관련한 탐욕을 부리고, 분쟁과 소송에 휘말리고, 급기야는 뇌물죄에 걸려 쇠고랑을 차고 재물손해도 보는 것이다. 7대운이 온 시점이 대통령에 취임한 다음 달이니 이때부터 그는 재물탐욕과 재물분쟁의 늪에 빠져 버렸다. 이 시간 정재의 쟁합이 그가 뇌물죄에 걸린 가장 명확하고 가장 큰 이유이다.

　돈과 관련한 그의 불행은 계속된다. 쟁합 상황이 극심해지는 2018년이 그에겐 최악의 해이다. 단언컨대 내년에 그는 재물과 관련한 엄청난 분쟁에 휩싸일 것이고, 많은 재물을 잃을 것이고, 재물과 관련해서 처벌을 받는 등 신상이 편안하지 못하리라. 피눈물을 펑펑 쏟으리라. 〈2017.1.11〉

12

무정한 남매지간

박근혜 대통령의 육친 복분은 어떨까. 이미 그의 남편복은 검토해 보았고, 미혼인 그의 자식복은 따져 볼 필요성이 없으므로 부모복과 형제복에 대해서 살펴보자.

그에게는 어머니 코드인 인성이 없다. 보이지 않는 공간인 지지 속에 인성이 숨어 있긴 있으되 미약하므로, 그의 어머니복은 나쁘다고 본다. 또한 아버지 코드인 재성은 건재하고 인성은 없으니 아버지보다 어머니를 먼저 여읜다고도 본다. 실제로 그는 20대 초에 어머니를 잃는다. 자연사가 아닌 흉사로 어머니를 잃은 비애와 통탄을 누가 헤아릴 수 있으랴. 나 자신을 억압하고 짓눌러서 힘들게 하는 코드는 편관칠살이고, 이것을 막아주는 코드는 인성이다. 그에게 칠살의 세력은 강력한 힘으로 존재하는데 이걸 막아주는 인성은 없다. 따라서 그에게 어머니는 절대 필요한 존재이건만 어머니를 잃어버렸으니 그는 심신불안 혹은 심신미약 상태에 빠질 수밖에 없다.

어머니를 사별한 1974년은 칠살의 세력(木)은 미쳐서 날뛰고, 본디 나타나 있지 않은 인성(火)은 목다화멸의 이치로 그 불씨마저 꺼져버리는 시기였다. 1975년도 그런 상황이었다. 이 1975년에 그는 나쁜 남자 최태민 씨를 만나고, 그 잘못된 만남이 개인은 물론 대한민국을 비극으로 몰고 갔다. 만약 어머니가 살아계셨다면 그는 나쁜 남자를 만나지 않았을 것이고, 설혹 만났더라도 어머니의 개입으로 일찍 헤어날 수 있었을 것이고, 그의 불행과 대한민국의 불행은 초래하지 않았을지도 모른다. 그리고 대운으로 볼 때, 1973부터 1992년까지 20년 동안(3대운과 4대운)은 극악무도한 칠살이 폭동을 일으키고 목다화멸의 기세는 악화일로 치달을 때여서, 이를 막아주는 인성(어머니)의 사랑과 보살핌을 절실히 갈구했건만 어머니가 없었으니, 그는 무지무지 힘들고 괴롭고 외로웠으리라고 추론하니 마음이 아프다. 아무튼 타고난 어머니복이 아름답지 못한 마당에 어머니운이 나쁘게 오는 운과 맞닥뜨리자 그는 어머니와 작별하는 아픔을 겪고 말았다.

그런데 그에게 1993년부터 2012년까지 20년 동안(5대운과 6대운)에 인성운이 오자 그는 부모 덕택에 국회의원도 지내고 대통령도 되었다. 인성은 어머니 코드이지만 광의로 보면 부모 코드이기도 하다. 다 알다시피 그는 부모 덕택(박정희 신화와 육영수 향수 등)에 국회의원과 대통령이 되었다.

아버지복은 어떤가. 아버지 코드인 재성이 있긴 있되 2대운(1963년~1972년)에서 쟁합하고, 또한 어둠의 공간인 지지 속에 숨어 있는 재성이 쟁합을 하니, 아버지가 바람을 피우거나 나쁜 일을 하거나 어떤 행태로든 속을 썩인다고 본다. 실제 그 아버지의 여성편력은 널리 알려져 있고, '그는 아버지의 주색잡기 때문에 최태민에게 빠졌다'는 증언도 있지 않은가. 그리고 이 재성이 7대운(2013년~2022년)에서도 쟁합을 하여 그 기능을 못하자 그는 몰락하고 말았다. 다시 말해 그의 버팀목인 아버지란 지주가 무너지자 그는 나락으로 떨어졌다.

형제복은 어떤가. 형제 코드인 비겁이 천간과 지지(장간)에 있긴 있으되 밖으론 권력 코드인 편관과 쟁합하고 안으론 재물 코드인 정재와 쟁합하니 형제는 감투와 돈을 둘러싸고 투쟁을 벌이는 사이라고 본다. 육영재단 운영권을 둘러싼 3남매의 암투와 전두환 씨가 그에게 준 6억 원을 둘러싼 암투가 그 증거다. 이런 암투로 동생들과 절연하디시피 지내니 형제간에 우애가 없는 사람이다. 그에게 형제(비겁)는 어머니(인성) 다음으로 필요한 존재이니 그가 형제들과 우애 있게 지냈으면 인생에 도움이 되었을 것인데 그러질 못했고, 동생 근령 씨가 그와 최 씨와의 사이를 떼놓으려고 했던 대로 그가 최 씨와의 관계를 빨리 끊었다면 오늘날 같은 불행을 일어나지 않았을 텐데….

13

박근혜, 대통령 될까?

앞으로 우리나라를 이끌어갈 국가 지도자를 뽑는 제 18대 대통령 선거일이 다가오고 있다. 현재 각축을 벌이고 있는 주자는 박근혜 새누리당 후보, 문재인 민주당 후보, 안철수 무소속 후보이다. 문 후보와 안 후보는 후보 단일화에 합의했으므로 단일화가 이뤄진다고 보면 최종 경쟁자는 두 명이 된다. 만약 세 후보의 사주를 알면 누가 야권 단일 후보가 되고, 이 야권 후보와 박 후보 가운데 누가 대권을 잡을 지 예측이 가능하다. 하지만 세 사람의 출생 연월일시를 정확히 알 수가 없다.

인터넷에는 세 후보의 사주가 나돌고 대권과 관련한 이들의 사주풀이가 적지 않게 떠돌지만 신뢰성이 약하다. 모두 정확한 생년월일시를 바탕으로 한 사주가 아니라 추측한 생년월일시를 근거로 뽑은 사주이기 때문이다. 설령 이들의 사주를 정확히 안다고 해도 사주만으로 대권 승자가 누구인지를 판단하는 데는 몇 가지 변수가 있다.

첫째 시대환경이다. 현재 우리나라가 처한 시대상황에, 우리 국민이 바라는 여망에 부합하는 인물이 누구냐에 따라 변수가 작용한다. 시대정신이 변화를 원하면 이에 부합하는 인물이 한 점수 더 받을 것이며, 시대정신이 안정을 원하면 이에 맞는 후보가 한 표 더 얻을 것이다.

둘째 후보가 소속한 정당에 대한 지지도이다. 인물보다는 당을 보고 투표를 하는 국민들이 적지 않기 때문이다.

셋째 후보의 인물이다. 여기서 인물이란 얼굴 생김새뿐만 아니라 경력과 자질도 포함된다.

넷째 지역성이다. 여전히 우리나라 선거에는 지역마다의 색깔이 나타나기 때문이다. 이 같은 사주 밖의 변수는 논외로 한다면 시방 선두를 달리는 박 후보는 2012년 12월 19일에 과연 대권을 잡을 수 있을까? 인터넷에 나오는 박 후보의 사주는 신묘년 신축월 무인일 계축시이다. 이 사주를 바탕 삼아 그의 선거운을 보자.

대운(10년 단위의 운)을 보면 그는 현재 6대운(2003년 3월~2013년 2월)에 와 있다. 6대운은 민심을 얻는 아름다운 인수운이고 천심도 얻는 때(천을귀인)이니 국민들의 여론과 지지와 인기가 상승하므로 당선 가능하다. 그리고 선거 해인 올해는 관운을 양호하게 도와주는 편재운이 온 데다 천우신조(천을귀인)를 얻기도 하여 좋고, 선거 달인 12월도 관운을 양호하게 도와주는 편재운이 온 데다 천우신조(삼기귀인)를 받기도 하여 좋으니 당선 가능하다. 선거일인 19일도 편관운으로서 관운이 좋은 시기이므로 당선 가능하다.

그러나 야권 후보의 운이 이보다 더 좋다면 그는 낙선한다. 그가 구땡이를 잡았지만 야권 후보가 장땡이를 잡으면 그가 낙선한다는 뜻이다. 아무튼 그의 사주가 이와 같지 않으면 결과는 다르다. 〈2012.11〉

14

문재인, 대통령 될까?

목하 우리나라 국민들의 최대 관심사는 18대 대통령 선거에서 누가 당선될까 하는 문제이다. 지난주에 안철수 후보가 사퇴함으로써 문재인 후보가 야권 단일 후보가 되었다. 이제 대권 경쟁은 박근혜 후보와 문재인 후보의 양자대결 구도로 만들어졌다. 문재인 후보의 당선 가능성은 어떨까를 보자.

문 후보의 사주를 정확히 모른다. 다만 인터넷에 가장 많이 떠도는 문 후보의 생년월일시는 양력 1953년 1월 24일 술시(밤 7시 30분~밤 9시 30분 사이)이다. 사주는 임진년 계축월 을해일 병술시이다. 확실치는 않지만 일단 이 사주를 텍스트로 하여 당선운을 알아보자.

우선 문 후보의 성격을 보면 木일생이니 마음이 너그럽고 따뜻하다. 공명정대하고 주관이 강하다. 사주 유형은 편재격이니 활달하고 화끈하다. 매우 꼼꼼하기도 하고 통이 크기도 하다. 의협심이 있다.

현재 문 후보가 맞이하고 있는 5대운(2006년 8월~2015년 7월까지의 10년 운)은 심신과 정신기력이 쇠약해지는 나쁜 시기이다. 그러므로 이 기간에는 심신과 정신기력을 강하게 해주는 木운 혹은 水운이 와야 한다. 이때의 木기운과 水기운은 주위 사람들이 무엇으로든 나를 도와주고 나에게 힘을 불어넣어주는 운이다. 주위의 관심과 사랑을 받고 인기를 얻는 운이요, 인덕과 인복을 얻는 운이다. 올해가 임진년으로서 임은 水이니 문 후보로서는 여러 사람의 도움을 받고 인기를 끄는 길운이다. 또한 선거일인 12월 19일 운을 보면 12월은 임자월로서 역시 水운이니 문 후보에게 이롭고, 19일은 갑인일로서 갑은 木이니 문 후보에게 득이 되는 운이다. 따라서 문 후보가 당선할 가능성은 있다. 하지만 박 후보에 비해선 불리하다.

문제는 그에겐 권력·지도력·카리스마 코드인 관성이 없다는 점이다. 다만 관성이 지지 속에 내장돼 있으므로 전무하다고 보긴 어렵지만 미약하다. 평소 그에게 권력의지가 없다는 말이 나돈 건 관성 부재 탓이다. 그가 사시 합격 후 판사나 검사가 되어 권력을 행사하지 못한 원인도 관성 부재에 있다. 앞에서 그가 박 후보에 비해서 불리하다고 말한 까닭도 그렇다. 박 후보는 관성을 타고난 데다 대운·세운·월운·일운에서 관운을 기쁘게 맞이하고 있건만 그는 애당초 관성을 타고나지 못한 데다 대운·세운·일운에서도 관운을 만나지 못하니 박 후보에 비해서 당선 가능성이 낮다고 본 것이다. 또한 영향력이 가장 큰 대운이 박 후보는 좋으나 그는 나쁘므로 박 후보에 비해 당선 가능성이 낮다고 본 것이다. 하지만 그의 사주가 이와 같지 않으면 결과는 다르다.

그에게 관운은 언제 오는가? 2016년 8월 이후에 온다. 큰 틀에서 보면 6대운(2016년 8월~2025년 7월까지의 10년 운)기간이다. 이때 천우신조(천을귀인)를 받고 관운은 매우 왕성하고 아름답다. 이 기간인 2017년 12월 20일에 19대 대선이 있는 바 이 해에 천우신조를 얻고(삼기귀인) 능력을 인정받으며(식신운), 이 달에 민심을 얻고(인성운), 이 날의 관운(편관운)이 양호하므로 그에게 19대 대선은 18대보다 아주 대길하고 매우 유리하다고 본다. 〈2012.11〉

15

선거와 관운

6·2지방선거가 끝났다. 승리를 거둔 당선자 3,991명은 덩실덩실 춤을 추며 잔치를 벌였을 것이고. 이보다 더 많은 숫자의 낙선자는 원통해서 한탄의 눈물을 흘렸을 것이다. 필자의 지인 중에도 이런 희비를 겪은 출마자들이 적지 않다. 특히 지인 3명의 당락여부는 애당초부터 예단하고 있었는데 예측대로 갑은 축배의 잔을 들고 을과 병은 패배의 눈물을 흘렸다.

만사가 다 그렇듯이 선거전에서도 운이 좋아야 당선 가능성이 높다. 운이란 천지의 기운이다. 천지기운이 나에게 좋은 작용을 하면 운이 좋은 것이고, 나쁘게 작용하면 운이 나쁜 것이다. 엄청난 돈과 사람을 필요로 하는 선거전에 나설 때는 운을 살펴보고 진퇴를 결정하는 게 현명하다. 그런데도 운의 존재나 음양오행 학자들의 조언을 무시한 채 오직 자신만을 믿고 '죽어도 고!'하거나 '못 먹어도 고!'한 자들은 피박에 광박까지 쓰고 결국은 쪽박 차는 신세가 되기 쉽다.

이번에 당선한 갑1은 일찍이 지난해 12월에 필자에게 당선 여부를 물어왔다. 당선확률이 90% 쯤 되므로 걱정 말고 출마하라고 조언해 주었더니 그는 용기와 자신감을 갖고 출마해 당당히 월계관을 차지하였다. 그는 본디 관운을 맑게 타고난 데다 올해와 올 4월~5월(5월운은 6월 5일까지이므로 선거가 있는 6월 2일 운도 5월운에 해당한다)과 선거 당일에 관운이 더욱 강력해지는 때이니 당선이 되었다.

낙선자 을**2**은 필자와 알고 지낸 지가 30년이 넘는다. 출마 준비를 할 적에 미리 당락 여부를 알려 주는 것이 부조하는 일이라는 생각에서 사주를 달라고 해서 보았다. 본즉 때가 아니었다. 선거에 나오면 틀림없이 낙선하여 돈 날리고 망신을 당하니 나오지 말라고 조목조목 적어서 신신당부를 하였다. 그래도 기어이 출마하더니 보기 좋게 떨어졌다. 을은 본디 사주에는 관복이 없고 다만 운에서 오고 있을 뿐이어서 매우 약한 데다 더욱이 올해와 선거운동 기간인 4~5월은 관복이 무력해지는 때여서 낙선의 고배를 마셨던 것이다. 득표율 10%이하로서 선거비를 한 푼도 보전 받지 못하니 패가망신 지경에 이르렀다.

낙선자 병**3**은 공천을 받지 못하자 무소속으로 출마하였다. 병의 사주팔자는 진작 확보하고 있는 터여서 본인이 당락 여부를 물어오면 조언을 해주고, 묻지 않는다면 굳이 말해주지 않기로 작정했다. 왜냐하면 이미 4년 전부터 준비해온 상황이어서 "낙선 가능성이 높으니 나오지 말라."고 해봤자 콧방귀 뀌고 나올 위인이었기 때문이다. 그래서 그냥 병의 운을 보니 올해가 전이불항戰而不降의 시기였다. 죽어도 항복을 안 하는 때이니 병은 "못 먹어도 고!"를 외쳤다. 공천을 받지 못했으면 깨끗이 승복하고 4년 후를 도모했다면 좋겠는데…라고 생각하며 지켜본즉 역시 예견대로였다. 병은 타고난 관운은 좋으나 2년 전부터 관운이 쇠약해지는 가운데 올해와 4~5월은 제 고집으로 혹은 주위의 부추김으로 마구 설치다가 큰코다칠 때이니 패잔병이 된 것이다. 〈2010.6〉

16

선거와 자식

2014년 6·4 지방선거에서 재미난 현상이 하나 있었다. 선거 기간에 자녀가 좋은 작용을 한 경우엔 후보 아버지가 당선되었고, 나쁜 작용을 한 경우엔 후보 아버지가 낙선했다는 점이다. 서울시장 선거에 출마한 정몽준 후보는 막내아들 문제로 구설에 시달렸다. 정 후보의 막내아들은 지난 4월 발생한 세월호 침몰 사고와 관련해 페이스북에 "국민이 미개하니까 국가도 미개한 것 아니겠냐."는 글을 남겨 물의를 빚었다. 이 글이 파장을 일으켜 정 후보가 눈물을 흘리며 사과했지만 낙선의 고배를 마셨다.

서울시 교육감에 출마한 고승덕 후보는 미국에 사는 장녀가 페이스북에 올린 글로 치명타를 맞았다. 고 후보의 딸은 "고승덕 후보는 자신의 친자녀 교육엔 전혀 관심을 두지 않았다."며 "그는 서울시 교육감이 될 자격이 없다."고 말했다. 가장 선두를 달리던 고 후보는 장녀의 글로 말미암아 지지율이 하락하면서 패배하고 말았다.

한편 서울시교육감 후보로서 지지도가 낮았던 조희연 후보는 둘째 아들의 활약으로 당선의 기쁨을 누렸다. 조 후보의 둘째 아들은 한 포털 사이트에 "제가 20년이 넘게 아버지를 가까이에서 지켜온 바로는, 다른 것은 모르지만 적어도 교육감이 되어서 부정을 저지르거나 사사로이 돈을 좇는 일은 없을 것이라고 장담할 수 있습니다."라는 글을 올렸다. 이 글은 널리 회자되면서 큰 반향을 일으켜 조 후보의 당선에 크게 기여했다.

여기서 자식복 혹은 자식덕을 생각해보자. 남자 사주에서 자식에 해당하는 코드는 관성이다. 관성 하나가 힘 있고 아름다운 모양으로 있으면 자식복이 좋다. 자녀가 현량하여 속을 썩이지 않고 공부를 잘하며 출세를 한다고 본다. 더욱이 제자리인 시주에 앉아 있으면 자식덕이 양호하여 만년에 효도를 받는다고 판단한다. 반면에 관성이 아예 없거나 있어도 힘이 없거나 너무 많으면 자식복이 없다. 관성이 아예 없으면 자녀 얻기가 힘들고, 있어도 무력하면 걱정 되는 자식이 있고, 너무 많으면 자녀는 짐이 되는 존재이거나 원수 덩어리가 된다.

그리고 남자 사주에서든 여자 사주에서든 관성은 흔히 말하는 벼슬운 혹은 관운에 해당한다. 벼슬운 혹은 관운이란 명예·직위·직책 등을 의미하니 관성이 좋은 작용을 하면 시험 합격, 선거 당선, 승진, 영전 등의 사안이 발생하고 흉작용을 하면 그 반대 현상이 일어난다고 본다. 아마도 선거 기간에 정 후보와 고 후보는 관성이 나쁜 작용을 하는 운을 맞이한 것으로 보인다. 자녀가 내 이름을 훼손하고 내 얼굴에 먹칠했으니 자식성인 관성이 흉작용을 한 셈이고, 결국은 패배했으니 벼슬운이 흉작용을 한 셈이 되었다. 반대로 조 후보는 관성이 좋은 작용을 하는 운을 맞이한 것으로 보인다. 둘째 아들 덕에 승리의 축배를 든 셈이다. 자식운과 관운은 정비례한다.

이번 선거뿐 아니라 대통령 선거에서든 장관 후보자 청문회에서든 자녀 문제로 낙마하는 경우를 우리는 많이 봐왔다. 높은 자리에 오르려면 자녀 관리를 잘해야 한다. 〈2014.6〉

제1장

1 여: 乙未년 甲申월 壬申일 癸卯시
2 남: 辛卯년 庚寅월 壬寅일 己酉시
3 여: 壬子년 癸丑월 丁未일 壬寅시
4 여: 辛丑년 壬辰월 壬午일 甲辰시
5 남: 丁亥년 癸丑월 己亥일 甲子시
6 남: 癸巳년 癸亥월 己卯일 癸酉시
7 여: 甲寅년 壬申월 丙戌일 戊戌시
8 남: 甲寅년 丁卯월 辛亥일 辛卯시
9 여: 癸巳년 丁巳월 丁巳일 辛亥시
10 여: 乙未년 壬午월 辛丑일 壬辰시
11 여: 甲申년 丁丑월 癸巳일 辛酉시
12 여: 乙卯년 丁亥월 癸未일 丙辰시
13 남: 辛卯년 辛丑월 辛未일 己亥시
14 남: 癸巳년 丁巳월 癸亥일 丙辰시
15 남: 戊辰년 丙辰월 壬辰일 癸卯시
16 남: 己亥년 癸酉월 庚申일 戊寅시
17 남: 丁酉년 壬子월 庚申일 癸未시
18 남: 庚辰년 戊寅월 戊寅일 壬戌시
19 여: 乙丑년 壬午월 癸未일 己未시
20 여: 壬辰년 壬子월 甲午일 戊辰시
21 남: 辛酉년 辛卯월 庚子일 辛巳시
22 여: 癸亥년 庚申월 辛卯월 甲午시
23 남: 癸巳년 乙丑월 癸亥일 丙辰시

24 여: 己未년 庚午월 壬戌일 庚子시
25 여: 丁未년 丙午월 庚戌일 丙子시
26 여: 庚戌년 丙戌월 庚寅일 丁亥시
27 여: 壬戌년 辛亥월 丙辰일 壬辰시

제2장

1 여: 己酉년 己巳월 丙午일 戊戌시
2 여: 庚戌년 辛巳월 丙戌일 戊戌시
3 여: 乙卯년 己卯월 戊午일 丁巳시
4 여: 戊午년 甲寅월 甲子일 丙寅시
5 여: 丁酉년 戊申월 壬午일 庚戌시
6 여: 乙卯년 戊子월 乙巳일 辛巳시
7 여: 甲辰년 癸酉월 己巳일 丁卯시
8 여: 己未년 壬申월 己未일 乙亥시
9 여: 丙申년 庚寅월 庚戌일 戊子시
10 여: 癸丑년 戊午월 乙未일 丙戌시
11 여: 乙卯년 庚辰월 辛卯일 乙未시
12 여: 辛酉년 癸巳월 壬寅일 乙巳시
13 여: 辛亥년 癸巳월 己酉일 壬申시
14 여: 辛亥년 己亥월 辛酉일 戊戌시
15 여: 丙午년 丙申월 丁巳일 甲辰시
16 여: 辛丑년 己亥월 戊申일 辛酉시
17 여: 戊戌년 辛酉월 辛亥일 戊戌시
18 여: 壬寅년 癸丑월 丁巳일 壬子시
19 여: 戊申년 癸亥월 己丑일 乙亥시
20 여: 乙未년 壬午월 辛丑일 壬辰시
21 여: 丁未년 癸丑월 丁酉일 壬子시
22 여: 乙巳년 戊子월 乙巳일 己卯시
23 여: 壬子년 癸丑월 丁未일 壬寅시
24 여: 庚寅년 戊寅월 乙酉일 乙酉시
25 여: 壬辰년 壬子월 甲午일 戊辰시
26 남: 癸丑년 丁巳월 庚申일 戊寅시
27 여: 乙卯년 甲申월 壬辰일 庚子시

28 남: 癸丑년 癸亥월 癸丑일 壬戌시
29 남: 己未년 辛未월 己丑일 戊辰시
30 남: 戊午년 戊午월 辛丑일 癸巳시
31 남: 乙卯년 乙酉일 癸亥일 癸亥시
32 남: 庚申년 己丑월 壬辰일 戊申시
33 남: 庚申년 乙酉월 壬辰일 戊申시
34 남: 甲辰년 丙寅월 丙申일 甲午시
35 남: 庚子년 丁亥월 辛酉일 己亥시
36 남: 癸丑년 丁巳월 丙寅일 甲午시
37 남: 己亥년 丙子월 丁亥일 甲辰시
38 남: 庚申년 乙酉월 丙午일 癸巳시
39 남: 戊午년 辛酉월 丙申일 丁酉시
40 남: 丙辰년 乙未월 乙亥일 癸未시
41 남: 甲寅년 癸酉월 辛酉일 乙未시
42 남: 庚子년 辛巳월 丁未일 己酉시
43 남: 辛酉년 丁酉월 辛亥일 癸巳시
44 남: 庚申년 辛巳월 丙戌일 庚寅시
45 남: 庚申년 甲申월 己巳일 戊辰시
46 여: 甲子년 丁卯월 丁卯일 壬寅시
47 남: 辛亥년 壬辰월 甲子일 丙子시
48 남: 丁丑년 甲辰월 癸亥일 癸丑시
49 여: 丙申년 丙申월 甲戌일 丁卯시
50 여: 丁未년 乙巳월 癸巳일 丁巳시
51 남: 癸巳년 乙丑월 癸亥일 丙辰시
52 여: 戊午년 丁巳월 辛卯일 辛卯시
53 남: 壬戌년 庚戌월 戊寅일 壬子시
54 여: 乙丑년 己丑월 辛未일 甲午시
55 남: 庚寅년 戊子월 甲辰일 丙子시
56 남: 辛丑년 癸巳월 己酉일 甲戌시
57 남: 辛丑년 甲午월 乙酉일 戊寅시
58 여: 壬子년 癸丑월 丁未일 壬寅시
59 여: 戊申년 戊午월 乙亥일 甲申시
60 여: 丙戌년 辛卯월 甲申일 戊辰시
61 여: 辛酉년 戊戌월 庚午일 甲申시

제3장

22 남: 辛酉년 癸巳월 辛丑일 甲午시

23 남: 戊午년 戊午월 戊辰일 癸丑시

24 癸丑년 戊午월 乙未일 丙戌시

25 여: 戊午년 庚申월 丁巳일 辛丑시

26 남: 癸丑년 癸亥월 癸丑일 壬戌시

27 여: 辛亥년 辛卯월 戊戌일 甲子시

28 남: 甲寅년 癸酉월 辛酉일 乙未시

29 여: 乙卯년 庚辰월 辛卯일 乙未시

30 여: 辛亥년 己亥월 庚申일 丁亥시

31 여: 甲寅년 戊辰월 丙午일 戊子시

32 여: 乙卯년 丁亥월 癸未일 丙辰시

33 여: 戊戌년 庚申월 辛未일 壬辰시

34 여: 癸丑년 乙丑월 丙寅일 乙未시

35 남: 壬寅년 丁未월 戊辰일 癸丑시

36 여: 乙巳년 癸未월 己卯일 乙丑시

37 여: 癸卯년 甲寅월 庚寅일 戊子시

38 남: 丙午년 丁酉월 戊戌일 壬子시

39 여: 壬戌년 戊申월 己丑일 辛未시

40 남: 戊午년 戊午월 己亥일 癸酉시

제4장

1 남: 癸巳년 甲子월 丙辰일 辛卯시

2 남: 戊戌년 己未월 丙戌일 甲午시

3 남: 戊戌년 丁巳월 辛亥일 庚寅시